中国旅游客源国概况

主　编　张　鑫　叶晓颖　徐　姜
副主编　史博娇　刘　晶　李　静

北京理工大学出版社
BEIJING INSTITUTE OF TECHNOLOGY PRESS

图书在版编目（CIP）数据

中国旅游客源国概况 / 张鑫，叶晓颖，徐姜主编. —北京：北京理工大学出版社，2018.1（2022.2 重印）

ISBN 978－7－5682－4554－8

Ⅰ.①中… Ⅱ.①张… ②叶… ③徐… Ⅲ.①旅游客源－概况－中国 Ⅳ.①F592.6

中国版本图书馆 CIP 数据核字（2017）第 191646 号

出版发行 / 北京理工大学出版社有限责任公司
社　　址 / 北京市海淀区中关村南大街 5 号
邮　　编 / 100081
电　　话 / （010）68914775（总编室）
（010）82562903（教材售后服务热线）
（010）68944723（其他图书服务热线）
网　　址 / http：//www.bitpress.com.cn
经　　销 / 全国各地新华书店
印　　刷 / 三河市华骏印务包装有限公司
开　　本 / 787 毫米×1092 毫米 1/16
印　　张 / 14.25
字　　数 / 343 千字
版　　次 / 2018 年 1 月第 1 版 2022 年 2 月第 5 次印刷
定　　价 / 42.80 元

责任编辑 / 李慧智
文案编辑 / 李慧智
责任校对 / 周瑞红
责任印制 / 李志强

图书出现印装质量问题，请拨打售后服务热线，本社负责调换

FOREWORD 前言

据世界旅游组织（WTO）预测，到2020年，中国将成为全球最大的旅游目的地国和第4大客源输出国，接待外国游客和出国旅游人数分别达到1.3亿人次和1亿人次。另据专家估计，到2020年，我国国际旅游创汇有可能达到600亿美元左右，旅游总产值可望占国内生产总值的10%以上，成为名副其实的主要支柱产业。

随着我国旅游业的不断发展，来华境外游客不断增加，海外客源市场不断扩大，一些国家（地区）成为我国较为稳定的客源国（地区），同时，一些重要的客源国（地区）成为我国出境旅游的主要目的地。因此，对这些国家（地区）进行各方面的了解，成为旅游从业人员的必备知识，中国旅游客源国概况也成为旅游专业教育的核心课程之一。

本教材在结构上分两部分：第一部分对世界旅游业及旅游市场、中国旅游客源国进行分析；第二部分对中国主要客源国进行了分别介绍。在体例上，尽量适应高等职业教育特点，注重课程的导读，案例的引入，知识点、技能点清晰明确。

本教材由辽宁建筑职业学院张鑫、辽宁现代服务职业技术学院叶晓颖、辽宁交通高等专科学校徐姜任主编，辽宁建筑职业学院史博娇、李静和阜新高等专科学校刘晶任副主编。具体编写分工如下：刘晶老师负责编写第一章及英国、法国、俄罗斯、德国、美国、加拿大部分；叶晓颖老师负责编写日本、韩国、菲律宾、蒙古国、泰国部分；史博娇老师负责编写新加坡、印度、马来西亚、印度尼西亚部分；李静老师负责编写意大利、荷兰、瑞典、西班牙部分；徐姜老师负责编写中国香港、澳门、台湾部分。全书由张鑫统稿，叶晓颖、徐姜、史博娇老师参与校对。

本教材在编写过程中得到了北京理工大学出版社领导、编辑的大力支持，在此表示感谢！

CONTENTS 目录

第一章

旅游业概况

本学习情境旨在了解世界旅游业发展的经历、世界旅游市场格局；中国旅游业的发展历史，分析了中国入境客源市场的现状。

第一节　世界旅游业概况

导读：从全球范围看，现代旅游业开始于19世纪中期，到20世纪50年代，世界旅游业开始具有一定的规模；从20世纪60年代开始，旅游业加快了发展速度，成为世界上最重要的经济活动之一。根据联合国世界旅游组织（World Tourism Organization，UNWTO）的统计数据，1950—2011年，全球国际旅游人次从0.25亿增加到9.8亿，增长了约38倍。随着社会和经济的发展，旅游业已成为世界经济中发展势头最强劲和规模最大的产业之一。

知识点：了解世界旅游业发展的经历，掌握世界旅游市场格局。

技能点：能根据各旅游区的特点介绍世界主要旅游区。

案例导入

世界旅游组织是联合国系统的政府间国际组织，是旅游领域的领导性国际组织。最早由国际官方旅游宣传组织联盟（IUOTPO）发展而来。2003年11月成为联合国的专门机构，有156个正式会员国和6个联系成员，总部设在西班牙马德里，其宗旨是促进和发展旅游事业，使之有利于经济发展、成员间相互了解、和平与繁荣以及不分种族、性别、语言或宗教信仰、尊重人权和人的基本自由，并强调在贯彻这一宗旨时要特别注意发展中国家在旅游事业方面的利益。我国于1983年加入世界旅游组织。

问题：你还知道哪些国际性旅游组织？

一、世界旅游业的发展历程

1. 19 世纪前期到 19 世纪中期，世界旅游业的前发期和初创时期

人类的旅游活动已经有几千年的历史。但是在古代，旅游活动还未形成一个产业，直到 1841 年，托马斯·库克组织了 570 人前往异地参加禁酒大会，每人收费 1 先令，标志着近代旅游和旅游业的出现。而这主要归功于产业革命，它提高了生产效率，使人们有了更多的闲暇时间，有了更强的支付能力；产业革命还带来了更快捷而且廉价的交通工具；同时产业革命加速了城市化进程，节奏紧张的城市生活使人们开始追求宁静悠闲的乡村生活；而且产业革命带来的枯燥、重复单一的工厂劳动也使人们对休息放松充满渴望。但是当时绝大多数人都缺乏旅行经验，对异国他乡的情况了解甚少，加之语言和货币方面的障碍，使人们出游受到限制，所以近代旅游业和旅行社产生了。

2. 19 世纪中期到 19 世纪末，世界旅游业的成长期

19 世纪 60 和 70 年代，西欧和北美出现了专门组织国内和跨国旅游的旅行社，从 19 世纪后期起，旅游活动的主体也从少数的贵族、僧侣、商贾、士人、政客、探险家和科学家，扩大到以观光游览和商务活动为主要目的的富裕市民，旅游的范围从局部地区向跨国、跨洲扩展。

3. 19 世纪末到 20 世纪前半期，世界旅游业的停滞期

这一时期，世界上战争频发、革命风暴不断、经济危机严重而且波及面广，这使世界经济时好时坏、起伏不定，世界旅游业也就时废时兴、时断时续，发展缓慢。

4. 20 世纪中期到 20 世纪末，世界旅游业的崛起期

第二次世界大战以后，全球经济稳定持续发展，为世界旅游业的发展提供了一个良好的环境，带薪假期在西方逐渐得到普及；现代化科技使生产效率提高，人们的闲暇时间增加；交通工具的改进和公路、铁路交通网的建设等使交通运输条件大为改善；教育的普及提高了人们的文化修养，改变了人们的消费观念，越来越多的人把旅游看成是一种现代化的生活方式，越来越多的国家重视发展旅游业，移民和出境限制的放松，都使得世界旅游在这一时期迅速崛起并获得了长足的发展。

5. 21 世纪以来，世界旅游业进入加速增长的全新时期

进入 21 世纪，旅游业逐渐成为世界经济中最大的产业，成为许多国家国民经济的重要产业和创汇来源。2006 年 1 月世界旅行和旅游协会发表研究报告指出，2005 年，世界个人旅游消费 4.4 亿美元，占世界个人消费总额的 10.4%；旅游业直接和间接就业的人数占世界就业总人数的 8.3%；旅游业的总产出达 6.2 万亿美元，占全世界国民生产总值的 10.6%；旅游业的投资达 9 178 亿美元，占全世界资本总投资的 9.4%，旅游出口达 8 183 亿美元，占世界出口总额的 12.1%。如今，人类已经进入全球性的大众旅游时代，旅游业已经成为发展势头最强劲并且持久不衰的产业，被誉为“无烟工业”和“朝阳产业”。

二、世界旅游业的发展特点

1. 增长迅速且持续

20 世纪 60 年代，全世界国际旅游人数年均增长 9%；70 年代，增长速度有所放缓，但也达到 4.6%；80 年代，这个数字是 4%；90 年代，国际旅游人数年均增长速度再次加快，达到 6.5%。进入 21 世纪以来，国际旅游人数仍然保持着较快增长。世界旅游组织公布的报告显示，2005 年，全球出境游首次超过 8 亿人次，达到了 8.6 亿人次；2013 年，全球出境游达到了 10.87 亿人次，旅游收入达到 1.15 万亿美元。世界旅游组织预计，全球出境游总数到 2020 年将增加到 16 亿人次。

2. 旅游活动普及

一是旅游参与者人数众多，20 世纪 50 年代以后，随着世界经济的高速增长，社会财富的大量增加，生活水平的普遍提高，越来越多的普通大众加入旅游活动中来，旅游已成为一种具有广泛参与性的社会活动。可以说，世界旅游已进入大众化时代。二是旅游活动遍及全球。旅游者几乎来自世界的每一个国家，旅游者的足迹也遍及全球的各个角落。

3. 旅游内容和方式多样化

一是现代旅游的内容日趋丰富。虽然观光旅游、度假旅游、商务旅游仍然是旅游的主要内容，但参加会议旅游、探亲旅游、宗教旅游、修学旅游、购物旅游、体育旅游、探险旅游、烹饪旅游、保健旅游、考古旅游、漂流旅游、登山旅游、自驾车旅游、品茶旅游、书画旅游、太空旅游、海底旅游等的游客也日渐增多。与此同时，旅游的方式也五花八门：有包价旅游，也有非包价旅游；有自助旅游，也有非自助旅游；有自费旅游，也有单位集体旅游和奖励旅游；有铁路旅游，也有航空旅游、汽车旅游等。

4. 旅游业竞争的激烈性

随着旅游业的发展，旅游业的组成部门和企业数量越来越多，旅游业的竞争也越来越激烈。这种竞争，不仅表现在企业与企业之间，还表现在行业与行业之间、地区与地区之间，甚至国家与国家之间。例如，各家旅游企业纷纷推出多种旅游线路、提供多种旅游产品吸引旅游者。又如，各个国家或地区纷纷利用电影、电视、报刊、图片、画册、光盘、网页等介绍旅游目的地的旅游线路和旅游产品，频繁举办“旅游年”系列活动，争相举办奥运会、世界博览会等大型活动，甚至政府首脑也亲自出面进行旅游宣传。

5. 旅游业管理的规范化

旅游业的快速发展也必然会带来一些新的问题。为此，各国都出台了一些规范旅游业发展的法律法规，从而使旅游业的发展步入了法制化轨道。同时，许多国家设立了旅游管理机构，世界性和区域性的旅游组织纷纷成立，旅游业的国内调控和国际协调也日臻完善。

三、世界旅游业的分区

世界旅游组织将全球分为六大旅游区：欧洲、美洲、东亚和太平洋地区、非洲、南亚和中东地区。其中，欧洲 、美洲、东亚和太平洋地区三大旅游区构成了世界旅游市场的主体。

小知识

在世界六大旅游区，欧洲区一度占有世界旅游市场份额2/3以上，有的年份甚至将近3/4（1960年达到72.5%），但近年来其份额有所下降，目前占世界旅游市场的份额已经降至一半以下。而东亚及太平洋地区则是世界旅游市场上发展最为迅速、潜力最大的地区，2004年以后已经超过美洲，成为第二大旅游区。

1. 欧洲旅游区

欧洲（全称欧罗巴洲）1 016万平方千米，占世界陆地总面积的6.8%，是世界第六大洲。它位于亚洲的西面，是亚欧大陆的一部分，西濒大西洋，南隔地中海与非洲相望，东部以乌拉尔山脉、乌拉尔河、大高加索山脉、博斯普鲁斯海峡、达达尼尔海峡同亚洲分界，西北隔格陵兰海、丹麦海峡与北美洲相对。欧洲大部分位于北温带内，气候温和湿润，没有热带，是有人定居的各洲中距离赤道最远的一个洲。西部大西洋沿岸属温带海洋性气候，夏季凉爽，冬季温和，多雨雾。东部属温带大陆性气候（其中东欧平原北部属亚寒带针叶林气候）。北冰洋沿岸地区属寒带苔原气候，冬季严寒，夏季凉爽短促；南部地中海沿岸地区属亚热带地中海气候，冬暖多雨，夏热干燥。

欧洲多半岛、岛屿、港湾和深入大陆的内海，大陆海岸线长37 900千米，是世界上海岸线最曲折复杂的一个洲。全洲平均海拔300米，是平均海拔最低的一个洲。阿尔卑斯山脉横亘南部，平均海拔在3 000米左右，是欧洲最高大的山脉；东南部高加索山脉的主峰厄尔布鲁士山，海拔5 642米，为欧洲最高峰；欧洲河网稠密，分布均匀，水量充足；欧洲最长的河流是伏尔加河，长3 690千米，也是世界上最长的内陆河；多瑙河为欧洲第二长河，长2 850千米，是世界上流经国家最多的河；而欧洲西部的莱茵河是世界航运量最大的河之一；欧洲湖泊众多，全境大小湖泊有10万个以上。

欧洲人口目前约7.9亿，占世界人口总数的12.7%。欧洲绝大多数人是白种人，民族复杂，宗教信仰以天主教、基督教新教和东正教为主，另有少数民族信仰伊斯兰教和犹太教。

欧洲历史悠久，是人类文明发展较早的地区，希腊、古罗马曾是欧洲古代文明的代表，文化绚丽多彩。以意大利为中心的欧洲“文艺复兴”运动，创造出众多璀璨的艺术珍品；同时欧洲又是产业革命和无产阶级革命的发祥地，是两次世界大战的主战场，许多重大历史事件和著名人物都在此留下遗迹，拥有众多颇负盛名的城堡、教堂、雕塑、绘画以及文学艺术作品等人文旅游资源。

欧洲的矿物资源以煤、石油、铁比较丰富。煤主要分布在乌克兰的顿巴斯、波兰的西里西亚、德国的鲁尔和萨尔、法国的洛林、英国的英格兰中部等地，这些地方均有世界著名的大煤田。石油主要分布在喀尔巴阡山脉山麓地区、北海及其沿岸地区。其他比较重要的还有天然气、钾盐、铜、铬、褐煤、铅、锌、汞和硫黄等。欧洲的森林面积约占全洲总面积的39%，占世界总面积的23%。西部沿海为世界著名渔场，主要有挪威海、北海、巴伦支海、波罗的海、比斯开湾等渔场，欧洲捕鱼量约占世界的39%。

欧洲共有44个国家和1个地区，在地理上习惯分为南欧、西欧、中欧、北欧和东欧五个区。南欧：指阿尔卑斯山以南的巴尔干半岛、亚平宁半岛和附近岛屿，包括塞尔维亚、黑山、克罗地亚、斯洛文尼亚、波斯尼亚和黑赛哥维那、马其顿、罗马尼亚、保加利亚、阿尔巴尼亚、希腊、意大利、梵蒂冈、圣马力诺、马耳他、西班牙、葡萄牙和安道尔。西欧：指欧洲西部濒临大西洋的地区和附近的岛屿，包括英国、爱尔兰、荷兰、比利时、卢森堡、法国和摩纳哥。中欧：指波罗的海以南、阿尔卑斯山脉以北的欧洲中部地区，包括波兰、捷克、斯洛伐克、匈牙利、德国、奥地利、瑞士、列支敦士登。北欧：指日德兰半岛、斯堪的纳维亚半岛一带，包括冰岛、法罗群岛、丹麦、挪威、瑞典和芬兰。东欧：指欧洲东部地区，在地理上指爱沙尼亚、拉脱维亚、立陶宛、白俄罗斯、乌克兰、摩尔多瓦和俄罗斯欧洲部分。

欧洲在历史上是资本主义发展最早的地方，经济实力雄厚，工业、交通运输、商业贸易、金融保险等在世界经济中占重要的地位，工业生产水平和农业机械化程度均较高。生产总值在世界各洲中居首位，其中工业生产总值占的比重很大。欧洲大多数国家都是经济发达的资本主义国家，其中北欧、西欧和中欧的一些国家经济发展最高，东欧和南欧一些国家经济水平相对较低。

欧洲是近代旅游业的发源地，也是世界最大的旅游市场。欧洲各国除利用本国的旅游资源开展海滨、登山、滑雪、狩猎等活动外，还举办国际旅游博览会、旅游市场会，以促进和加强旅游区域的协作和开展中短途旅游。意大利、法国、西班牙、奥地利、英国等国家是传统的旅游国家，每年接待的旅游者超过 1 000 万人次。第二次世界大战以来，尽管欧洲接待国际旅游人数和旅游创汇在世界总份额中比例逐渐下降，但迄今为止仍保持着绝对的优势。2005 年欧洲接待国际旅游者 4.58 亿人次，2011 年达到 5.04 亿人次，占当年全球国际旅游人数的 51%。2011 年，欧洲旅游外汇收入为 4 634 亿美元，占当年世界旅游外汇总收入的 45%。欧洲历来是世界上最大的国际旅游客源地。在欧洲出国旅游者中，90% 在区域内作近距离旅游，10% 去其他洲作远距离旅游。

欧洲作为一个成熟的旅游目的地，不可能期望它再具有像过去那样的增长率，也不可能指望它达到目前一些新兴的或处于上升期的目的地所拥有的高速增长率。但欧洲有发达、高效的地面和空中交通、信息网，欧洲人口的整体旅行水平位于世界首位，特别是老年人和年轻人旅游市场的增长潜力强劲。只要欧洲各国在旅游宣传上保持一致，进一步提高旅游价格的竞争性，向旅游者保证“付有所值”的诺言，欧洲的旅游业发展还是大有可为的。俄罗斯、英国、德国、法国、意大利、荷兰和西班牙是我国的主要客源国。

2. 亚洲及太平洋旅游区

亚洲及太平洋旅游区按通常的划分，可分为东亚和太平洋旅游区、南亚旅游区和中东旅游区。

亚洲（全称亚细亚洲），“亚细亚”来源于古代闪米特语，意思是“东方日出的地方”。亚洲大部分土地位于东半球的东北部，东濒太平洋，南临印度洋，北至北冰洋，西靠大西洋的属海地中海和黑海。西北部和西部以乌拉尔山脉、乌拉尔河、里海、大高加索山脉、博斯普鲁斯海峡、达达尼尔海峡同欧洲分界，西南部隔苏伊士运河和红海与非洲相邻，东南部与大洋洲隔海相望，东北部隔白令海峡与北美洲相对。亚洲在各洲中所跨纬度最广，几乎跨越了从赤道带到北极带的所有气候带。亚洲所跨经度仅次于南极洲，东西时差达 11 个小时。

亚洲面积约 4 400 万平方千米（包括附近岛屿），约占世界陆地总面积的 29.4%，是世界七大洲中面积最大的一个洲。亚洲大陆与欧洲大陆毗连，形成了全球最大的陆块——亚欧大陆，总面积约5 071万平方千米，其中亚洲大陆的面积约占4/5。

亚洲人口达41.6亿（截至2014年），约占世界总人口的63%。其中，中国人口最多，印度、印度尼西亚、巴基斯坦、孟加拉国、日本的人口也在1亿以上。人口分布最密集的地方是中国东部、日本太平洋沿岸、爪哇岛、恒河流域、印度半岛南部。新加坡是人口密度最大的国家，平均7 000人/平方米，人口密度最小的国家是蒙古国，平均2人/平方米。

亚洲的种族、民族构成非常复杂，这在南亚表现得最为突出。亚洲多数居民属于黄种人，约占全洲人数的3/5；其次是白色人种、棕色人种及混合类型，全洲大小民族、种族共有约1 000个，约占世界民族种族总数的一半。

亚洲是世界上三大宗教（佛教、伊斯兰教和基督教）的发源地。中南半岛各国的居民多信佛教；马来半岛和马来群岛上的居民主要信奉伊斯兰教，部分居民信奉天主教和佛教；南亚各国的居民主要信奉印度教、伊斯兰教和佛教；西亚各国的居民主要信奉伊斯兰教。

亚洲大陆海岸线长69 900千米，为世界之最。亚洲有众多的半岛和岛屿，是半岛面积最大的一个洲，阿拉伯半岛为世界上最大的半岛。亚洲多崇山峻岭，山地、高原和丘陵，约占全洲面积的3/4，全洲平均海拔950米，是世界上除南极洲以外地势最高的一个洲。亚洲地表起伏很大，全世界海拔8 000米以上的山峰全部位于亚洲，这里有被称为世界屋脊的青藏高原，也有世界最高峰珠穆朗玛峰（海拔8 844.43米），还有世界陆地上最低的洼地和湖泊——死海（湖面低于海平面415米）。亚洲也是世界上火山最多的一个洲，东部边缘海外围的岛群是世界上火山最多的地区。

亚洲有许多大江大河，亚洲最长的河流是长江，长6 300千米；贝加尔湖是亚洲最大的淡水湖和世界最深的湖泊（深度超过1 620米），亚欧界湖里海是世界第一大湖和最大的咸水湖，巴尔喀什湖是一个同时存在着淡水和咸水的内陆湖。

亚洲地跨寒、温、热三带，气候类型复杂，大陆性气候和季风性气候都较典型。北部沿海地区属极地苔原气候，西伯利亚大部分地区属温带大陆性气候，东部靠太平洋的中纬度地区属温带季风气候，向南过渡到亚热带季风气候、热带季风气候和赤道附近的热带雨林气候；中亚和西亚大部分地区属温带大陆性气候和热带沙漠气候；西亚地中海沿岸属亚热带地中海气候；西伯利亚东部的维尔霍扬斯克和奥伊米亚康极端最低气温曾达-71℃，是北半球气温最低的地方。

本地区包括东亚的中国、朝鲜、韩国、蒙古国、日本；东南亚的泰国、马来西亚、新加坡、印度尼西亚、菲律宾、文莱、东帝汶、越南、老挝、柬埔寨、缅甸；南亚地区的斯里兰卡、马尔代夫、巴基斯坦、印度、孟加拉国、尼泊尔、不丹等国；西亚的阿富汗、土耳其、叙利亚、巴勒斯坦、约旦、科威特、也门、阿拉伯联合酋长国、巴林、亚美尼亚、伊朗、塞浦路斯、黎巴嫩、以色列、伊拉克、沙特阿拉伯、阿门、卡塔尔、格鲁吉亚、阿塞拜疆；中亚的哈萨克斯坦、乌兹别克斯坦、塔吉克斯坦、土库曼斯坦、吉尔吉斯斯坦；北亚的俄罗斯亚洲部分的西伯利亚地区。

亚洲有着辉煌的古代文明，农业和手工业自古发达，有许多科学发明创造，对世界经济的发展做出过重大贡献。16世纪以后许多国家和地区先后沦为殖民地和半殖民地，经济遭到摧残，致使许多国家和地区长期处于贫困落后的状态。目前，除日本、以色列、韩国、新加坡少数几个国家外，大多数国家是发展中国家。农业在亚洲各国中占重要地位，除日本、新加坡、韩国等少数国家工业较为发达外，大多数国家都比较薄弱，采矿业和农产品加工业及轻纺工业占主要地位。最著名的矿产是西亚的石油和东南亚的锡，水稻和天然橡胶产量也居世界之首。

（1）东亚和太平洋旅游区

整个亚太旅游区中，东亚及太平洋地区（简称东亚太地区）虽然现代旅游业起步较晚，但是近30年来，由于采取了多种有效措施，旅游业发展的速度却是相当惊人的：兴建新机场，改善现有航空条件；推出新的旅游产品和会议承办地之风正席卷该地区各目的地国家和地区；各国政府大力扶持旅游业的发展；国家旅游局、地区旅游协会都着手进行大规模和有效的市场促销，以招徕更多的国际旅游者，使该地区的入境旅游发展以高于世界2倍的速度增长。

东亚太地区旅游业之所以能取得如此迅速的发展，是因为有着强有力的推动因素。首先是经济的高速发展。东亚太地区除日本、澳大利亚、新西兰为经济发达国家，新加坡、韩国为新兴工业国家，其余大多为发展中国家。20世纪80年代以后，东亚太地区一直处于经济快速增长期，经济的发展带来了人们生活水平的提高、闲暇时间的增加、基础设施建设的加快等，这都为旅游业发展奠定了良好的基础。由于东亚太地区各国经济的多样性和互补性，使该地区的经济合作潜力巨大，现有亚太经济合作组织（APEC）和东南亚国家联盟（ASEAN），地区合作组织为国际旅游业的发展起了积极的推动作用。

东亚太地区的旅游资源也极具特色。本地区地域辽阔，自然景色多姿多彩，是世界上山水风光最为壮美的旅游区之一。本地区的自然景观差异非常明显，许多生物资源表现出古老性、独特性、稀有性。另外，在东亚太地区包价旅游价格偏低，即使是东亚太地区旅游消费较高的新加坡，饭店客房的出租价格也低于同样标准的欧洲一些国家，因此在旅游价值上具有一定的竞争优势。

东亚太旅游区虽然大多数为发展中国家，但是许多政府都能意识到旅游宣传促销的重要性，意识到自身远离世界主要客源市场的弱势，积极在旅游宣传促销上下功夫，注重促销方式的多样化，搞差异性促销。东亚太地区大多为发展中国家，在经济开放、引入外国技术设备时都要花费大量的外汇，各国政府都希望通过发展入境旅游来弥补贸易差，因此各国都比较重视旅游业。1974年以前，入境旅游的市场份额基本上被中国香港地区、新加坡和泰国瓜分，20世纪70年代后期以来，则几乎所有的国家都开始大力发展国际旅游业，如中国、马来西亚、印度尼西亚，甚至越南、老挝、柬埔寨等，旅游业发展的模式均为“入境旅游—国内旅游—出境旅游”。

另外，东亚太地区经过经济高速增长，人们的生活水平有了明显的提高，人们的出境旅游消费需求也有了较大的提高。

（2）南亚旅游区

南亚地区，人口稠密，种族、民族与宗教信仰复杂多样。印度河流域是人类古文明的四大发祥地之一，悠久的历史文化留下众多的名胜古迹，又有喜马拉雅山脉南侧等风光迷人的游览区。南亚是佛教和印度教的发源地，宗教对当地政治、经济、文化发展以及民间生活习俗的形成等都有极其深刻的影响。

目前这一区域是世界上经济发展水平较低的地区之一，加之宗教教派纷争、疾病流行等原因，该地区旅游业起步晚、发展慢、起伏大。游客人数及旅游外汇收入在国际旅游市场上所占份额均很小。2000 年，接待国际游客 630 万人次，占当年全球国际旅游人数的 0.9%。该地区旅游业较发达的国家为印度、斯里兰卡和尼泊尔。

(3) 中东旅游区

中东地区是西方国家对西亚和北非的埃及等离欧洲较近的东方国家的习惯性称呼，中东这个词虽然用得很广，但它并不是严格的地理术语，对它的范围也存在多种说法。一般认为中东地区包括伊朗、土耳其、塞浦路斯、以色列、叙利亚、黎巴嫩、巴勒斯坦、约旦、伊拉克、科威特、沙特阿拉伯、也门、阿曼、阿拉伯联合酋长国、卡塔尔、巴林和北非的埃及。

中东地区扼欧、亚、非三大洲要塞，交通便利。该地区又是基督教、伊斯兰教和犹太教的发源地，有着丰富的人文旅游资源和自然旅游资源。该地区还盛产石油，是世界上最大的石油输出地，这些都是该地区发展旅游业的有利条件。过去，这一地区的旅游业受战乱的影响，起伏不定，发展缓慢。近年来，旅游业逐渐恢复增长，从接待国际游客的数量来说，2000 年为 1 990 万人次，2005 年为 3 800 万人次，2008 年为 5 510 万人次，土耳其和以色列是该地区旅游业发展较好的国家。土耳其地跨欧亚两洲，曾是东罗马帝国和奥斯曼帝国的本土，丰富的旅游资源加上齐全的旅游设施、优质的服务，使其成为著名的旅游接待国，每年都接待大量入境游客，同时也有相当多的以色列人出境旅游。

3. 大洋洲概况

大洋洲位于太平洋的西南部和南部，介于亚洲和南极洲之间，西临印度洋，东临太平洋，并与南北美洲遥遥相对。大洋洲由澳大利亚大陆和 10 000 多个岛屿构成，大部分处在南、北回归线之间，赤道线横穿其北部。

大洋洲分为澳大利亚、新西兰、新几内亚、美拉尼西亚、密克罗尼西亚和波利尼西亚六个区，共有 14 个独立国家。

大洋洲陆地总面积约 897 万平方千米，约占世界陆地总面积的 6%，是世界上最小的一个洲，同时也是除南极洲以外世界上人口最少的一个洲。居民中 70% 以上为欧洲移民的后裔；当地居民约占总人口的 20%，主要是美拉尼西亚人、密克罗尼西亚人、巴布亚人、波利尼西亚人；此外还有印度人、混血种人、华裔、华侨以及日本人等。

大洋洲的居民绝大部分居民使用英语，三大岛群上的当地居民分别使用美拉尼西亚语、密克罗尼西亚语和波利尼西亚语。当地绝大部分居民信奉基督教。

大陆海岸线长约 19 000 千米，岛屿面积约为 133 万平方千米。其中，新几内亚岛是世界第二大岛，该岛的最高点查亚峰（海拔 5 029 米）也是大洋洲的最高点。澳大利亚东部和北部沿海岛屿是太平洋西岸火山带的组成部分，是世界上地震频繁且多强烈地震的地区；位于澳大利亚东北海岸的大堡礁是世界上最大的珊瑚礁群。

大洋洲一半以上的区域属内流区域，主要的内流河都注入北艾尔湖。墨累河是大洋洲外流河中最长和流域面积最大的河流。大洋洲的瀑布和湖泊均较少，最大的湖泊是北艾尔湖。

大洋洲绝大部分地区属热带和亚热带，除澳大利亚的内陆地区属大陆性气候外，其余地区属海洋性气候。

大洋洲以农矿业为主，盛产椰子、甘蔗、菠萝、天然橡胶等。主要粮食作物有小麦、薯类、玉米、稻米等。畜牧业发达，羊毛产量占世界总产量的 40% 左右。工业以采矿、农畜产品加工为主，澳大利亚和新西兰是传统的经济发达国家，也是大洋洲工业最发达的两个国家。

4. 美洲旅游区

美洲（全称亚美利加洲），位于西半球，大西洋与太平洋之间，北濒北冰洋，南与南极洲隔德雷克海峡相望，由北美和南美两个大陆（以巴拿马运河为界）及其附近许多岛屿组成，陆地面积 4 472 万平方千米，约占世界陆地总面积的 30%。美洲地形分为明显的三个地带：西部为高大的山系，北段由海岸、内华达山、落基山组成，中段为墨西哥高原和中美地峡，南段为世界上最长的安第斯山脉；东部为低缓山地与高原，有阿巴拉契亚山脉、世界最大的巴西高原；中部为世界最大的亚马孙平原、密西西比流域等。美洲各地自然景观差异很大，风光各异。美洲的河流、湖泊不仅利于航运，而且多为旅游胜地，可供观光、探险、漂流、瀑布等旅游活动。美洲南北跨度为世界之首，气候复杂多样，这有利于本洲内部客源的流动。

美洲也是民族成分最复杂的洲，既有黄、白、黑三大人种，又有他们通婚以后形成的混血人种。民族渊源关系对美洲人外出旅游流向产生很大影响，白种人多前往欧洲，黑种人则往北非“寻根”，黄种人和亚洲联系较多。美洲现在虽然以白人的文明占据统治地位，但也不能掩盖印第安文化。印第安文化在安第斯山地、墨西哥高原一带留下了丰富的遗迹，成为美洲旅游的重要文化吸引物。

美洲的经济发展非常不平衡。北美是世界经济最发达的地区之一，拉丁美洲为发展中地区。20 世纪 70 年代以来，拉丁美洲经济发展较快，巴西、墨西哥、阿根廷、委内瑞拉、智利、哥伦比亚和秘鲁等国，已建立起相对完整的工业体系或工业基础。

美洲旅游业起步较早，第二次世界大战以后发展迅速。目前，该地区的旅游业发展规模仅次于欧洲，为世界第二大旅游发达地区。美洲旅游区旅游业发展极不平衡，旅游业较发达的国家有美国、加拿大、墨西哥、秘鲁、加勒比海各国。这些国家又由于其经济发达程度、资源特色各不相同，旅游业发展也有很大区别。

美国、加拿大土地辽阔，具有多处壮丽的自然景观，经济、文化、科技发达，因而这两国有众多的国家公园、现代化的游乐场及博物馆。两国旅游业发达，美国号称世界头号旅游大国。墨西哥、秘鲁历史上曾长期为印第安文化遗址，印第安文化遗址为两国的主要吸引物，供旅游者参观浏览。加勒比海各国利用热带海岸的优势，发展海滨浴场、游航俱乐部、避暑别墅、矿泉疗养等，旅游业自 20 世纪 80 年代取得了突破性的发展。

美洲旅游业的主要任务是，巩固现有的市场、开发新的客源市场，特别是高质量、高产出的亚洲市场；加勒比海地区要用丰富的新产品和有利的促销手段，重新推向美国市场；拉丁美洲地区的旅游业需要该区各国政府给予相应的重视，并加强区城内的合作。美国、加拿大是我国的主要客源国。

5. 非洲地区

非洲（全称阿非利加洲），总面积 3 020 万平方千米，约占世界陆地面积的 20%。非洲大陆轮廓北宽南窄，略呈三角形。地势由东南向西北倾斜，大陆的东南部地势较高，称高非洲，著名的东非大裂谷带从东北向西南贯穿整个高非洲。裂谷边缘的乞力马扎罗山，海拔

5 895米，是非洲第一高峰，它虽近赤道，但山顶终年积雪，赤道雪峰蔚为壮观。非洲大陆的中部与西北部均以盆地地形为主，称低非洲。低非洲的刚果河流域盆地地势发育较完整，下游是世界闻名的瀑布群区。闻名世界的撒哈拉大沙漠横贯刚果河以北低地。非洲重要的河流有尼罗河、刚果河、尼日尔河、赞比西河等。非洲是一个热带大陆，全洲有3/4的面积在南、北回归线之间，形成高温、干燥、对称的多类型气候特点。

非洲是人类的发祥地之一，具有非常丰富的历史文化遗迹。15世纪以来，长期遭受西方殖民主义者的掠夺。非洲的所有国家都属于发展中国家，它也是黑人的故乡，黑种人占全洲的2/3。

非洲地大物博，至少有17种矿产的蕴藏量是世界第一，黄金、金刚石、铁、锰、铜、锡、铝土矿、铀、磷灰石、石油等的产量都在世界上占有重要地位。南非是世界上最大的黄金生产国和出口国，赞比亚素有“铜矿之国”的美称。非洲还生产可可、咖啡、棉花、小麦、玉米、木薯和棕榈油等农产品。

非洲旅游业起步晚，基础差，发展不平衡，但由于旅游资源丰富，因此旅游业发展也较快。1979年接待国际旅游者500万人次，1980年国际旅游人数为600万人次，1997年接待国际旅游人数2 311万人次，2014年，赴非洲旅游的国际游客达到了近5 600万人次。2000年非洲国家的旅游总收入是107亿美元，2013年达到340亿美元。根据世界旅游组织非洲委员会最近发表的统计资料，非洲旅游业近10年来发展迅速，到非洲大陆旅游的人数大幅度增加。1988—1997年，非洲大陆接待的旅客由1 250万人次增加到2 300万人次，其中北部非洲和南部非洲是接待旅客最多的两个地区。2004年，非洲接待境外游客总数平均增幅为7%，2005年为8.6%，2006年达到4 030万人次，平均增幅8.1%，增长率据全球之首。2011年非洲接待国际游客达5 010万人次，占当年全球国际旅游人数的5%。据估计，到2020年，非洲旅游业的发展速度将超过世界其他一些地区，平均增长速度达到5.5%。

非洲旅游业异军突起，主要应归功于南部和北部非洲国家。南部非洲国家以独具特色的国家野生动物公园和旖旎的自然风光取胜，生态旅游快速增长；北非国家则凭借海滩这张王牌，吸引了大批度假旅游者。非洲旅游业发达的国家是南非、突尼斯、摩洛哥等。

非洲的旅游业以接待国际旅游者为主，以欧洲为主要客源市场。尽管大多数非洲国家经济比较落后，旅游设施不完善，又加上社会动荡和自然灾害严重，使目前旅游业发展受到影响，但非洲具有丰富的历史文化遗迹、迷人的自然风光和奇异的野生动植物，发展旅游业具有巨大的潜力。近年来，许多非洲国家重视旅游开发，利用本地特有的自然风光和民俗风情，针对游客的猎奇和求新心理，大力开展各种专项旅游活动，如奇特风光游、民族风情游、沙漠探险游、珍稀动植物考察游、考古游和海上游等，以吸引世界各地游客。非洲旅游业的发展前景十分广阔。

案例回放

1. 太平洋亚洲旅游协会

太平洋亚洲旅游协会，英文名为Pacific Asia Travel Association（PATA），成立于1951年。最初用名为太平洋地区旅游协会（Pacific Area Travel Association），1986年更名为太平洋亚洲旅游协会，是一个民间性、行业性、地区性的、非政府间的国际旅游组织，其成员有国家旅游组织也有各种旅游协会和旅游企业。

它分为多个总部，行政总部设在美国加利福尼亚州的奥克兰，运营总部自1998年9月迁至泰国的曼谷，其他办事机构在悉尼和摩纳哥。在我国，人们通常将太平洋亚洲旅游协会简称为亚太旅游协会。该协会的宗旨是发展、促进和便利世界各国的旅游者到本地区的旅游以及本地区各国居民在本区内的旅游。该协会每年召开一次年会，讨论和修订有关协会的长远计划。除此之外，全协会性的大型活动还有太平洋旅游博览会，它为会员提供了旅游产品供需的谈判场所和各种商机，因此受到亚太地区旅游界的普遍重视。中国于1993年加入该协会。

2. 世界旅行社协会联合会

世界旅行社协会联合会是最大的民间性国际旅游组织。其前身是1919年在巴黎成立的欧洲旅行社和1964年在纽约成立的美洲旅行社，1966年10月由这两个组织合并组成，并于1966年11月22日在罗马正式成立，其宗旨是负责国际政府间和非政府间的旅游团体的谈判事宜，为旅游和旅行社的利益服务。该组织每年举办一次全体大会，我国旅游协会于1995年正式加入该组织。

3. 国际民用航空组织

国际民用航空组织（民航组织）是联合国的一个专门机构，1944年为促进全世界民用航空安全、有序地发展而成立。民航组织总部设在加拿大蒙特利尔，制定国际空运标准和条例，是191个缔约国（截至2011年）在民航领域中开展合作的媒介。其宗旨和目的在于：确保全世界国际民用航空安全地和有秩序地发展；鼓励作为和平用途的航空器的设计和操作技术；鼓励发展国际民用航空应用的航路、机场和航行设施；满足世界人民对安全、正常、有效和经济的航空运输的需要；防止因不合理的竞争而造成经济上的浪费；保证缔约各国的权利受到充分尊重，每一缔约国均有经营国际空运企业的公平机会；避免缔约各国之间的差别待遇；促进国际航行的飞行安全；普遍促进国际民用航空在各方面的发展。

2013年9月28日，中国在加拿大蒙特利尔召开的国际民航组织第38届大会上再次当选为一类理事国。

此外，国际性旅游组织还有：国际航空运输协会、国际旅游科学专家协会、国际饭店协会、国际旅游协会、国际旅游联盟等。

实训项目

将全班同学分成六组，每组选择一个旅游区，通过查看世界地图和其他相关资料，了解和介绍该旅游区。

第二节　中国旅游业概况

导读：旅游业是我国国民经济的重要产业，对促进国民经济和整个社会的发展具有重大作用。我国拥有丰富的自然旅游资源和人文旅游资源。自改革开放以来，旅游资源的优势逐渐转化为现实的经济优势，中国旅游业得到迅猛的发展。

知识点：掌握中国旅游业发展现状和中国入境客源市场的现状。

技能点：能根据我国入境客源市场特点，设计出各海外客源市场开发方案。

案例导入

古代中国一直是东方政治经济文化的中心。唐代的长安（今西安），元、明、清时的北京，可称东方旅游的中心。中国古代已有旅行游览活动，但没有作为经济产业的旅游业。21世纪初，外国的一些旅行社在上海、天津和广州等沿海城市设立了分公司，经营中外人士在中国的出入境旅游，1923年中国有了自己经营的“旅游部”；新中国成立后，我国旅游业翻开了新的一页，福建、广东先后成立华侨服务社，免费或低费为华侨出入境服务；之后又成立了中国国际旅行社、中国旅行社和中国旅行游览事业管理局等机构。然而，在当时的国际环境和政治经济体制下，旅游活动和管理属于外事接待和统战工作的一部分，而不是一个经济产业。“文革”十年动乱期后，作为政治活动一部分的旅游工作遭到严重摧残，中国的旅游事业与世界旅游业由此更拉大了距离。党的十一届三中全会以后，随着改革开放的深入，中国的旅游业也迎来了第一次历史性转变，并步入发展的快速期。

问题：说说中国第一家旅行社创立的时间、地点、创始人。

一、中国旅游业发展现状

中国是一个幅员辽阔、风光多姿、历史悠久、文化灿烂的文明古国。古代中国一直是东方政治经济文化的中心。唐代的长安（今西安），元、明、清时的北京，曾有四方使臣、客商、高僧、名士云集，可称东方旅游的中心。但在自然经济占统治地位的封建社会中，中国虽有旅行游览活动，但不可能有作为经济产业的旅游业。20世纪初，英国的通济隆洋行、美国的运通公司和日本的国际观光公社，在上海、天津和广州等沿海城市设立了分公司，经营中外人士在中国的出入境旅游。1923年8月，上海商业储蓄银行设立了“旅游部”，开始经营国内旅游业务，主要范围在沪、宁、杭地区，这是中国人开办的第一家旅行社，其创办者是爱国资本家和金融家陈光甫。1927年6月，该部改名“中国旅行社”，并出版了中国第一本旅游专业杂志——《旅行杂志》（1927—1954年）。之后国内相继出现了其他的旅行社和旅游组织，如中国汽车旅行社、现代旅行社、公路旅游服务社等。中华人民共和国成立后，中国旅游业的历史揭开了新的一页，纵观中华人民共和国成立后中国旅游业的发展，我们大体上可以1978年为界分为前后两个阶段。

从中华人民共和国成立到1978年以前为第一个阶段，以入境旅游为主导，现代意义上的国内旅游几乎没有出现。在这个时期，1954年4月，中国国际旅行社作为社会主义的国营企业正式成立；1957年3月全国各华侨服务社合署办公，命名为“中国旅行社”；1964年中国旅行游览事业管理局成立。然而，这些机构组织的常规工作是接待归国访问的华侨和港澳同胞，以及由外事部门确定的国际友人在我国境内的观光和游览活动，而不是一个经济产业。这一时期，我国旅游设施总体规模小、结构单一。

1978 年改革开放后为第二阶段，我国的旅游业得到了长足的发展。无论是入境旅游、出境旅游，还是国内旅游都得到了很大的发展和提高。但我国旅游业的发展和其他一些国家的发展历程有所不同。一般来说，世界上大多数国家是先发展国内旅游，再发展国际旅游，我国却先发展了入境旅游，然后随着经济的发展、各方面条件的成熟，发展了国内旅游和出境旅游。

入境旅游长期以来一直是中国旅游业的重心。改革开放以来，中国旅游业供给能力大大提高，包括产品体系、住宿和交通设施的建设、产业组织格局和产品促销等都是围绕这一重心或中心而发展起来的。可以说，在 20 世纪 70 年代末，人们收入水平有限，国内旅游业非常弱小，中国旅游业是依赖着政府对入境旅游的强行推进才发展起来的。我国入境旅游业的发展大体可分为三个阶段：1980—1990 年，高速增长阶段：中国入境旅游的收入大约每 5 年翻一番，增长主要来自于港澳同胞在大陆的探亲、贸易和投资性的商务旅游。1990—1997 年，加速增长阶段：从入境人数来看，同期从 2 700 余万人次增加到 5 700 余万人次，增长幅度达 110% 以上，其中外国人从 170 多万人次增加到 700 余万人次，同时人均花费也有一定的增长。这一阶段是中国入境旅游增长最快的时期。缓慢增长阶段：从 1998 年开始，入境旅游进入其发展的第三个阶段，在这个阶段，旅游业仍持续发展，但是其速度有所减慢。经过这几个阶段的发展，我国国际旅游业的国际地位获得了极大的提高。2000 年，中国旅游业创汇 162.3 亿美元，是 1978 年的近 62 倍，年均增长 20.6%，大大超过同期世界旅游收入的增长速度（1978—1998 年间年均增长 9.8%），也超过了同期我国 GDP 和一、二、三产业的增长速度，在各种高速发展的行业中名列前茅。2010 年入境旅游人数达到 1.34 亿人次，入境过夜旅游人数达 5 566 万人次，国际旅游外汇收入达 458 亿美元；2014 年入境旅游人数达到 1.28 亿人次，入境过夜旅游人数达 5 562 万人次，国际旅游外汇收入达 569 亿美元。随着我国国民经济的发展、旅游景点的开发、相关旅游设施的建设和完善以及服务意识、营销水平的提高，未来我国的入境旅游将继续保持增长趋势。据世界旅游组织估计，到 2020 年，我国将成为世界第一大旅游接待国。

1978—2014 年部分年份我国接待入境游客人数及旅游外汇收入情况对比表

年份	接待入境游客人数/万人次	旅游外汇收入/亿元
1978	180.92	2.63
1984	1 285.22	11.31
1990	2 746.18	22.18
1996	5 112.75	102.00
2002	9 791.00	203.90
2008	13 000.00	408.00
2014	12 800.00	569.00

国内旅游。20 世纪 80 年代前期，随着国民经济的发展，国内居民所拥有的可支配收入和闲暇时间增多，人们的旅游愿望被激发出来，国内旅游开始发展起来；至 90 年代后期，国内旅游便呈高速增长之势；2000 年国内旅游人数已达 7.44 亿人次，回笼货

币数达 3 175.5 亿元；2007 年国内旅游人数 16.1 亿人次，国内旅游收入 7 770 亿元；2014 年国内旅游人数 36.1 亿人次，国内旅游收入 3.031 万亿元。国内旅游业占旅游总收入的比重也进一步提高，不但成为中国旅游产业的主要经济增长点，也已经成了许多地方的新的经济增长点。它不但促进了资源综合利用和区域经济开发，带动了一大批相关产业的发展，在扩大内需、拉动经济中也发挥出越来越大的作用，成为中国旅游业的一个坚实基础。

出境旅游。改革开放之初，出境旅游对多数中国人来说是可望而不可即的，但现在我国已经是全球增长速度最快、影响力最广泛的新客源输出国。1998 年，中国内地公民出境旅游人数为 843 万人次，到 2013 年这个数字达到了 9 819 万人次，境外消费高达 1 290 亿美元，约占全球出境旅游消费的 11.1%，出境人数和旅游消费均居世界第一位。2014 年出境人数达到了 1.17 亿人次，境外消费高达 1 648 亿美元。截至 2014 年年底，中国公民出境旅游目的地国家和地区达 151 个。

二、中国入境客源市场

（一）中国入境客源市场现状

入境游客是指来中国内地观光、度假、探亲访友、就医疗养、购物、参加会议或从事经济、文化、体育、宗教活动的外国人和港澳台同胞。新中国成立后，我国的入境客源市场基本上可以 1978 年为界，分为两个时期。1978 年以前，入境游客主要是华侨和港澳同胞、来自社会主义阵营和一些友好国家的人士、西方国家的友好进步人士。1978 年我国开始改革开放，旅游业获得了新的生机。1978 年中国接待入境过夜旅游者 180.92 万人次，人数相当于过去 24 年的总和，排名世界第 41 位；1992 年跃升至第 9 位，1994 年为第 6 位，2000 年居世界第 5 位，2001 年继续稳居世界第 5 位，旅游外汇收入首次超过英国和德国，由世界第 7 位升至第 5 位；2003 年入境过夜旅游者人数和旅游外汇收入分别为世界第 5 位和第 7 位；2014 年入境旅游人数已经达到 1.28 亿人次，入境过夜旅游人数达 5 562 万人次，国际旅游外汇收入达 569 亿美元。

（二）两大客源市场

中国海外客源市场分两大块，一块是香港、澳门和台湾同胞及侨胞，另一块是外国人（包括加入外国国籍的海外华人）。港、澳和华侨游客自中华人民共和国成立以来一直是中国入境客源市场的主体。1988 年后，随着海峡两岸关系的变化，台湾旅游者成为海外客源市场的又一重要组成部分。

从改革开放到 20 世纪 90 年代以前，入境的外国游客数量虽然每年都在增加，但其增速显然慢于港澳台游客的增速，因此这一时期外国游客的比重在入境游客中有下降的趋势：1978 年，外国游客占入境游客的 12.7%，1980 年这个数字变为 9%，1981 年为 8.7%，1985 年为 7.7%，1988 年为 5.8%，1990 年为 6.4%；20 世纪 90 年代以后，入境外国游客的增速明显加快，其在入境游客中的比重基本呈上升趋势：1992 年外国游客占入境游客的 10.5%，1994 年为 13.5%，2000 年为 12%，2004 年为 15.5%，2006 年为 17.7%，2008 年为 18.7%，2013 年为 20.4%，2014 年为 20.5%。

1978—2014 年部分年份来华旅游入境人数（万人次）及其所占比例统计表

年份	总计	外国人	港澳台同胞
1978	180.92	22.50	156.15
	100.0%	12.7%	83.6%
1988	3 169.80	184.22	2 977.30
	100.0%	5.8%	93.9%
1998	6 347.84	710.77	5 625
	100.0%	11.2%	88.6%
2001	8 901.29	1 122.64	7 778.66
	100%	12.6%	87.4%
2010	13 376.00	2 613.00	10 763.00
	100.0%	19.5%	80.5%
2011	13 542.00	2 711.00	10 831.00
	100.0%	20%	80%
2012	13 241.00	2 719.00	10 522.00
	100.0%	20.5%	79.5%
2013	12 908.00	2 623.00	10 279.00
	100.0%	20.4%	79.6%
2014	12 850.00	2 636.00	10 214.00
	100.0%	20.5%	79.5%
2015	13 382.00	2 599.00	10 784.00
	100.0%	19.4%	80.6%

由上表还可以看出，但无论什么时期，港澳台游客都占全部入境游客的大多数。2014年，在 12 850 万人次的入境游客中，港澳台同胞有 10 214 万人次，占全部入境游客的79.5%，造成这一现象的原因主要有：

一是就近旅游为旅游流向的基本规律，港澳地区与内地相连，台湾与祖国大陆只隔了一个台湾海峡，距离不远，交通便利；二是经济互补性强，往来密切；三是同为华夏子孙，血脉相连，文化相通，联系密切。此外，在每年入境的港澳台游客中，以香港同胞居多，其次是澳门同胞。2014 年，入境的香港同胞达 7 613.17 万人次，澳门同胞达 2 063.99 万人次，台湾同胞达 536.59 万人次。

（三）入境外国游客的洲别分析

在我国的入境客源中，外国游客以来自亚洲的居多，其次是来自欧洲和美洲的游客，故有“一个主体，两翼起飞”之说。“一个主体”指的是亚洲及太平洋地区，“两翼”指欧洲和北美。亚洲地区主要客源地区和国家是：香港、澳门和台湾地区，日本、韩国和俄罗斯东部以及蒙古等东北亚国家，马来西亚、新加坡、菲律宾、泰国、印度尼西亚和越南等东南亚国家以及印度等南亚国家。大洋洲是澳大利亚等国。欧洲的主要客源国是：英国、德国、法国、荷兰、瑞典、葡萄牙、瑞士等西欧国家，美洲的主要客源国是美国和加拿大。

自1978年以来，这种格局一直延续至今。亚洲各国历来是我国最重要的海外客源市场，游客基数大，增长的绝对数也大。目前，亚洲游客的数量一般占我国入境小国游客数量的60%左右（2008年为60%，2013年为61.2%，2014年为62.1%）。欧洲是仅次于亚洲的重要客源市场，发展基本平稳。北美是我国第三大客源市场，尤其是美国和加拿大，占美洲市场份额的90%左右。在我国的入境客源中，来自大洋洲和非洲的外国游客人数较少，但发展潜力巨大。

1979—2013年部分年份我国入境外国游客（万人次）的洲别分析表

地区	1979年		1980年		1990年		2001年		2005年		2015年	
	接待数	份额/%	接待数	份额/%	接待数	份额/%	接待数	份额/%	接待数	份额/%	接待数	份额/%
亚洲	17.9	49.3	26.3	49.6	91.5	52.4	698.2	62.2	1 250.6	61.7	1 662	64
欧洲	9.1	25	11.2	21.1	44.6	25.5	256.7	22.9	478.5	23.6	489.1	18.8
美洲	8	22.4	11.9	22.6	30.4	17.4	127.8	11.4	214.6	10.6	311.5	12
大洋洲	0.9	2.5	3.1	5.9	6.3	3.6	31	2.8	57.4	2.8	77.6	3
非洲	0.3	0.8	0.4	0.7	1.3	0.1	7.3	0.7	23.8	1.2	58	2
其他	0.006		0.05	0.1	0.6	0.4	1.5	0.1	0.7	0.1	0.21	0.2

（四）入境外国游客的国别分析

我国的入境外国游客来自各个国家和地区，20世纪80年代，在旅华客源国中，日、美遥遥领先，构成中国最重要的客源国，约占中国外国客源市场总量的50%（1979年占48%，1985年占51.7%），其次为西欧三国（英、德、法）和东南亚三国（菲、新、泰）。

进入20世纪90年代，亚洲客源国家的市场发展强劲。东北亚的俄罗斯（主要是东部地区）、韩国、蒙古，东南亚的马来西亚、印尼等国成为中国的新兴客源国，连同日本、菲律宾、泰国等洲内市场成为中国的主体客源市场。远程的欧、美市场一直平稳发展，成为中国稳定的客源市场。

在客源规模上，2001年100万人次以上的有3个国家，10万~100万人次的共14个国家（亚洲8国、欧洲3国、美洲2国、大洋洲1国），5万~10万人次6国（亚洲3国、欧洲3国），3万~5万人次的7国（亚洲1国、欧洲5国和大洋洲1国）。再到2013年，100万人次以上的有7个国家，20万~100万人次的共有13个国家（亚洲7国、欧洲4国、美洲1国、大洋洲1国）。中国入境客源市场从20世纪80年代偏重于少数几个地区和国家，到20世纪90年代形成港澳台同胞市场、洲内市场和洲际市场三个层次，逐步向多元化格局发展。

1978、1988、1994、2001、2010、2011、2012年中国的前10位客源国

年份 位次	1978	1988	1994	2001	2010	2011	2012
1	日本	日本	日本	日本	韩国	韩国	韩国
2	美国	美国	美国	韩国	日本	日本	日本

续表

位次 年份	1978	1988	1994	2001	2010	2011	2012
3	菲律宾	英国	俄罗斯	俄罗斯	俄罗斯	俄罗斯	俄罗斯
4	英国	德国	韩国	美国	美国	美国	美国
5	法国	菲律宾	蒙古国	马来西亚	马来西亚	马来西亚	马来西亚
6	新加坡	泰国	新加坡	新加坡	新加坡	新加坡	越南
7	德国	新加坡	马来西亚	菲律宾	越南	越南	新加坡
8	泰国	加拿大	菲律宾	蒙古国	菲律宾	蒙古国	蒙古国
9	加拿大	法国	英国	英国	蒙古国	菲律宾	菲律宾
10	澳大利亚	澳大利亚	泰国	泰国	加拿大	加拿大	澳大利亚

2015 年我国主要客源国入境旅游人数情况

序号	国家	入境旅游人数/万人次	同比增长/%
1	韩国	444.44	6.28
2	日本	249.77	-8.09
3	美国	208.58	-0.35
4	俄罗斯	158.23	-22.66
5	马来西亚	107.55	-4.79
6	蒙古国	101.41	-6.34
7	菲律宾	100.40	3.73
8	新加坡	90.53	20.33
9	印度	73.05	19.80
10	加拿大	67.98	8.10
11	泰国	64.15	4.21
12	澳大利亚	63.73	11.58
13	德国	62.34	21.19
14	英国	57.96	14.78
15	印度尼西亚	54.48	2.91

（五）入境外国游客的来访目的分析

就来访目的而言，入境外国游客的主要来访目的是观光休闲，其次是会议商务和从事劳务。据国家旅游局的统计，在我国入境的外国游客中，以观光休闲为目的的外国游客所占比重最大，占30%以上，其次是以会议和商务为目的的外国游客。

2013—2015 年我国入境外国游客不同来访目的所占比重表

年份＼来访目的	观光休闲	会议/商务	服务员工	探亲访友	其他
2013	38.5%	23.5%	12.2%	0.8%	25.0%
2014	33.9%	20.5%	12.5%	2.3%	30.9%
2015	31.7%	20.7%	13.5%	3.1%	31.0%

（六）入境外国游客的性别和年龄的分析

从性别看，我国入境外国游客以男性为主，年龄在 25 ~ 44 岁居多，且其所占比例较为稳定，据国家旅游局的统计，在我国入境的外国游客中，男性游客达到 40% 以上，2015 年更是占到了入境外国游客总数的 64.5%；近年来，入境外国游客在 25 ~ 44 岁之间占到了总数的 45% 以上，其次是 45 ~ 64 岁之间的占到了 36% 以上。

2011—2015 年我国接待不同性别入境外国游客人数及所占比重表

年份＼性别	男		女	
	接待数/万人次	所占比例/%	接待数/万人次	所占比例/%
2011	1 745.41	64.4	965.79	35.6
2012	1 737.76	64.0	981.40	36.0
2013	1 072.07	40.8	926.96	39.2
2014	1 709.51	64.9	926.57	35.1
2015	1 681.19	64.5	917.35	35.5

资料来源：原始数据来源于中华人民共和国国家旅游局。

2013—2015 年我国入境外国游客的年龄分布表

年份＼年龄段	14 岁以下		15 ~ 24 岁		25 ~ 44 岁		45 ~ 64 岁		65 岁以上	
	接待数/万人次	比例/%	接待数/万人次	比例/%	接待数/万人次	比例/%	接待数/万人次	比例/%	接待数/万人次	比例/%
2013	107.89	4.1	206.65	7.9	1 209.16	46.0	950.54	36.2	154.78	5.9
2014	103.92	3.9	204.78	7.8	1 210.24	45.9	961.00	36.5	156.13	5.9
2015	101.43	3.9	205.03	7.9	1 184.25	45	949.76	36.5	158.07	6.1

资料来源：原始数据来源于中华人民共和国国家旅游局。

（七）入境游客的其他分析

我国入境旅游者已从 20 世纪 80 年代首次来华游客为主，转向多次来华游客为主。改革开放初期，长期封闭的国门被打开，蜂拥而来的绝大部分是首次旅华的游客。进入 20 世纪 90 年代以后，多次来华的游客约占入境游客总数的 1/2 以上，尤其是散客更多数是数次来华者。入境旅游者在华平均停留天数也比以前缩短，1990 年为 10.3 天，1994 年为 7.7 天，

2012 年缩短到 6.6 天。在不同职业的入境过夜游客中，一般学生平均停留时间最长。入境旅游者的旅游方式也已从 20 世纪 80 年代初的团体为主，转向新千年后的以散客为主。2001 年，来华过夜旅游者达 3 316.67 万人次，经过我国旅行社接待的过夜旅游者 1 453.64 万人次，占过夜旅游者总数的 43.9%。

海外旅游者对中国旅游资源最感兴趣的是山水风光、文物古迹和民俗风情，其次是餐饮、购物和文化艺术，另外入境游客为我国带来的旅游外汇收入也是非常可观的。对入境旅游者的接待服务直接推动中国旅游业同国际标准接轨。因此，大力开发和拓展海外客源市场是中国旅游业的长期的战略任务。

案例回放

（一）旅游业在性质上发生了改变

从政治接待转变为经济产业。以往旅游工作主要从外交活动、统战工作和劳动福利的角度开展，很少以至根本不考虑经济效益；现在，随着国内工作重心的转移，旅游业初步形成了由行、住、食、游、购、娱 6 个要素组成的综合性的新兴产业。

（二）在接待对象上，从过去的半封闭式向全世界开放

20 世纪 60 年代以前，国际游客绝大多数来自苏联、东欧和亚洲的社会主义国家。60 年代以后，大部分的国际游客来自西方国家，还包括海外同胞，入境的海外同胞主要是华侨和港澳同胞。20 世纪 80 年代以后，我国旅游接待的大门既向西方国家开放，也向东方国家开放，在海外游客纷纷涌来的同时，国内旅游也客流滚滚，并发展了中国公民出境旅游，形成了入境旅游、出境旅游和国内旅游三者相互促进的局面。

（三）在接待区域上有所扩大

从北京、上海、天津、广州、南京、杭州和桂林等少数几个大城市扩展到全国各地。1978 年以来我国相继开放 1 290 个地区，年接待海外旅游者 1 万人次以上的景点景区达 1 400 多处，海内外旅游者的足迹遍及中国各地。中国的旅游产品结构适应世界旅游发展的新趋势，从单一的观光型向观光、度假与专项旅游相结合发展。

（四）在产业规模上有所扩大

从几家旅行社、高档宾馆、餐馆，发展为由旅馆业、旅行社、旅游交通、旅游商品、旅游娱乐、旅游教育、旅游宣传出版等构成的综合性产业，旅游业与外事、农林、轻工业、商业、建筑、交通、邮电、城建、环保、卫生、园林、文化、文物、教育、出版、科技乃至海关、公安等各行各部门相融合和配合，成为第三产业中的重点产业。到 2001 年年底，全国共有各类旅游企事业单位 29.11 万个，直接从事旅游业人员 597.72 万，间接从业人员 2 980 万。2001 年年底，全国有旅行社 10 532 家，其中国际旅行社 1 310 家，国内旅行社 9 222 家。旅游住宿设施 27.47 万个，其中星级饭店 0.74 万个，尚未评定星级的 0.41 万个，社会旅店 8.11 万个，个体旅店 18.21 万个。星级饭店客房 81.63 万间，床位 153.31 万张，其中五星级 129 家、四星级 441 家、三星级 2 287 家、二星级 3 748 家、一星级 678 家。全国旅游行业共拥有固定资产原值 7 791.91 亿元。

（五）在旅游经济的所有制构成上发生了改变

从单一的全民所有制结构转向以公有制为主体的全民、集体、私营、个体、股份、中外合资（或合作）和外商独资并存的多种所有制结构。

（六）旅游文化迅速发展

随着旅游业的发展及旅游活动质量的提高，旅游的文化内涵逐渐加重，旅游活动的文化信息量日渐提高，旅游从业人员的数量和质量不断提高。这一切，对旅游文化事业的发展提出了紧迫的要求，也产生了强劲的推动力。由旅游教育、科研、咨询、宣传、出版、文娱为主要因素的旅游文化体系迅速发育成长，并成为旅游产业和旅游生产力中不可缺少的一部分。2001 年，我国旅游高等学校及开设旅游专业的普通高等学校共 311 所，中等职业学校 841 所，在校学生共计 24.05 万人。各地还举办了各种类型的旅游培训中心和培训班。全国有专业旅游报纸 9 家，中央和地方众多报纸设有旅游专栏或专版，旅游期刊 20 多种，旅游出版社 4 家。全国已有旅游科研和咨询机构数十家，其中有的与教学单位相结合，有的与企业相结合，有的与旅游管理机构相结合。旅游文娱场所和队伍各地都在发展。

（七）在管理体制上，从政企合一的指令性计划管理向政企分开的市场经济型管理转变

旅游企业从外事接待单位、行政机构的附属部门向自主经营、自负盈亏、自我积累、自我发展的旅游产品的生产者和经营者转变。各级行政管理机构对旅游业的管理模式从指令式的微观掌管向导向型宏观调控转变。随着《旅行社管理条例》等一系列旅游法规相继出台，旅游业在市场经济基础上迈向政府主导和企业运作的道路。

（八）加强了国际联系

从过去的隔绝式转为开放式、参与式，从坐等海外游客上门转向主动出门宣传促销、组织招徕。1983 年 10 月，我国正式加入世界旅游组织，成为该组织的第 106 个成员，继而当选为执委会委员、东亚太地区委员会副主席。1991 年 3 月，中国正式加入太平洋亚洲旅游协会。国家旅游局先后向美国、加拿大、英国、法国、德国、瑞士、澳大利亚、日本、新加坡、以色列和中国香港地区派出 10 多个办事处，我国代表团参加了世界各种旅游博览会、交易会。中国旅游以崭新的姿态登上了世界旅游舞台。

现在，旅游业已经成为第三产业的重点产业，国际旅游、国内旅游和出境旅游得到迅速发展。世界旅游组织（UNWTO）预测，到 2020 年，世界国际旅游人数将达 16 亿人次，全球旅游外汇收入将达 2 万亿美元。届时，中国将成为世界第一旅游目的地。中国将从世界旅游资源大国发展成为世界旅游强国。

实训项目

分析我国入境客源市场现状，分组设计我国海外客源市场开发方案。

第二章

亚洲客源国概况

第一节　日　　本

导读：日本（英文：Japan），全称日本国，位于亚洲东部、太平洋西北。国名意为“日出之国”。日本在环境保护、资源利用等众多方面堪称典范，其国民普遍拥有良好的教育、生活水平和较高的国民素质。至今，日本仍较好地保存着以茶道、花道、书道等为代表的传统文化。

东京铁塔

知识点：了解日本的基本概况和历史；掌握日本的民俗风情；掌握日本的主要旅游资源。

技能点：能根据所学知识向日本游客提供合理优质的接待服务；能根据日本的旅游资源设计合理的出境游线路。

案例导入

日本京都

京都作为日本历史上的都城，至今在日本国人心中还保有非常重要的地位。它的格局是仿照中国的长安城而建造的，当时名为“平安京”，是日本的政权中枢。由丰臣秀吉主持，对于京都的寺庙做了大量的改造，所以京都被称为“千庙之城”，至今一直保持其原貌。现如今，它已经成为日本人的心灵故土，是一个无论时代如何发展，它还依旧停留在过去的年代，亦新亦旧的这样一座城。所以，就算是在第二次世界大战时期，美国在选择投入原子弹的时候，也坚决在攻击目标的名单上划去它。可见，它浓厚的历史文化底蕴已经不止为国人尊敬，更被外国人深深折服。

问题：如果你是日本线路的计调，如何安排京都的游览线路？

一、自然环境

日本位于亚欧大陆东部、太平洋西北部，领土由北海道、本州、四国、九州4个大岛和其他7 200多个小岛屿组成，因此也被称为“千岛之国”。日本陆地面积约37.79万平方千米。日本东部和南部为一望无际的太平洋，西临日本海、东海，北接鄂霍次克海，隔海分别和朝鲜、韩国、中国、俄罗斯、菲律宾等国相望。日本北海道有世界最著名的渔场之一——北海道渔场，其成因是千岛寒流与日本暖流交汇。

日本是一个多山的岛国，山地成脊状分布于日本的中央，将日本的国土分割为太平洋一侧和日本海一侧，山地和丘陵占总面积的71%，大多数山为火山。国土森林覆盖率高达67%。富士山是日本的最高峰，海拔3 776米，被日本人尊称为圣岳。

日本群岛位于亚欧板块和太平洋板块的交界地带，即环太平洋火山地震带，火山、地震活动频繁，危害较大的地震平均3年就要发生1次。

日本的平原主要分布在河流的下游近海一带，多为冲积平原，规模较小，较大的平原有石狩平原、越后平原、浓尾平原、十胜平原等，其中面积最大的平原为关东平原。日本平原面积狭小，耕地十分有限，人口生理密度高达2 924人/平方千米，为世界第26位。

日本以温带和亚热带季风气候为主，夏季炎热多雨，冬季寒冷干燥，四季分明。全国横跨纬度达25°，南北气温差异十分显著。

日本是世界上降水量较多的地区。主要原因包括了日本海侧地区冬季的降雪，6、7月（冲绳、奄美为5、6月）间连绵不断的梅雨，以及夏季到秋季登陆或接近日本的台风。日本有记载的最高温度纪录是40.9℃，于2007年8月16日在埼玉县熊谷市和岐阜县多治见市测得；有记载的最低温度纪录是－41℃，于1902年1月25日在北海道旭川市测得。

日本海岸线全长33 889千米。由于日本是一个岛国，因此其海岸线十分复杂。西部日本海一侧多悬崖峭壁，港口稀少，东部太平洋一侧多入海口，形成许多天然良港。

在东部太平洋一侧自南向北均被日本暖流（黑潮）环绕、东北部形成千岛寒流（亲潮），西部日本海一侧是对马暖流和里曼寒流。在寒流和暖流交汇处，鱼类资源丰富，成为天然渔场。由于地处海洋的包围之中，终年温和湿润，冬无严寒，夏无酷暑。夏秋两季多台风，6 月份多梅雨。1 月平均气温北部 -6℃，南部 16℃；7 月北部 17℃，南部 28℃。年降水量 700 ~3 500 毫米，最高达 4 000 毫米以上。

日本自然资源贫乏，除煤炭、天然气、硫黄等极少量矿产资源外，其他工业生产所需的主要原料、燃料等都要从海外进口。但是，日本森林和渔业资源丰富，森林覆盖率占日本陆地面积的 69%，是世界上森林覆盖率最高的国家之一。北海道和日本海是世界著名的大渔场，盛产 700 多种鱼类。

二、社会概况

1. 历史沿革

据日本最早的史书《古事记》和《日本书纪》记载，第一代天皇神武天皇于公元前 660 年建国并即位，即位日相当于现在的 2 月 11 日，因此就把这一天定为“建国纪念日”。即日本的国庆节。从公元 100 年开始，日本的史书才有了以国家为形式的记载。

日本历史先后经历了飞鸟时代、奈良时代、平安时代、幕府时代、明治时代、大正时代、昭和时代和平成时代。

其中，明治时代新政府积极引入欧美各种制度及废藩置县等，这些各项改革被称为明治维新。一方面，新政府确立国家制度，如设立帝国议会及制定大日本帝国宪法；另一方面，又以培植产业及加强军力（富国强兵）为国策推进，急速地发展成近代国家。此外，1879 年染指清朝朝贡国琉球国，并改设为冲绳县。日本又在 1894 年甲午战争及 1904 年日俄战争中取得胜利，通过《马关条约》等不平等条约，割占台湾及其附属岛屿（含钓鱼岛），强占东北南部。1910 年吞并朝鲜。

大正时代前期，发生了第一次世界大战，为自明治维新以来日本国力最高峰的盛世。第一次世界大战时期，日本经济发展迅速。国内政局为统制派军人击倒皇道派军人从而掌握军政大权。此后，由于统制派军人由外而内改变国家政体的思想，日本开展了对包括中国在内的东亚各国的大规模侵略。日本成为第二次世界大战远东以及太平洋战场上的主要侵略者。

1945 年 8 月 15 日，日军投降。美军占领日本，改日本实君立宪制为虚君立宪制，天皇作为日本的象征被保留下来。

2. 国家象征

日本，意为“日出之国”。日本国旗为日章旗，亦称太阳旗，呈长方形，长与宽比为3:2。旗面为白色，正中有一轮红日。白色衬底象征着纯洁，红日居中象征着忠诚。传说日本是太阳神所创造，天皇是太阳神之子，太阳旗来源于此。

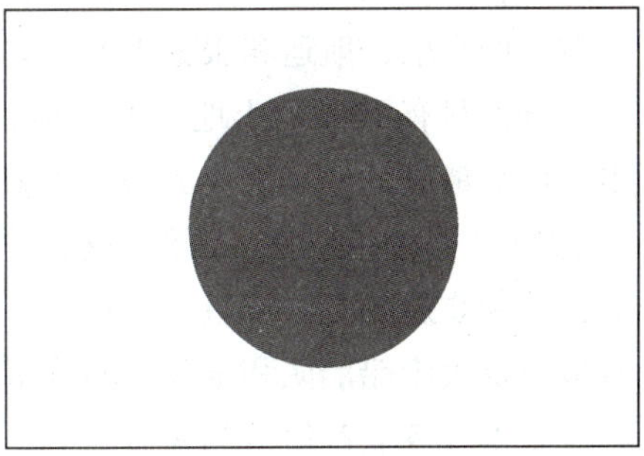

日本国旗

在日本，由于法律并没有确立正式的国徽，因此习惯上用日本皇室家徽“十六瓣八重表菊纹”，即菊花纹章作为日本代表性的国家徽章使用。

日本内阁所使用的代表徽章“五七梧桐花纹”，也常在国际场合及政府文件作为国家的徽章而使用，例如日本入境许可贴纸的底纹。

日本国歌为《君之代》，国鸟为绿雉，国石为水晶，国花为樱花（民间）、菊花（皇室）。

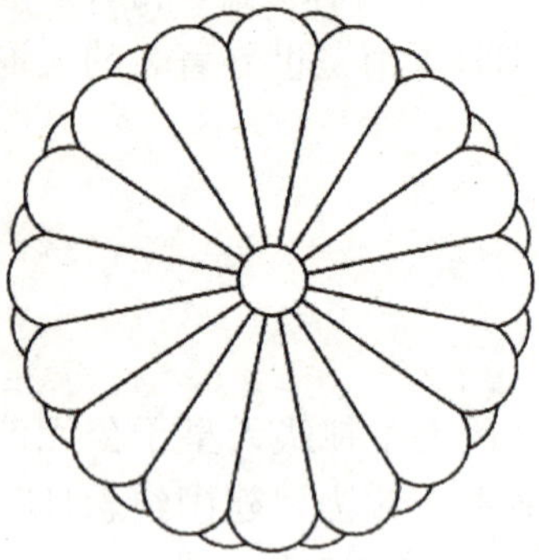

菊花纹章

3. 行政制度

日本为君主立宪国，宪法订明“主权在民”，而天皇则为“日本国及人民团结的象征”。如同世界上多数君主立宪制度，天皇没有政治实权，但备受民众敬重。日本是世界上唯一一个宪法没有赋予君主任何权力的君主制国家。

根据宪法，日本实行以立法、司法和行政三权鼎立为基础的议会内阁制。天皇为国家象征，无权参与国政。国会是最高权力机构和唯一立法机关。内阁为最高行政机关，对国会负责。日本首相正式名称为内阁总理大臣，是日本最高行政首脑。日本政治体制三权分立：立法权归两院制国会；司法权归裁判所，即法院；行政权归内阁、地方公共团体及中央省厅。

4. 经济结构

第二次世界大战后日本经济之所以能够高速发展，是其固有基础、特殊条件和机遇等多种主客观原因、国内外各方面原因共同起作用的结果。日本充分利用被美国独占和美国将大量加工制造业搬进日本之机，大力吸收美国的资金，学习、借鉴美国的先进工艺、科技和管理经验，并加强仿制、模仿和创新工作，使日本成为世界上对外国技术、工艺消化、吸收力最强的国家之一。

日本是一个高度发达的资本主义国家。其资源匮乏并极端依赖进口，高度发达的制造业是其国民经济的主要支柱。其科学研发能力十分强大，拥有大量的跨国公司和科研机构，每年科研经费约占全国 GDP 的 3.1%，该比例位居发达国家榜首。

日本的服务业，特别是银行业、金融业、航运业、保险业以及商业服务业占 GDP 的最大比重，而且处于世界领导地位，首都东京不仅是全国第一大城市和经济中心，更是世界数一数二的金融、航运和服务中心。

日本只有 12% 的土地是可耕地，为了弥补此缺点，日本使用系统化耕作零碎地，使日本有世界最高的精密农业成果，也就是单位土地产量世界第一。日本是世界第二大渔业国，从 1973 年石油危机后，深海鱼在日本不受欢迎。浅海鱼占 50% 的总量，养殖鱼则占 33% 以上，最受欢迎的有沙丁鱼、金枪鱼、螃蟹、牡蛎、秋刀鱼、鲔鱼和日本鰤鱼。日本至今依然有世界最大渔船船队和全球 15% 的渔获量占有率。

日本服务业产值极为重要，占了全国 3/4 的经济产值。银行、保险、房产中介、零售（百货）、客运、通信都算是服务业。像是三菱 UFJ、Mizuho、NTT、TEPCO、Nomura、三菱地产、新东京海上产物、JR 铁路、全日空等公司都占全球中该领域的龙头地位。

2003 年日本动漫产业总值约为 149 亿美元，占其当年 GDP 的 0.3%。动漫产业由于链较长，若计算其他相关衍生产品，已经成为日本的第二大营利性支柱产业。

5. 人口、民族和信仰

截至 2016 年 1 月 1 日，日本人口总数为 1.258 917 42 亿人，比 2015 年减少 27 万人，创下近 50 年来的最大跌幅。日本全国有 39 个道府县的人口减少。减少最多的是北海道，为 2.99 万人。其次是受福岛第一核电站事故影响的福岛县，减少 2.07 万人。减少率最高的是秋田县，为 1.23%。

日本的民族构成比较单一，主要为大和族。以外，还有少数阿依努人和琉球人。日本人大多数信奉神道（日本固有的宗教，即崇拜皇祖神天照大神）和大乘佛教。

6. 文化教育

日本是一个非常重视教育的国家，教师的地位非常高，著名的国立综合大学有东京大学、京都大学、早稻田大学和庆应大学等。

日本独特的地理条件和悠久的历史，孕育了别具一格的日本文化。樱花、和服、俳句与武士、清酒、神道教构成了传统日本的两个方面——菊与剑。

在日本有著名的“三道”，即日本民间的茶道、花道、书道。茶道也叫作茶汤（品茗会），自古以来就作为一种美感仪式受到上流阶层的无比喜爱。

相扑来源于日本神道的宗教仪式。人们在神殿为丰收之神举行比赛，盼望能带来好的收成。在奈良和平安时期，相扑是一种宫廷观赏运动，而到了镰仓战国时期，相扑成为武士训练的一部分。18 世纪兴起了职业相扑运动，它与现在的相扑比赛极为相似。相扑比赛在台子上进行。整个台子为正方形，中部为圆圈，其直径为 4.55 米。比赛时，两位力士束发梳髻，下身系一条兜带，近乎赤身裸体上台比赛。比赛中，力士除脚掌外任何部分不得触及台子表面，同时也不得超出圆圈。比赛在一二分钟甚至几秒钟内便能决出胜负。

和服是日本传统的民族服装。它在日本也称“着物”。和服是仿照我国隋唐服式改制的。8—9 世纪，日本一度盛行过“唐风”服装。以后虽有改变，形成日本独特的风格，但仍含有我国古代服装的某些特色。妇女和服的款式和花色的差别是区别年龄和结婚与否的标志。

文学方面，《源氏物语》被认为是世界最早的长篇小说、日本美学集大成者，并由此产生了“源学”。作者紫式部，又称紫珠（约 973—约 1019 至 1025 年），日本平安时代中期的女性作家，和歌作家。

夏目漱石（1867—1916），日本近代作家，日本近代文学史上享有很高的地位，被称为“国民大作家”。

芥川龙之介（1892—1927），他是日本著名作家夏目漱石的弟子。日本大正时代小说家。在短暂的一生中，写了超过 150 篇的短篇小说。其代表作品如《罗生门》《竹林中》已然成为世界性的经典之作。1935 年日本设立“芥川奖”。

川端康成（1899—1972）日本新感觉派作家，著名小说家。1899 年 6 月 14 日生于大阪，代表作有《伊豆的舞女》《雪国》《千只鹤》等。1968 年获诺贝尔文学奖。

村上春树（1949 年 1 月 12 日— ），日本小说家、美国文学翻译家。29 岁开始写作，第一部作品《且听风吟》即获得日本群像新人奖，1987 年第五部长篇小说《挪威的森林》在日本畅销四百万册，广泛引起“村上现象”。

三、节庆与习俗

1. 节庆

日本的节日主要包含国家节日和民间传统节日。日本的法定节日一共包含 15 个，分别是元旦、成人节、建国纪念日、春分日、绍和之日、宪法纪念日、绿色之日、儿童节、海节、敬老日、秋分日、体育节、文化节、勤劳感谢日以及天皇诞生日。

元旦：1 月 1 日。照日本的风俗，除夕要大扫除，并在门口挂草绳，插上橘子（称“注连绳”），门前摆松、竹、梅（称“门松”，现已改用画片代替），取意吉利。除夕晚上全家团聚吃过年面，半夜听“除夕钟声”守岁。元旦早上吃年糕汤（称“杂煮”）。日本的新年是日本人一年中最重要的节日之一。

成人节：1 月第 2 个星期一。为庆祝年满 20 岁的青年男女成人自立的节日，由各市、镇、村的行政机关举行成人仪式的典礼。

建国纪念日：2 月 11 日。神武天皇前 660 年 2 月 11 日统一日本，建立日本国。旧时称为“纪元节”。

春分日：3 月 21 日左右。扫墓、祭拜祖先的日子。

昭和之日：4 月 29 日。由 2007 年（平成 19 年）起加入日本国民假期的节日，4 月 29 日为已故裕仁天皇冥诞的日子。昭和是裕仁天皇时代的年号。

宪法纪念日：5 月 3 日，1947 年 5 月 3 日废除明治宪法，开始实行新宪法。

绿色之日：5 月 4 日，绝色之日相当于我们中国的植树节、环保节等理念，是鼓励国民亲近自然、亲近绿色生活的日子。

儿童节：5 月 5 日，端午节也在这一天。是庆祝小孩成长，祈求幸福之日。其具体表现形式是有男孩的家庭在户外用高杆悬挂鲤鱼旗并摆放武士人偶。

海节：7 月第 3 个星期一。日本四面环海，为感谢得自海洋的恩典并祈祷能成为国运昌隆的海洋国家而制定细节。

敬老节：9 月第 3 个星期一。以尊敬老人、感谢老人为宗旨。

秋分日：9 月 23 或 24 日。这一天不仅仅代表着季节的变换，同时也是怀念逝去的父母、祖父母和其他亲人的日子。

体育节：10 月第 2 个星期一，纪念 1964 年在东京举行的奥林匹克运动会开幕式的日子。

文化节：11 月 3 日。1954 年以前是为纪念明治天皇诞辰而设立的节日。1964 年 11 月 3 日日本公布新宪法。因此，将这一天改为文化节，用以提倡热爱自由平等、促进文化事业的社会原则。

勤劳感谢日：11 月 23 日。此时正值收获的季节，为了表示对收获的谢意，而制定了以感谢劳动为宗旨的节日。

天皇诞生日：12 月 23 日。明仁天皇于 1933 年 12 月 23 日出生。由于明仁尚在人世，依日本礼仪，决不可以用年号（平成）+天皇来称呼，应称为今上天皇。

除此之外，日本的民间传统节日众多。

2月2日——节分立春的前一天，撒黄豆，招福驱鬼

3月10日——偶人节，又称桃花节，是女孩子的节日

七五三节

4月29日到5月5日——黄金周

5月第二个星期日——母亲节

5月8日——男孩节，家里有男孩的要挂鲤鱼旗

7月17日——京都祇园花车游行

8月6日——广岛原子弹爆炸纪念日

8月中旬——盂兰盆节“民族大移动”

8月16日——京都五山送火

9月1日——防灾日（纪念关东大地震，加强防灾意识）

11月15日——七五三（为7岁、5岁、3岁的孩子过节）

2. 习俗与禁忌

日本人社交习俗总的特点可以用这样几句话来概括：待人处事彬彬有礼，微笑相迎精神欢喜；见面问好鞠躬行礼，谦让礼貌讲求规矩；语言文明说话客气，交谈乐于轻声细语；白色、黄色受人喜爱，绿色、紫色民间为忌；乌龟、鹤类长寿吉利，狐狸和獾人人厌弃。

在生活细节上有如下特点：

日本人在社交活动中，爱用自谦语言，并善于贬己怡人。“请多关照”“粗茶淡饭、照顾不周”等，是他们经常使用的客套话。

他们很重视衣着仪表的美观，在公开场合，一般都要着礼服，以西装套服较为常见。他们最喜爱的服装是和服。

他们有崇拜、敬仰“7”的风俗，据说这与太阳、月亮、水星、金星、火星、木星、土星给人间带来了光明、温暖和生命有关。

日本人有喝茶的习惯，一般都喜欢喝温茶。斟茶时，他们的礼貌习惯是以斟至八成满为最恭敬客人。他们饮茶时，喜欢主客间相互斟茶，不习惯自斟自饮，即客人在主人为其斟茶后，马上接过茶壶给主人斟茶，认为这样相互斟茶能表示主客之间的平等与友谊。

日本人不习惯以烟待客。他们自己吸烟时，一般不向客人敬让。因为吸烟有害健康，不能用来招待至亲好友。

日本人的等级观念很强，上、下级之间，长、晚辈之间的界限分得很清楚。妇女一般对男子极为尊重。

他们在社会交往中最好送礼，而且注意实惠，讲究礼品的颜色。他们经常把一些小礼物送人；一般在遇吉事送礼中喜用黄白色或红白色，在遇不幸事时，送礼惯用黑、白色或灰色。他们对白色感情较深，视其为纯洁的色彩；日本人还钟爱黄色，认为黄色是阳光的颜

色，给人以生存的喜悦和安全感。

他们喜欢乌龟和鹤类等动物。认为这些动物给人以吉祥和长寿的印象。

菊花是日本的国花，但他们最喜爱的是樱花，喜爱樱花纯洁、清雅和高尚的风姿；喜爱樱花给人们带来美好的春光；喜爱樱花那种毫不迟疑地开落的豪爽性格。他们视樱花为日本民族的骄傲，把樱花作为勤劳、勇敢、智慧的日本人民的象征。

在日本，无论是商务或社交方面的约会，都应准时到达。

服饰礼仪：日本人无论在正式场合还是非正式场合，都很注重自己的衣着。在正式场合，男子和大多数中青年妇女都着西服。男子穿西服通常都系领带。和服是日本的传统服装，其特点是一般由一块布料缝制而成。现在男子除一些特殊职业者外，在公共场所很少穿和服。

鞠躬礼仪：日本人相互见面多以鞠躬为礼。比较熟悉的人见面互相鞠躬以二三秒钟为宜；如果遇见好友，腰弯的时间要稍长些；在遇见社会地位比较高的人和长辈的时候，要等对方抬头以后把头抬起来，有时候甚至要鞠躬几次。

他们在社交场合上也施握手礼。

他们不喜欢紫色，认为紫色是悲伤的色调；最忌讳绿色，认为绿色是不祥之色。

日本人忌讳“4”，主要是“4”和“死”的发音相似，很不吉利；他们对送礼特别忌讳“9”，会误认你把主人看作强盗。还忌讳3人一起“合影”。他们认为中间被左右两人夹着，这是不幸的预兆。

日本人对送花有很多忌讳：忌讳赠送或摆设荷花；在探望病人时忌用山茶花、仙客来及淡黄色和白颜色的花。因为山茶花凋谢时整个花头落地，不吉利；仙客来花在日文中读音为“希苦拉面”，而“希”同日文中的“死”发音类同；淡黄色与白颜色花，这是日本人传统观念就不喜欢的花。他们对菊花或装饰花图案的东西有戒心，因为它是皇室家庭的标志，一般不敢也不能接受这种礼物或礼遇。

日本人对装饰有狐狸和獾图案的东西很反感，认为狐狸“贪婪”和“狡猾”，獾“狡诈”。

他们还很讨厌金、银眼的猫，认为见到这样的猫，令人感到丧气。

他们忌讳触及别人的身体，认为这是失礼的举动。

他们忌讳把盛过东西的容器再给他们重复使用；忌讳把洗脸水中再对热水；忌讳晚上剪指甲；忌讳洗过的东西晚上晾晒；忌讳睡觉或躺卧时头朝北（据说停尸才头朝北）。

日本人对朋友买的东西，一般不愿问价钱多少，因为这是不礼貌的，同样你若评价对方买的东西便宜，也是失礼的。因为日本人不愿让对方认为自己经济力量低下，只会买便宜货等。

3. 饮食文化

一般西方人的观念是日本食品只有牛肉火锅或样子古怪的寿司，而很多游客到日本也懂得去品尝新鲜的鱼及肉质鲜嫩的炸虾。日本的主菜是鱼。“生鱼片”“寿司”则是唐代时由中国传入日本，经过日本人改良，在日本很受欢迎的一种食物。生食也是非常健康的食用方式，比烹煮方式更能减少鱼肉中营养物质的流失。日本人烹煮鱼类的方法多为低温煮熟、清蒸等，并且选用的鱼类都是健康的海鱼。

日本的饮食有日本固有的“日本料理”、从中国传去的“中华料理”、从欧洲传去的

“西洋料理”等。

日本的特殊地理环境决定了他们独特的饮食习惯。“日本料理”的最大特点就是以鱼、虾、贝类等海鲜品为烹饪主料，或热吃，或冷吃，或生吃，或熟吃。他们的主食是大米，其他的主要粮食有小麦、大麦、小米、玉米、荞麦、糯米、大豆、小豆、甘薯等。这些主要粮食有的做成蒸饭、煮饭：稀粥、杂烩粥、炒饭、豆沙饭团、粽子等；有的则做成米粉团、年糕、面包、烤饼、面条、馒头等作为面食用。他们逢年过生日总喜欢吃红豆饭，以示吉祥。他们很喜欢酱和酱汤，因为它含有大量的蛋白质和铁质，且容易消化，适于老弱病残者食用，同时也是日本人家庭中不可缺少的菜品之一。

日本怀石料理

日本人常吃的食物：饭团、手卷（海苔包在外面的寿司）、天妇罗、肉饼、拉面、荞麦面、寿司和沙拉。

富士山

四、旅游资源与主要旅游地

1. 富士山

富士山是日本国内最高峰，日本重要国家象征之一。富士山横跨静冈县和山梨县，接近太平洋岸，东京西南方约 80 千米。富士山是世界上最大的活火山之一。目前处于休眠状态，但地质学家仍然把它列入活火山之类。自 781 年有文字记载以来，共喷发了 18 次，最后一次喷发是在 1707 年，此后休眠至今。2013 年 6 月 22 日，第 37 届世界遗产大会批准将日本富士山列入《世界遗产名录》，富士山从而成为日本的第 17 处世界遗产。

2. 东京铁塔

东京铁塔位于东京市内，于1958年建成。它是仿照法国巴黎的埃菲尔铁塔建造而成的，高333米，塔身为棱锥体，主要为红白二种颜色。现在是东京的标志之一。塔上设有展望台，整个东京的景色尽收眼底，天气晴好的时候可远眺富士山。塔身照明根据季节不同变换不同的颜色，在圣诞节等节日时会用特别的灯饰装点。

浅草寺：东京都内最古老的寺庙，也是浅草地区的中心。"雷门"是浅草寺的标志，西南角的五重塔是日本的第二高塔，寺东北还有浅草神社。寺前的仲见世是一条很热闹的街道，出售各种纪念品。

3. 上野公园

上野公园是东京面积最大的公园，里面建有动物园、美术馆、博物馆等众多设施。园内还有不忍池、竹台喷泉等自然景观，西乡隆盛的铜像是上野公园的标志。这里是东京的赏樱名所，每到春季，公园内樱花盛开，会有众多的游人在樱花树下赏花和野餐。

4. 皇居

皇居是日本天皇及家眷居住的宫殿，位于东京市中心的千代田区，隐藏在郁郁葱葱的树林和庭园的深处，周围有护城河环绕。皇居的内宫平常不开放游览，每年只在新年和天皇诞辰日当天对外开放。通常所说的"参观皇居"是指游览皇居外围，包括皇居外苑、皇居东御苑及北之丸公园。在皇居外苑可以见到跨于护城河上的二重桥（又称眼镜桥）。位于皇居西北侧的千鸟渊是东京的赏樱名所之一。皇居内苑也可以参观，但是需要提前在官网上申请预约。

皇居外苑二重桥

5. 台场

台场位于东京湾的人造陆地上，是东京最新的娱乐场所集中地，尤其是受年轻人的青睐。台场主要的观光地是台场海滨公园，这里有东京都内唯一的沙滩，滨海沿线有散步道可以观赏海景，还能眺望彩虹大桥，经常有日剧在这里取景拍摄。富士电视台大厦、丰田汽车馆、船之科学馆和日本科学未来馆等设施坐落于此。巨大的摩天轮、丰富的购物和餐饮设施也使台场人气十足。

6. 东京迪士尼度假区

东京迪士尼度假区分为迪士尼乐园和迪士尼海洋两个游乐园，其中后者是全球唯一以海洋为主题的迪士尼乐园。除了各项娱乐设施，园内的表演和盛装游行也非常精彩。

7. 鹿苑寺

鹿苑寺由于寺内核心建筑舍利殿的外墙全部贴以金箔装饰，所以昵称为“金阁寺”，是世界文化遗产之一。寺院始建于1397年，由于历史原因古建筑已被烧毁，现在的建筑为1955年依照原样重新修建的。金阁寺原本作为足利义满将军（即动画片《聪明的一休》中足利将军的原型）的别墅而建，将军死后改为禅寺。舍利殿是一座三层楼阁建筑，紧邻镜湖池畔，楼内每一层都有不同的建筑风格。寺后的庭园里有许多风格别致的日式造景，是室町时代最具代表性的名园。

鹿苑寺（又名金阁寺）

8. 二条城

二条城由江户幕府的第一代将军德川家康所建，保存了日本桃山时代的绘画雕刻和建筑特色，是京都的世界文化遗产之一。二条城内的本丸是重要文化遗产，二之丸御殿是国宝，二之丸庭园与清流园也是著名的庭园。

9. 清水寺

清水寺是日本最有名的寺院之一，位于京都市内东部音羽山的山腰，历史悠久，被列入世界文化遗产。著名的清水舞台是一座大型木造建筑，未使用一钉搭建而成，其造型仿佛从本堂向断崖突出，在这里眺望京都风景绝佳。寺内的音羽瀑布有三道源流，分别代表长寿、学业有成和爱情顺利，祈愿时只能择其一饮用且只喝一口，否则愿望不会实现。清水寺外围还有多处建筑，包括三重塔和随求堂。

10. 大阪城天守阁

大阪城天守阁是安土桃山时代的建筑。天守阁内存放着有关天主教的珍贵史料，具有十分珍贵的历史价值。大阪城天守阁气势非凡，外观5层内部8层，金光闪闪的镀金浮雕更是华丽无比，故又有“金城”或“锦城”之称。

11. 日本环球影城

日本环球影城位于大阪，简称USJ，和东京的迪士尼乐园一样，都是日本国民和外国旅行者心目中的超人气主题乐园。拥有以好莱坞电影为主题的各种有趣而又刺激的娱乐设施，还有各种有趣的主题餐厅和晚上让人眼花缭乱的花车巡游表演等。

12. 东大寺

东大寺是日本华严宗大本山，又称为大华严寺、金光明四天王护国寺等。东大寺位于平城京（今奈良）东，是南都七大寺之一，距今约有一千二百年的历史。东大寺，1998 年作为古奈良的历史遗迹的组成部分被列为世界文化遗产。

东大寺正殿

东大寺大佛殿，正面宽度 57 米，深 50 米，为世界最大的木造建筑。大佛殿内，放置着高 15 米以上的大佛像卢舍那佛。东大寺院内还有南大门、二月堂、三月堂、正仓院等。南大门有很著名的双体金刚力士像。二月堂能够俯视大佛殿和眺望奈良市区。

案例回放

作为日本线路计调，京都的游览线路应该突出历史文化景点的游览。京都目前一共拥有 17 处世界文化遗产。其中鹿苑寺（金阁寺）、二条城和清水寺为京都三大世界文化遗产，可以安排在线路中。另外，结合京都的和服文化，安排和服制作参观和试穿体验。

实训项目

日本讲究礼节礼仪，分组演示与日本人在社交场合的相处之道。

第二节　韩　　国

导读：大韩民国（英文：Republic of Korea），简称韩国，位于东亚朝鲜半岛南部，总面积约 10 万平方千米（占朝鲜半岛总面积的 45%），主体民族为朝鲜族，通用韩语，总人口约 5 041.85 万（2014 年）。首都为首尔。

知识点：了解韩国的基本概况和历史；掌握韩国的民俗风情；掌握韩国的主要旅游资源。

技能点：能根据所学知识向韩国游客提供合理优质的接待服务；能根据韩国的旅游资源设计合理的出境游线路。

崇礼门

案例导入

“影视 + 旅游”的效应

随着韩剧的热播，众多旅行社推出了“复制韩剧”的旅游路线。《冬季恋歌》使往日一到冬季就人迹罕至的南怡岛成为四季皆可旅游的新热点；《情定大饭店》的取景地华克山庄喜来登酒店趁着电视剧的热播而大卖；《大长今》位于京畿道扬州占地 2 000 平方米的拍摄基地对外开放；《天国的阶梯》里乐天世界的旋转木马广受欢迎；《宫》里游客开始关注韩国古老的建筑，如庆州雁鸭池、全州庆基殿和首尔庆熙宫；《来自星星的你》热播之后，但凡是与剧情沾边的取景地都成了热恋经典。其中，首尔塔更是成了“星粉”们韩国旅游必去的朝圣之地。

问题：如何理解韩国的“影视 + 旅游”发展模式？

一、自然环境

韩国三面环海，西濒临黄海，与胶东半岛隔海相望，东南是朝鲜海峡，东边是日本海，北面隔着三八线非军事区与朝鲜相邻。朝鲜半岛历史上长期是中原王朝的藩属国，清末中国在甲午战争中败给日本，正式脱离与中原王朝的藩属关系。1910 年朝鲜半岛正式并入日本国领土，第二次世界大战后光复取得独立。1950 年朝鲜战争爆发，南北分裂，北方国家称朝鲜，南方国家称韩国。

山地占朝鲜半岛面积的 2/3 左右，地形具多样性，低山、丘陵和平原交错分布。低山和丘陵主要分布在中部和东部，海拔多在 500 米以下。太白山脉纵贯东海岸，构成半岛南部地形的脊梁；其向黄海侧伸出的几条平行山脉组成低山丘陵地带，有太白山脉、庆尚山脉、小白山脉等，其中雪岳山、五台山等山峰以风景优美著称。东北至西南走向的小白山脉最高峰为智异山，海拔 1 915 米。汉拿山位于济州岛的中心，海拔 1 950 米，是韩国的第一高峰。

古代相传有神仙在汉拿山上生活，因此过去曾把汉拿山叫作瀛洲山，并且同金刚山、智异山一起被誉为三座神山。

平原主要分布于南部和西部，海拔多在200米以下。黄海沿岸有汉江平原、湖南平原等平原，南海沿岸有金海平原、全南平原及其他小平原。

北部属温带季风气候，南部属亚热带气候，海洋性特征显著。冬季漫长寒冷，夏季炎热潮湿，春秋两季相当短。冬季最低气温达-12℃，夏季最高气温可达37℃。年平均降水量1 500毫米左右，其中6—8月雨量较大，降雨量为全年的70%。年均降水量约为1 500毫米，降水量由南向北逐步减少。

韩国四季分明，春、秋两季较短；夏季炎热、潮湿；冬季寒冷、干燥，时而下雪。

韩国各地区之间温差较大，平均温度为6～16℃。在全年最热的8月份，平均温度为19～27℃。而在全年最冷的1月份，平均温度则在-7～-8℃。

韩国最长的河流分别是洛东江和汉江，是半岛南部地区两条主要的河流。洛东江长525千米，流入东海；汉江长514千米，流入黄海，是中部地区的重要水系。其他河流还有：锦江、蟾津江、临津江等。韩国湖泊较少，最大的天然湖是位于济州岛汉拿山顶火山口的白鹿潭，海拔1 850米，湖面直径约30米，周长1千米，深约6米。最大的人工湖是昭阳湖，位于江原道春川市东北13千米处，1973年建成，面积6 930万平方米。此外还有一些面积较小的湖，如插桥湖、木津湖等。

韩国矿产资源较少，已发现的矿物有280多种，其中有经济价值的约50种。有开采利用价值的矿物有铁、无烟煤、铅、锌、钨等，但储量不大。由于自然资源匮乏，主要工业原料均依赖进口。

二、社会概况

1. 历史沿革

自公元前1122年周武王战胜殷纣，肃慎、燕、亳是周朝的北部领土，这里的亳指代的就是貉，也就是北方夷人，包括朝鲜半岛。汉初，燕国人卫满（姬姓卫氏，卫国宗室后裔）率千余人进入朝鲜，并成为箕子朝鲜的博士。卫满于公元前194年在平壤一带建立政权，推翻了箕子朝鲜，史称“卫氏朝鲜”，建都王险城。其国土包括辽东、朝鲜、高丽、貊、东沃沮五国之地。

1388年，高丽国王派都统使李成桂进攻辽东，李成桂则早已决心发动政变。他从鸭绿江边威化岛回兵占领首都开城并发动政变（威化岛回军）。1392年，废黜高丽国王，自立为王，并改国号为朝鲜，定都汉阳（今韩国首尔），史称李氏朝鲜。后来的李氏朝鲜继续长期是中国各王朝的附属国。

李氏朝鲜实行推崇儒学、排斥佛教的政策，对中国采取事大主义。从1416年至1449年，朝鲜在鸭绿江东岸地区设置“西北四郡”，在图们江南岸地区设置“东北六镇”，将一部分建州女真驱赶到了中国境内（其中包括努尔哈赤的祖先猛哥帖木耳）。

1910年8月，日本迫使大韩帝国签订《日韩合并条约》，正式吞并朝鲜半岛，设立朝鲜总督府，进行殖民统治。日本将大韩帝国王室封为日本贵族，逼迫李熙退位，拥立李拓。

1945年9月2日，根据盟国协议，盟军最高司令官麦克阿瑟在第一号指令中，以北纬

38 度线为界作为美苏两国军队分别受理驻朝日军的投降事宜和对日开展军事活动的临时分界线，以北为驻朝苏军受降区，以南为美军受降区。日本投降后，美、苏军队分别进驻三八线南北地区。1948 年 8 月和 9 月，朝鲜半岛南北地区先后成立大韩民国和朝鲜民主主义人民共和国。

2. 国家象征

韩国的国旗为太极旗，是 1882 年 8 月由派往日本的使臣朴泳孝和金玉均在船上第一次绘制的，1883 年被李熙正式采纳为李氏朝鲜的国旗。1949 年 3 月 25 日，韩国文教部审议委员会在确定它为大韩民国国旗时做了明确解释：太极旗的横竖比例为 3:2，白地代表土地，中间为太极两仪，四角有黑色四卦。太极的圆代表人民，圆内上下弯鱼形两仪，上红下蓝，分别代表阳和阴，象征宇宙。四卦中，左上角的乾即三条阳爻代表天、春、东、仁；右下角的坤即六条阴爻代表地、夏、西、义；右上角的坎即四条阴爻夹一条阳爻代表水、秋、南、礼；左下角的离即两条阳爻夹两条阴爻代表火、冬、北、智。整体图案意味着一切都在一个无限的范围内永恒运动、均衡和协调，象征东方思想、哲理和神秘。

韩国的国徽中央为一朵盛开的木槿花。木槿花的底色白色象征着和平与纯洁，黄色象征着繁荣与昌盛。花朵的中央被一幅红蓝阴阳图代替，它不仅是韩国文化的一个传统象征，而且在此代表着国家行政与大自然规律的和谐。一条白色饰带环绕着木槿花，饰带上写着国名“大韩民国”四字。

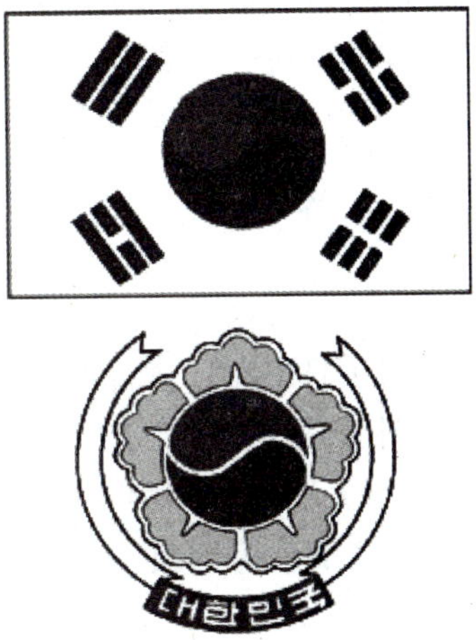

韩国国旗和国徽

韩国的国歌是《爱国歌》。木槿花是韩国的国花。花开时节，木槿树枝会生出许多花苞，一朵花凋落后，其他的花苞会连续不断地开，开得春意盎然，春光灿烂。因此，韩国人也叫它“无穷花”。松树为国树，喜鹊为国鸟，老虎为国兽。

3. 行政制度

韩国实行三权分立、依法治国的体制。根据宪法，总统是国家元首和全国武装力量司令，在政府系统和对外关系中代表整个国家。国务总理由总统任命，但须经国会批准。国务总理有权参与制定重要的国家政策。总统无权解散国会，但国会可用启动弹劾程序的方式对总统进行制约，使其最终对国家宪法负责。

韩国宪法规定韩国实行多党制，主要政党有：新国家党、共同民主党。

4. 经济结构

韩国经济是市场经济模式，是拥有完善的市场经济制度的经合组织发达国家。韩国是亚洲四小龙之一，韩国创造的经济繁荣被称为“汉江奇迹”。钢铁、汽车、造船、电子、纺织等是韩国的支柱产业，其中造船和汽车制造等行业较好。大企业集团在韩国经济中占有十分重要的地位，三星、现代汽车股份有限公司、SK、LG 和 KT（韩国电信公司）等大企业集团创造的产值在其国民经济中所占比重超过 60%。

韩国农业资源非常稀缺，现有耕地面积1 835.6千公顷（18.4%是农耕地），是世界人均耕地面积最少的国家之一。韩国农产品因此较多依赖国外进口。除了大米和薯类能基本自给外，其他粮食85%需要进口。另外韩国60%以上的牛肉、鱼贝类，20%水果、禽肉和奶都需要从国外进口，只有砂糖和蛋可以完全自给。

5. 人口、民族和信仰

韩国总人口5 072万（2016年年底），主要民族为韩民族（朝鲜称朝鲜民族），属黄色人种东亚类型，占全国总人口的96.25%。主要信仰佛教、基督新教和天主教。

6. 文化教育

韩国是一个十分重视教育的国家。全国各类大专院校数以千计。国立首尔大学是一所综合类院校，2013QS亚洲大学最新排名第4位。延世大学和高丽大学也比较有名，此外，还有成均馆大学、西江大学、中央大学、庆熙大学等在韩国也比较有名。

韩服是韩国、朝鲜以及中国朝鲜族的传统服装。女性是短上衣和宽长的裙子，看上去很宽松；男性以裤子、短上衣、背心、马甲显出独特的风情。白色为基本色，根据季节、身份，所选用的材料和色彩都不同。

三、节庆与习俗

1. 节庆

1月1日，元旦（新年）。

1月2日为国家规定的公休日。

农历正月初一，民俗日也称阴历新年，即春节。

3月1日，韩国独立运动纪念日，纪念1919年3月1日反抗日本殖民统治的“三一”运动。

4月5日，植树节。这一天，政府官员、教师、学生以及全国各地成千上万的韩国人按照政府的重新造林计划植树。

4月8日，释迦牟尼诞生节。佛教徒和其他国民都庆贺这个节日，纪念释迦牟尼诞生。

5月5日，儿童节。这一天为儿童举行各种庆祝活动，让他们与父母一起尽情游玩。

5月8日，父母节。这一天是父母的节日，为继承和发展传统的孝道而设立的节日。

5月15日，教师节。这一天，学生们会给老师送花或其他小礼物，或者大家一起请老师吃饭。教师在这一天，会受到社会的特别尊重。

农历五月初五，端午节。受中国文化影响，韩国也有端午节，韩国端午节风俗主要为祭祀、演戏、游艺等，带有鲜明的民族特点。其中以“江陵端午祭”保存最为完整。2005年11月25日，“江陵端午祭”被世界教科文组织指定为人类口头和无形遗产。

8月15日，光复节。1945年的这一天，朝鲜半岛从日本35年的殖民统治中解放出来，获得独立。

农历八月十五，中秋节（或称丰收节）。这是一年中最重要的全国性节日之一。这一天要摆设筵席，各家要在家族墓地举行纪念仪式，晚上要一起赏月。

农历十月初三，开天节。这一天是传说中檀君于公元前2333年建立韩国的日子。

10月9日，韩语节。为纪念1446年朝鲜世宗李祹的颁布训民正音，普及朝鲜半岛民族语言而建立的日子。

2. 习俗与禁忌

韩国素有“礼仪之国”的称号，韩国人十分重视礼仪道德的培养，尊敬长者是韩国民族恪守的传统礼仪。韩国人热情好客，每逢宾客来访，总是根据客人身份举行适当规格的欢迎仪式。无论在什么场合遇见外国朋友，韩国人总是彬彬有礼，热情问候，谈话得体，主动让道，挥手再见。

在社交礼仪上，韩国一般不采用握手作为见面的礼节。握手时讲究使用双手，或是单独使用右手。在晚辈、下属与长辈、上级握手时，后者伸出手来之后，前者须先以右手握手，随手再将自己的左手轻置于后者的右手之上。在韩国，一般情况下，妇女不和男子握手，以点头或是鞠躬作为常见礼仪。在称呼上多使用敬语和尊称，很少会直接称呼对方的名字。

进韩国人家里要脱鞋，到韩国式食堂进餐也要脱鞋，因此一定要注意穿干净的袜子。袜子不干净或有破洞是失礼行为，被人看作没有教养。入座时，宾主都要盘腿席地而坐，不能将腿伸直，更不能叉开。

韩国人平时使用的一律是不锈钢制的平尖儿的筷子。中国人、日本人都有端起饭碗吃饭的习惯，但是韩国人认为这种行为不规矩，而且也不能用嘴接触饭碗。勺子在韩国人的饮食生活中比筷子更重要，它负责盛汤、捞汤里的菜、装饭，不用时要架在饭碗或其他食器上。筷子只负责夹菜。筷子在不夹菜时，传统的韩国式做法是放在右手方向的桌子上，两根筷子要拢齐，2/3在桌上，1/3在桌外，这是为了便于拿起来再用。

韩国人珍爱白色。忌讳数字是“4”和“13”，因为发音与“死”相同的缘故，韩国人对相似的“私”“师”“事”等尽量避免使用。

韩国人的民族自尊心很强，反对崇洋媚外，倡导使用国货。在赠送礼品时，最好选择是鲜花、酒类和工艺品，最好不是日本货。

韩国有男尊女卑的讲究，进入房间时，女人不可以走在男人的前面，女人须帮助男人脱下外套，坐下时，女人要主动坐在男子的后面，不可以在男子面前高声谈论。

韩国家庭里的一家之长被视为权威所在，全家人都应该听从他的命令或遵照他的愿望行事，严格的命令必须服从，不得有违。儿辈或孙辈违抗长辈的愿望被韩国人视为不可想象的事情。

3. 饮食文化

韩食以泡菜文化为特色，一日三餐都离不开泡菜。韩国传统名菜烤肉、泡菜、冷面已经成了世界名菜。

韩国有各种饮食，由于其过去处于农耕社会，因此从古代开始主食就以大米为主。韩国饮食由各种蔬菜、肉类、鱼类共同组成。泡菜（发酵的辣白菜）、海鲜酱（盐渍海产品）、豆酱（发酵的黄豆）等各种发酵保存食品，以其营养价值和特别的味道而闻名。

韩国饮食包括每天重复的日常饮食，一生中必经的仪式举行时摆的食品，祈求丰年和丰渔时摆的丰年祭与丰渔祭食品，祈祷部落平安而摆的部分祭祀食品，还有悼念过世的人而摆的祭祀食品等。同时也随季节的不同利用当时的食物做季节美食。

四、旅游资源与主要旅游地

1. 首尔市

首尔具有600多年的悠久历史，是韩国的首都，也是韩国政治、经济、文化和教育的中心。首尔既有景福宫、昌德宫等历史悠久的遗址地，又有北村韩屋村、仁寺洞、南大门传统市场等可以感受传统文化的地方。另外，购物商场和娱乐设施一应俱全的明洞、狎鸥亭、亚洲最大的地下商街COEX MALL、东大门市场等。流经城市正中心的汉江是首尔独有的风景，为市民提供了多种方便舒适的休闲空间。

2. 庆州市

新罗千年古都庆州，是新罗时代文化的代表。整个城市处处是文化遗址，有“不设防的博物馆”之称。著名的景点有：佛国寺、石窟庵、国立庆州博物馆、大陵苑、芬皇里等。

3. 安东市

位于庆尚北道北部的安东是韩国儒教传统文化遗留最多的地方。现存韩国儒学泰斗李退溪创办的陶山书院。再现朝鲜时代市民与两班文化的河回民俗村。著名的韩国河回假面具即发源于此，有名的安东民俗村也在此附近。安东市还为游客推出许多体验型的旅游项目，游客可以在此品尝传统祭祀饮食，亲手制作丰山传统韩纸，观摩安东烧酒的制作过程，体验当地传统民宿。

大陵苑

4. 济州岛

韩国最大的火山岛济州特别自治道是韩国第一旅游地，名字从济州道改为济州特别自治道。景致优美的海岸、瀑布、绝壁、洞窟十分协调，气候温和。温带、热带性动植物共存的“汉拿山国立公园”、沿着海岸绝壁形成雄壮景观的“城山日出峰”（见下图）和世界最长的神秘溶洞“万丈窟”被评为世界自然遗产。

城山日出峰

5. 釜山

釜山是韩国第一大港口城市，有多种多样的海洋旅游景点、历史遗址地、繁华的购物区等，是一座充满活力的现代都市。夏季众多游客喜爱的“海云台海水浴场”“松岛海水浴场”以及举行世界烟花庆典的“广安里海水浴场”等都十分有名，还有可以欣赏海边风景的“太宗台”和“龙头山公园”，位于海边绝壁的“龙宫寺”，新鲜海产品遍布的“扎嘎其市场”等也是不可错过的旅游名所。世界最大的百货店“Centum City”周边有众多大型购物中心，“电影的天堂”等地方每年举办的釜山国际电影节吸引了各国电影迷的关注。

案例回放

韩剧的热播带来了韩国旅游的一个又一个春天。对于资源并不丰富的韩国旅游来说，巧借韩剧的广告宣传作用，挖掘传统民族文化的独特魅力，扩大海外客源市场，促进本国旅游业健康发展的做法，给我国旅游业的发展带来了新的思路与启示。

实训项目

根据不同年龄段的中国游客，设计出适合的韩国旅游线路。

第三节　蒙古国

导读：蒙古国（英文：Mongolia）是位于中国和俄罗斯之间，被两国包围的一个内陆国家。蒙古虽然不与哈萨克斯坦边境接壤，但其最西点到哈萨克斯坦的最东端只有38千米。首都及全国最大城市为乌兰巴托，占全国总人口的45%。

苏赫巴托广场

知识点：了解蒙古国的基本概况和历史；掌握蒙古国的民俗风情；掌握蒙古国的主要旅游资源。

技能点：能根据所学知识向蒙古国游客提供合理优质的接待服务；能根据蒙古国的旅游资源设计合理的出境游线路。

案例导入

国庆那达慕

“国庆节－那达慕”是蒙古国最盛大的节日之一，每年7月11日至13日在首都乌兰巴托举行各种庆祝活动。活动期间的比赛项目包括摔跤、射箭、骑马在内的“男人三艺”运动等。近几年，“国庆那达慕”成为吸引外国游客到蒙古国旅游的主要活动之一。蒙古国“国庆节－那达慕”于2010年在联合国教科文组织正式注册为世界非物质文化遗产。

问题：在那达幕期间到蒙古国旅游，作为游客要注意哪些禁忌？

一、自然环境

蒙古国地处亚洲中部的蒙古高原，东、南、西三面与中国接壤，北面同俄罗斯的西伯利亚为邻，边境线总长8 219千米，其中中蒙边境线长4 676.8千米，蒙俄边境线长3 543千米。蒙古国东西最长处2 368千米，南北最宽处1 260千米，幅员面积156.65万平方千米。是世界上国土面积第19大的国家，也是仅次于哈萨克斯坦的世界第二大内陆国家。

蒙古国地质结构复杂，从北至南大体为高山草地、原始森林草原、草原和戈壁荒漠等6大植被带。

蒙古国地势自西向东逐渐降低，海拔最高点为4 653米（乃拉姆达勒峰），最低点为553米（呼赫湖），平均海拔为1 580米。山地面积77.7万平方千米，占总面积的50%；戈壁沙漠面积40万平方千米，占总面积25%；湖泊面积为1.6万平方千米，占总面积的1%。

蒙古国的主要山脉有西北—东南走向的阿尔泰山，平均海拔3 000米，位于蒙古国西部；杭爱山，位于蒙古国中部，西北东南走向平均海拔3 000米；蒙古国东部的肯特山脉，东北西南走向山势平缓，平均海拔2 000米，被蒙古人尊为圣山。

蒙古国大部分地区属大陆性温带草原气候，季节变化明显，冬季长，常有大风雪；夏季短，昼夜温差大；春、秋两季短促。每年有一半以上时间为大陆高气压笼罩，是世界上最强大的蒙古高气压中心，为亚洲季风气候区冬季“寒潮”的源地之一。降水很少，年平均降水量120～250毫米，70%集中在7—8月；西北部地区属温带针叶林气候，许多高峰终年积雪。

蒙古国境内有河流3 800条，总长度达6.7万千米，有3 500个湖泊，7 000多处泉眼。主要河流有色楞格河、鄂尔浑河、克鲁伦河和科布多河等50多条河流，大部分分布在北部、中部地区。湖泊大多分布在西北地区，主要湖泊有乌布苏湖、库苏古尔湖、吉尔吉斯湖和哈拉乌苏湖。南部则河流、湖泊很少。

蒙古国已发现和确定拥有80多种矿产，建有800多个矿区和8 000多个采矿点，主要蕴含铁、铜、钼、煤、锌、金、铅、钨、石油、油页岩等资源。蒙古国植被以北部西伯利亚针叶林和南部的中亚草原、荒漠组成。蒙古国野生动物约有60种哺乳类，50多种鱼类，90种鸟类，主要有旱獭、野驴、野马、角鹿、戈壁熊、野骆驼、羚羊等。

二、社会概况

1. 历史沿革

蒙古国历史上曾被匈奴、鲜卑、柔然、突厥、契丹等多个游牧民族统治。1206 年成吉思汗建立大蒙古国。1271 年他的孙子忽必烈建立元朝，灭亡后蒙古人退回蒙古草原，但经常在边境与明朝发生冲突。16 到 17 世纪起蒙古开始受到藏传佛教影响，17 世纪末时蒙古国全境被纳入清朝统治范围。

1911 年清朝灭亡后，蒙古国宣布独立，但未得到国际承认，直到 1921 年在俄罗斯的控制下独立，1961 年加入联合国开始取得国际社会的认可。1924 年成立的蒙古人民共和国处于苏联势力范围之下，东欧剧变后，蒙古国爆发民主革命，并于 1992 年颁布了一个实行多党制的新宪法，开始向市场经济过渡。

2. 国家象征

蒙古国旗

蒙古国，简称蒙古，国名释义为永不熄灭的火。蒙古国旗呈长方形，长宽比例为 2:1，是由两块红色及一块蓝色作为背景，靠旗杆处的红色部分有一个黄色的“索永布”，索永布中的火焰是“吉祥和兴旺的种子”，三条火舌象征了过去、当下与未来，而太阳和月亮是蒙古国人民传统的象征物。火、日、月三者结合，表示国家的昌盛，中央的阴阳图象征了国家的和谐，下方的两个三角形等同于箭，向下的三角形表示以武力捍卫家园，阴阳图上下方的两条长方形有坚持正义和忠实之意，左右两方的长方形是一个的城墙，暗示了全民团结，比墙更加坚固。另外，背景的红色代表了进步与繁荣，“永恒的蓝天”就以蓝色来代表。

蒙古国徽启用于 1992 年，为圆形，外环“万字不到头”的图案，顶为三宝。中间为背负索永布的风马，下为青山、法轮、哈达和莲座。

蒙古国歌为《蒙古国国歌》。2014 年蒙古评选出翠雀花为国花。国鸟为猎隼。

蒙古国国徽

3. 行政制度

1992 年通过宪法规定，蒙古国实行有总统的议会制。总统是国家元首兼武装力量总司令，任期 4 年，最多可连任一届。国家大呼拉尔（议会）是国家最高权力机构，拥有立法权。政府为国家权力最高执行机关，政府成员由国家大呼拉尔任命。

蒙古国实行多党制。至 2012 年，共有约 20 个政党。主要有：蒙古人民党、蒙古民主党、蒙古公民意志共和党。

4. 经济结构

蒙古国经济以畜牧业和采矿业为主，曾长期实行计划经济。20 世纪 90 年代以后，蒙古国实行私有化改革，并于 1997 年 1 月加入世界贸易组织。工业以肉、乳、皮革等畜产品加工业为主，木材加工、电力、纺织、缝纫和采矿业也具一定规模。畜牧业是蒙传统的经济部门，也是蒙古国国民经济的基础，素有“畜牧业王国”之称，主要饲养羊、牛、马、骆驼。

5. 人口、民族和信仰

蒙古国人口为306.16万人（2015年12月底），喀尔喀蒙古族约占全国人口的82%，此外还有4%哈萨克人和14%其他少数民族，是世界上人口密度最小的国家。约30%的人口从事游牧或半游牧。主要宗教为藏传佛教，还有少数人信奉东正教、天主教和伊斯兰教。

6. 文化教育

蒙古国一直很重视教育投入，近年来，对教育的投入一直占到其国家总预算的20%以上。

1921年前，蒙古国的教育水平非常落后，没有正规的学校，全民识字率仅为2%。1924年以后，教育水平得到很大提高。蒙古国实行国家普及免费普通教育制，现有全日制普通教育学校695所，高等院校177所。主要高等院校有国立大学、科技大学、国立师范大学、国立农牧业大学、医科大学、人文大学、文化艺术大学等，主要私立大学有奥特根腾格尔大学、蒙古商业学院、乌兰巴托学院、鄂尔浑学院等。

蒙古族是一个有着优良传统且能歌善舞的民族。其舞蹈音乐种类众多，随歌伴舞，舞姿各具特色，豪迈大方，展示了草原民族独有的特点。

呼麦：是一种由喉咙发音的常规口技音乐，蒙古民族独特的民歌演唱方法，为世界独有。其演唱方法是由人鼓气引吭，发出流水声、风声、马蹄声等各种音效，那音声似远似近，浑厚迷人，欣赏者可从中品味出草原的广袤与雄浑。

蒙古民歌：蒙古民歌是天籁之音，蒙古民族是音乐的民族，千里草原是民歌的海洋，每一个蒙古包里，每一位蒙古人的歌喉里，都飘溢着不绝如缕的蒙古民歌，令人如痴如醉，浩如烟海，其品味之高，数量之巨，令世人叹为观止，构成了独具民族特色的音乐宝库。2005年，蒙古长调被联合国教科文组织确认为世界非物质文化遗产。

三、节庆与习俗

1. 节庆

白月节：蒙历新年，蒙古语为查干萨尔，日期与中国藏历年相同，节日习俗和汉族的春节相似，是蒙古国民间最隆重的节日。1988年12月，蒙古大人民呼拉尔主席团决定，白月节为全民节日。

国庆节：7月11日。1921年7月10日，蒙古人民党在库伦（今乌兰巴托）成立君主立宪政府，后将7月11日定为国庆日。1922年起，蒙古国定期在每年7月11日举行全国性那达慕，成为国庆活动的一个主要组成部分。1997年6月13日，蒙古国庆中央委员会第三次会议决定将蒙古国庆易名为“国庆节－那达慕”。

2. 习俗与禁忌

蒙古国人社交习俗总的特点可以用这样几句话来概括：蒙古客人性直爽，举止大方又开朗；待人态度极真诚，给人印象好交往；喜欢客随主人意，实实在在最理想；红、黄、兰、白四种色，倍受青睐和赞赏；民族礼仪有传统，奉献哈达表敬仰。

在生活细节上有如下特点：蒙古国人以待客态度非常真诚而闻名于世。只要他们得知宾客临门，男女主人总会恭敬地站在门口热情迎接嘉宾。宾主相见，不管过去是否相识，都要向客人问候“您好！”“向您请安了！”等等。客人告辞时，主人往往要举家相送，并一再说些“再见!”“欢迎再来”“一路平安!”之类的送行话。

蒙古国人与客人见面时，还有个特别的待客习惯。他们喜欢拿出自己珍爱的鼻烟壶让客人嗅闻。客人若遇到这种情况，应该诚心实意地嗅闻，然后把壶盖儿盖好还给主人。

他们与亲人或朋友打招呼问候方式极为特殊。相互见面，一般不习惯先问对方身体如何，而是习惯先问对方的牲畜是否平安，这是蒙古国人的一种传统习礼。其原因主要是他们游牧民族整日以牲畜为伴，牲畜在他们的日常生活中占有极重要的地位，离开牲畜他们就等于没有了自己的经济支柱。故此，亲友相遇一般都不先问对方身体如何，而是先要问牲畜是否平安。

蒙古国人对不同色彩有着不同的爱好：他们崇尚蓝色，认为蓝色象征着永恒、坚贞和忠诚。因此，他们习惯把自己的国家称为“蓝色的蒙古国”；他们珍视黄色，认为黄色是黄金与珍宝的颜色，黄色是荣华和富贵的象征；他们偏爱红色，认为红色象征着幸福、胜利和亲热；他们溺爱白色，认为白色寓意洁净、质朴和公正。蒙古人很注意尊敬年迈的老人，也很讲究男女之间的相互平等。

蒙古国人在社交场合与宾客相见时，一般施握手礼。献哈达是蒙古民族最正统的礼节方式了。蒙古国人敬献的哈达不同于中国一些民族的白色哈达，而是由丝绸制成的天蓝色哈达。他们在献哈达的同时，还要向客人献上一碗鲜奶，以表达他们对嘉宾的深深敬意。他们相互见面一般都不施脱帽礼。请让客人只以右手示意，即施请安礼。如果人在马上要先下马，坐在车上要先下车，以表示对对方的尊敬。请安的时候，男子要单屈右膝，右臂自然下垂；女子施礼则要双膝弯曲。蒙古国人亲属间相见时，一般要施亲吻礼，晚辈出远门或归来，长辈都要吻晚辈的前额，以示祝福。

蒙古国人最厌恶黑颜色，把黑色视为不祥的色彩。蒙古国人忌讳别人用烟袋或手指点他的头部，认为这是一种极不礼貌的举止。忌讳生人倚坐在蒙古包上，认为这种举止有失礼貌。蒙古国的伊斯兰教徒禁食猪肉，忌讳使用猪制品，也忌讳谈论有关猪的问题。

3. 饮食文化

蒙古国人最爱吃肉和奶类食品，尤以羊肉食用最为普遍。“手扒肉、烤全羊、石烤肉”等都是他们常用的民族传统佳肴。他们用餐惯用手抓饭，时而也用刀叉。他们吃肉乐于把整块肉下锅煮，待六分成熟时捞出，然后用手撕或以小刀切着吃，而且大多食量惊人。

蒙古国人在饮食嗜好上有如下特点：讲究实惠，注重菜肴的鲜嫩；一般口味都偏咸；一般以牛羊肉为主食。对中国的羊肉馅包子、饺子等食品也感兴趣；对烤、涮、蒸、烤、烩等烹调方法制作的菜肴偏爱；喜爱中国的苏菜及清真菜；很欣赏炒羊肉丝、红烧牛肉、烤全羊、烤羊腿、青椒牛肉丝、脆皮鸡、煎烹鸡脯、牛肉丸子、青葱炒蛋、烤肉等风味菜肴；爱喝烈性酒、尤对马奶酒偏爱，啤酒也乐于品尝；还喜欢饮用红茶和奶茶；喜欢吃瓜果，甜瓜是他们最爱吃的瓜类品种；他们爱吃的干果有杏仁、核桃仁等。

四、旅游资源与主要旅游地

1. 蒙古国家历史博物馆

蒙古国家历史博物馆位于乌兰巴托市苏赫巴托广场的西北角，原称革命博物馆，共分为七个展区，重点展示介绍了成吉思汗统一蒙古及其继承者建立蒙古帝国，进而建立元朝和蒙古独立后的情况。

2. 成吉思汗景区

成吉思汗景区是一个具有浓郁民族特色的草原风情旅游点，距离乌兰巴托60千米。有高30米的成吉思汗骑马铜像，馆内有高9米、用225张牛皮制成的成吉思汗穿的皮靴，长4米的成吉思汗的马鞭，展示了“一代天骄”成吉思汗东征西讨、威震欧亚的“蒙古兵法”。

3. 库苏古尔湖

库苏古尔湖位于蒙古国北部，是蒙古国面积最大的湖泊，水域总面积为2 760平方千米，素有“东方的蓝色珍珠”之美誉。

4. 额尔德尼昭

额尔德尼昭位于乌兰巴托西部的哈勒和林，是蒙古国第一座喇嘛庙，面积为0.16平方千米，始建于1586年。

5. 蒙古帝国首都哈勒和林遗址

蒙古帝国首都哈勒和林遗址位于乌兰巴托以西365千米处，是13世纪蒙古帝国的首都遗址。1220年成为成吉思汗蒙古帝国的首都，1368年毁于明朝军队手里。哈勒和林是蒙古国鼎盛时期的政治、经济、文化中心，是历史上的繁华重镇，是联合国教科文组织审定的蒙古唯一人类文化遗产保护项目（见下图）。

哈勒和林遗址

案例回放

在国庆节－那达慕期间去蒙古国旅游，一定要注意蒙古国当时的习俗。蒙古国人忌讳别人用烟袋或手指点他的头部，认为这是一种极不礼貌的举止。忌讳生人依坐在蒙古包上，扶栏这种举止有失礼貌。蒙古的伊斯兰教徒禁食猪肉，忌讳使用猪制品，也忌讳谈论有关猪的问题。蒙古国人在饮食上不吃虾、蟹、海味及“三鸟”（即鸡、鸭、鹅）的内脏，也忌讳吃鱼。他们不爱吃糖和带辣味的调味品；不爱吃带汁的、油炸的菜肴，不太爱吃米、面食品和青菜。

实训项目

分组演示与蒙古人在社交场合相见的礼节礼仪。

第四节 菲律宾

导读：菲律宾共和国（英文：Republic of the Philippines），简称菲律宾，位于西太平洋，是东南亚的一个群岛国家，也是一个多民族国家。融合了众多东、西方的风俗习惯特点，富于异国风情。

长滩岛潜水

知识点：了解菲律宾的基本概况和历史；掌握菲律宾的民俗风情；掌握菲律宾的主要旅游资源。

技能点：能根据所学知识向菲律宾游客提供合理优质的接待服务；能根据菲律宾的旅游资源设计合理的出境游线路。

案例导入

菲律宾与西班牙的渊源

1521年葡萄牙航海者麦哲伦奉西班牙殖民主义者之命踏上菲律宾群岛时，正好是天主教宗教节日，于是就为群岛起了一个有宗教意义的名称——圣拉哈鲁群岛。后来因为麦哲伦干涉岛上内争被当地人民杀死，所以这个名称也就被人们遗忘了。

1542年，西班牙著名航海家洛佩兹继麦哲伦之后第二个来到这个群岛。为了在亚洲炫耀西班牙帝国的“功绩”，便按照西班牙皇太子菲律普的名字，把群岛命名为菲律宾群岛。此后，菲律宾受西班牙统治300多年。

问题：通过对菲律宾和西班牙渊源的进一步了解，你知道菲律宾今天还有哪些西班牙历史遗迹？

一、自然环境

菲律宾位于亚洲东南部，北隔巴士海峡与中国台湾省遥遥相对，南和西南隔苏拉威西海、巴拉巴克海峡与印度尼西亚、马来西亚相望，西濒南中国海，东临太平洋。总面积为29.97万平方千米，共有大小岛屿7 000多个，其中吕宋岛、棉兰老岛、萨马岛等11个主要岛屿占菲律宾总面积的96%。海岸线长约18 533千米。

菲律宾群岛地形多以山地为主，占总面积3/4以上；有200多座火山，其中活火山21座。除少数岛屿有较宽广的内陆平原外，大多数岛屿仅沿海有零星分布的狭窄平原。吕宋岛东南的马荣火山是最大的活火山；棉兰老岛东南部的阿波火山海拔2 954米，为境内最高峰。各岛之间为浅海，多珊瑚礁。菲律宾群岛两侧为深海，萨马岛和棉兰老岛以东的菲律宾海沟，最深达10 479米，是世界海洋最深的地区之一。

菲律宾属季风型热带雨林气候，高温、多雨、湿度大、台风多。年平均气温约27℃，年平均降水量大部分地区在2 000~3 000毫米。群岛西部有旱季（11月—次年4月）和雨季（5—10月）之分，东部海岸终年有雨，并以冬雨最多。南部地区也终年多雨，无明显旱、雨季之分。东部的太平洋面是台风发源地，每年6—11月多台风。

菲律宾境内河流均较短小。吕宋岛最大河流卡加延河，长350千米；棉兰老岛以棉兰老河和阿古桑河较大。

菲律宾境内野生植物有近万种，其中高等植物有2 500余种。主要有松柏、竹子、龙脑香、红树、松树等。森林面积1 579万公顷，覆盖率达53%。有乌木、檀木等名贵木材。

水产资源丰富，鱼类品种达2 400多种，金枪鱼资源居世界前列。

菲律宾境内野生动物以哺乳类为主，多达200种，大部分为翼手目与食虫目；鸟类有750多种。主要有野水牛、眼镜猴、鼠鹿、刺猬、老鼠、食猴鹰等。

菲律宾境内矿产资源主要有铜、金、银、铁、铬、镍等20余种。铜蕴藏量约48亿吨、镍10.9亿吨、金1.36亿吨。地热资源预计有20.9亿桶原油标准能源。巴拉望岛西北部海域有石油储量约3.5亿桶。

二、社会概况

1. 历史沿革

菲律宾人的祖先是亚洲大陆的移民。在14世纪前后，建立了海上强国苏禄王国。1565年，西班牙侵占菲律宾，统治菲律宾300多年。1898年美国占领菲律宾。1942年，日本占领菲律宾。第二次世界大战后，菲律宾重新沦为美国殖民地。1946年，菲律宾独立。

菲律宾国旗

2. 国家象征

菲律宾国旗呈横长方形，长与宽之比为2∶1。靠旗杆一侧为白色等边三角形，中间是放射着八束光芒的黄色太阳，三颗黄色的五角星分别在三角形的三个角上。旗面右边是红蓝两色的直角梯形，两色的上下位置可以调换。平时蓝色在上，战时红色在上。太阳和光芒图案象征自由；八道较长的光束代表最初起义争取民族解放和独立的八个省，其余光芒表示其他省。三颗五角星代表菲律宾的三大地区：吕宋、萨马和棉兰老岛。蓝色象征忠诚、正直，红色象征勇气，白色象征和平和纯洁。

菲律宾国徽为盾形。中央是太阳放射光芒图案，三颗五角星在盾面上部，其寓意同国旗。左下方为蓝地黄色的鹰，右下方为红地黄色狮子。狮子和鹰图案分别为在西班牙和美国殖民统治时期菲律宾的标志，象征菲律宾摆脱殖民统治、获得独立的历史进程。盾徽下面的白色绶带上用英文写着“菲律宾共和国”。

菲律宾国徽

菲律宾国歌是《菲律宾民族进行曲》。歌词作者为何塞·帕尔马。他于1899年利用原菲律宾钢琴师和作曲家胡连·菲利佩于1898年6月谱成的《马达洛菲律宾进行曲》的曲调，以西班牙文填词，成为菲律宾国歌。

国花为茉莉花，国鸟为菲律宾鹰。

3. 行政制度

菲律宾实行总统制。总统是国家元首、政府首脑兼武装部队总司令。菲律宾独立后，共颁布过三部宪法。第三部宪法，于1987年2月生效。该宪法规定：实行行政、立法、司法三权分立政体；总统拥有行政权，由选民直接选举产生，任期6年，不得连选连任；总统无权实施戒严法，无权解散国会，不得任意拘捕反对派；禁止军人干预政治；保障人权，取缔个人独裁统治；进行土地改革。

菲律宾有大小政党100余个，大多数为地方性小党。主要政党和团体有：基督教穆斯林民主力量党、自由党、民族主义人民联盟、摩洛民族解放阵线、菲律宾共产党。

4. 经济结构

菲律宾为发展中国家、新兴工业国家及世界的新兴市场之一，但贫富差距很大。独立至今，菲律宾经历数次经济快速成长。然而政局时常动荡，政府贪污腐败，社会的不安定已成为阻碍其继续发展的一大因素。

5. 人口、民族和信仰

菲律宾人口1亿100万（2015年7月），马来族占全国人口的85%以上，还包括他加禄人、伊洛戈人、邦班牙人、维萨亚人和比科尔人等；少数民族及外来后裔有华人、阿拉伯人、印度人、西班牙人和美国人；还有为数不多的原住民。有70多种语言。国语是以他加禄语为基础的菲律宾语，英语为官方语言。国民约85%信奉天主教，4.9%信奉伊斯兰教，少数人信奉独立教和基督教新教，华人多信奉佛教，原住民多信奉原始宗教。

6. 文化教育

菲律宾英语教育亚洲排名第一，政府规定英语为官方和商业用语、教学语言。菲律宾是世界上最多人使用英语的国家之一，英语基本识字率达93%，在亚洲排名第一。

1611年美国在亚洲建立的第一所大学就在菲律宾的马尼拉，即圣托马斯大学，已有近400年的历史，是亚洲最古老的大学。因多年来一直是美国的殖民地，在菲律宾可用最低成本获得美国式的教育，菲律宾的大学注重培养学生的创造性学习能力，提高学生的全面素质，教育直接与国际接轨。

三、节庆与习俗

1. 节庆

国庆日：6 月 12 日（1898 年）。

自由日：2 月 25 日。

巴丹日：4 月 9 日（纪念“二战”阵亡战士）。

五月花节：5 月最后一个星期日。

国家英雄日：8 月 27 日。

英雄节：12 月 30 日（纪念民族英雄黎刹就义）。

Republic Day（共和日）：7 月 4 日（1946 年）。

2. 习俗与禁忌

菲律宾上层社会的人，由于受西方社会的影响，很盛行女士优先的风气。他们无论做什么事，一般都习惯对女士给予特殊的关照。但是在农村，由于女子多于男子，而妇女的地位却很低下。其上层社会的生活方式局限模仿，他们最喜欢美国人的生活方式。他们家庭观念很强，一般都喜欢别人谈论和赞美他们的家庭。上层社会人士普遍着西装；一般百姓，男子喜欢白色衬衫和西装裤；女子喜穿无领的连衣裙或沙笼；老年人仍爱穿着麻或草或木制的拖鞋。他们最爱茉莉花。认为茉莉花芳香四溢，视其为纯洁、情操和友谊的象征。好客的菲律宾人，在迎接宾客时，往往把茉莉花串成美丽的花环，戴在客人的脖子上，以表示他们对来访客人的一片纯真友谊之情。

菲律宾人在社交场合与客人相见时，无论男女都习惯以握手为礼。在与熟人或亲朋好友相见时，一般都很随便，有的男女之间相逢时，常以拍肩膀示礼。年轻人与长辈相见时，则要吻长辈的手背，以示对老人的敬重；年轻姑娘见长辈时，则要吻长辈的两颊为礼；如果晚辈遇见长辈时，说话前要把头巾摘下放在肩上，深深鞠躬，并称呼长辈为“博”（意为大爷）。伊斯兰教徒见面时，要施双手握手礼，在户外相见若没戴帽子，则必须用左手捂头。菲律宾的一些原始部落的人与客人相见时，行握手礼的方式很独特。他一握过手就转身向后走几步，意思是向对方表明身后没有藏刀。他们认为这才是真诚的、真正的握手。

菲律宾信仰原始宗教的人相信万物有灵，崇拜自然神，尤其崇拜鳄鱼和鸟类，认为有一种神鸟是伟大全能的创造之神，它创造了天、地和人，称为巴塔拉。

菲律宾人很忌讳数字“13”。认为“13”是“凶神”，是厄运和灾难的象征，是令人极为厌恶的数字。他们忌讳左手传递东西或食物。认为左手是肮脏、下贱之手，用左手是对人的极大不敬。他们一般都不愿谈论政治、宗教及本国状况和腐化问题。伊斯兰教徒忌讳猪。他们禁食猪肉和使用猪制品，也不喝牛奶和烈性酒。菲律宾人不爱吃生姜，也不喜欢吃兽类内脏和腥味大的东西，对整条鱼也不感兴趣。

3. 饮食文化

菲律宾农村人一般以大米、玉米为主食。副食以各类蔬菜、海鲜、蛋禽及肉类为主。菜肴喜多放调料，尤喜香辣调味品。

农民在煮饭前才舂米。米饭是放在瓦缸或竹筒里煮，用手抓饭进食。菲律宾人最喜欢吃的是椰子汁煮木薯、椰子汁煮饭，然后用香蕉叶包饭。玉米作为食物，先是晒干，磨成粉，然后做成各种食品。城市中上层人士大多吃西餐。

菲律宾人在日常生活中嗜嚼槟榔。在他们待客中，也总少不了以槟榔来招待。伊戈罗人除有此俗外，还喜欢咀嚼烟叶。他们习惯吃西餐，但对中餐也感兴趣。上层人士用餐惯使刀叉，农村人及穆斯林信徒惯用右手抓食。

四、旅游资源与主要旅游地

1. 马尼拉西班牙王城

马尼拉西班牙王城位于帕西格河畔，也叫围墙城市，是最初的马尼拉旧址。1571 年西班牙人为了统治菲律宾建起了这座城堡，被称为“都市中的都市”。城堡四周是壕沟和中世纪式的城墙，共有 7 座城门，城内有总督官邸和 12 座教堂。第二次世界大战末期，城堡的大部分遭到毁坏，现已修复一部分。城内建有马尼拉最大的教堂——马尼拉大教堂，还有圣·奥古斯丁教堂暨博物馆、卡撒马尼拉博物馆。

2. 图巴塔哈群礁海洋公园

图巴塔哈群礁海洋公园始建于 1988 年 8 月 11 日，占地 33 200 公顷，属国家所有；1993 年，被列为世界文化遗产；同时也是巴拉望岛生物圈保护计划的一部分。

3. 巴洛克教堂

巴洛克有四座教堂，分别位于马尼拉、圣玛丽亚、帕瓦伊以及米亚高。1993 年，根据文化遗产遴选标准被列入《世界遗产名录》。

4. 科迪勒拉水稻梯田

科迪勒拉水稻梯田位于马尼拉以北 250 千米处的安第斯山上，是土著部落人民为了谋生而在裸露的山地上开垦出的土地。为了防止土壤流失，不辞辛劳地用一块块的岩石垒成一道道的堤坝，直至成为现在被美誉为“通往天堂的天梯”的稻米梯田，1995 年，被联合国教科文组织批准为世界文化遗产。

科迪勒拉水稻田

马尼拉大教堂

5. 普林塞萨地下河国家公园

普林塞萨地下河国家公园位于巴拉望省北岸圣保罗山区，北临圣保罗湾，东靠巴布延海峡，占地面积20 202公顷，为世界自然遗产。

6. 维甘历史古城

维甘历史古城位于南伊洛克斯省，是亚洲保存得最完好的西班牙殖民城市，1999年被评为世界文化遗产。2012年11月，联合国教科文组织世界遗产中心授予菲律宾古城维甘"世界遗产保护区管理最佳实践奖"。

案例回放

菲律宾受西班牙人统治300多年，西班牙遗迹随处可见。西班牙城堡，原是西班牙人聚居的地方，也是最初马尼拉市旧址，曾被誉为"世上保存最好的中世纪城市"。古城堡虽然在"二战"中毁坏严重，但漫步其中，仍像是走在西班牙的古老小镇。另外，还有历史名城维甘，修建于16世纪，它是亚洲保存得最为完好的西班牙殖民城市。当西班牙人在1572年刚刚到达这里时，维甘作为重要的国际港口已经有了几百年的历史。西班牙人使其成为当地的政治与文化中心，而且西班牙的帆船贸易将维甘与欧洲连接起来，并且使其成为马尼拉以北最为繁荣的城市长达300余年。

实训项目

通过对菲律宾旅游资源的学习，设计三款不同主题的旅游线路。

第五节 泰　国

导读：泰国旧名暹罗，1949年5月11日，泰国人用自己民族的名称，把"暹罗"改为"泰"，主要是取其"自由"之意。泰王国（英文：The Kingdom of Thailand），通称泰国(Thailand)。泰国是一个位于东南亚的君主立宪制国家，首都为曼谷。泰国位于中南半岛中部，其西部与北部和缅甸、安达曼海接壤，东北边是老挝，东南是柬埔寨，南边狭长的半岛与马来西亚相连。

大佛塔寺

知识点：了解泰国的基本概况和历史；掌握泰国的民俗风情；掌握泰国的主要旅游资源。

技能点：能根据所学知识向泰国游客提供合理优质的接待服务；能根据泰国的旅游资源设计合理的出境游线路。

案例导入

泰国佛教

佛教是泰国代代相承的传统宗教，也是泰国人的生活重心。在4 700万人口中，佛教徒占了95%。泰国95%以上的人信奉佛教，据说全国有3万多所寺庙；而“天使之城”首都曼谷便有“佛庙之都”之称。由于泰国历代国王都护持佛教，所以佛教成为泰国国教，僧侣备受敬重，在社会各阶层有很大的发言权。甚至王室仪式、国民教育及生活种种，都以佛教作为规范，而且规定男子结婚前必须要出家，一般为一周至一个月，每天清晨出外托钵、过午不食。大部分青年僧侣是学生，泰国约有9 000所教授巴利文和佛学的佛学院，另有两所佛教大学，只教授佛学，长老比丘指导静坐及修行，或致力于布教、教会行政和心理咨询。在泰国，寺庙是主要的社会教育和慈善机构，所以它有很多的社会功能，如供奉僧侣、信徒朝拜、摆设历史文物、接待外宾和游客，甚至还收受社会上无法生活的鳏寡孤独等穷人养老等。

问题：泰国的国教是佛教，在泰国旅游应注意哪些佛教禁忌？

一、自然环境

泰国位于亚洲中南半岛中南部，与柬埔寨、老挝、缅甸、马来西亚接壤，东南临泰国湾（太平洋），西南濒安达曼海（印度洋），西和西北与缅甸接壤，东北与老挝交界，东南与柬埔寨为邻，疆域沿克拉地峡向南延伸至马来半岛，与马来西亚相接，其狭窄部分居印度洋与太平洋之间。

泰国从地形上划分为四个自然区域：北部山区丛林、中部平原的广阔稻田、东北部高原的半干旱农田，以及南部半岛的热带岛屿和较长的海岸线。国境大部分为低缓的山地和高原。地形多变，可分为西、中、东、南四个部分。

东北部是呵叻高原，这里夏季极干旱，雨季非常泥泞，不宜耕作。中部是昭披那河（即湄南河）平原。由曼谷向北，地势逐步缓升，湄南河沿岸土地丰饶，是泰国主要农产地。曼谷以南为暹罗湾红树林地域，涨潮时没入水中，退潮后成为红树林沼泽地。泰国南部是西部山脉的延续，山脉再向南形成马来半岛，最狭处称为克拉地峡。

泰国的一般大众习惯将国家的疆域比作大象的头部，将北部视为“象冠”，东北地方代表“象耳”，暹罗湾代表“象口”，而南方的狭长地带则代表了“象鼻”。

泰国气候属于热带季风气候。全年分为热、雨、旱三季。年均气温 24 ~ 30℃。常年温度不下 18℃，平均年降水量约 1 000 毫米。11 月至 2 月受较凉的东北季风影响比较干燥，3 月到 5 月气温最高，可达 40 ~ 42℃，7 月至 9 月受西南季候风影响，是雨季。10 月至 12 月偶有热带气旋从南中国海经过中南半岛吹袭泰国东部，但在暹罗湾形成的热带气旋为数甚少且一般风速在 20 ~ 35 m/s。

昭披那河（湄南河）和湄公河是泰国的两大主要水系。这些河流支持着泰国农业经济的灌溉用水。除了这两河系统之外，还有一些其他河流系统和独立河流系统用来排除泰国平原的洪水至泰国湾和安达曼海（印度洋）。湄公河是泰国唯一排入南海的河流。

泰国矿产资源分为三类，即燃料矿、金属矿和非金属矿。燃料矿有天然气、石油、煤炭和油页岩。锡是泰国最重要的矿产，储量 150 万吨，居世界之首。森林总面积 1 440 万公顷，覆盖率 25%。

二、社会概况

1. 历史沿革

泰国已有 700 多年的历史和文化，原名暹罗。1238 年建立了素可泰王朝，开始形成较为统一的国家。先后经历了素可泰王朝、大城王朝、吞武里王朝和节基王朝。19 世纪末，节基王朝五世王大量吸收西方经验进行社会改革。1896 年，英、法达成利益妥协，间接使得暹罗成为东南亚唯一没有沦为殖民地的国家。1932 年 6 月，人民党发动政变，建立君主立宪政体。1939 年 6 月由暹罗更名为泰国，意为“自由之地”。1939 年起实现民主政治制度。1946 年 6 月 9 日拉玛八世在王宫不幸遭枪击身亡，年仅 19 岁的普密蓬继承王兄王位，成为拉玛九世，也就是现任国王哇集拉隆功的父亲。

第二次世界大战暹罗倾向日本，1941 年宣布加入轴心国。

1942 年 1 月 25 日泰国宣布向英美宣战，日本曾将部分在缅甸和马来亚半岛北部占领地割让给暹罗。1945 年 8 月 15 日日本投降，暹罗随即在翌日宣布“暹罗 1942 年 1 月 25 日对英美宣战宣言无效”，暹罗的“宣战无效”宣言被同盟国承认。1949 年改名泰国。

第二次世界大战后泰国成为美国在东南亚的主要军事盟国。

2. 国家象征

泰国国旗是一面三色旗，呈长方形，长与宽之比为 3:2。由红、白、蓝、白、红五条横带组成，蓝带比红白带宽一倍。上下方为红色，蓝色居中，蓝色上下方为白色。蓝色宽度相等于两个红色或两个白色长方形的宽度。红色代表民族和象征各族人民的力量与献身精神。泰国以佛教为国教，白色代表宗教，象征宗教的纯洁。泰国是君主立宪政体国家，国王是至高无上的，蓝色代表王室。蓝色居中象征王室在各族人民和纯洁的宗教之中。

泰国国旗和国徽

泰国国徽图案是一只大鹏鸟，鸟背上蹲坐着那莱王。传说中大鹏鸟是一种带有双翼的神灵，那莱王是传说中的守护神。

泰国国歌为《泰王国歌》，国花为睡莲，国宝为亚洲象，国树为桂树，国鸟为火背鹇。

3. 行政制度

泰王国宪法规定：泰王国是以国王为国家元首的民主体制国家。现行宪法于 2007 年 8 月 24 日经普密蓬国王御准生效。国会是最高立法机构，实行上、下两院制。司法系统由宪法法院、司法法院、行政法院和军事法院构成。

4. 经济结构

泰国实行自由经济政策，在 20 世纪 90 年代经济发展较快，跻身成为“亚洲四小虎”之一，但于“九八经济危机”中受重大挫折，之后陷入衰退和停滞，是世界的新兴工业国家和世界新兴市场经济体之一。制造业、农业和旅游业是经济的主要部门。泰国全国可耕地面积约占国土面积的 41%，是亚洲唯一的粮食净出口国，是世界上稻谷和天然橡胶最大出口国，世界五大农产品出口国之一。农产品是泰外汇收入的主要来源之一。泰国海域辽阔，泰国湾和安达曼海是得天独厚的天然海洋渔场，曼谷、宋卡、普吉等地是重要的渔业中心和渔产品集散地。电子工业等制造业发展迅速，产业结构变化明显，汽车业是支柱产业，是东南亚汽车制造中心和东盟最大的汽车市场。

5. 人口、民族和信仰

2014 年 3 月，泰国总人口 6 450 万。全国共有 30 多个民族。泰族为主要民族，占人口总数的 40%，其余为佬族、华族、马来族、高棉族，以及苗、瑶、桂、汶、克伦、掸、塞芒、沙盖等山地民族。

佛教是泰国的国教，90% 的人信奉佛教。几百年来，无论是风俗习惯、文学、艺术和建筑等各方面，几乎都和佛教有着密切关系。到泰国旅游，处处可见身披黄色袈裟的僧侣，以及富丽堂皇的寺院。因此，泰国又有“黄袍佛国”的美名。佛教为泰国人塑造了道德标准，使之形成了崇尚忍让、安宁和爱好和平的精神风范。

6. 文化教育

泰国实行九年制义务教育。著名高等院校有朱拉隆功大学、法政大学、农业大学、清迈大学、孔敬大学等。

特别值得一提的是，泰国的学校还设有“感恩”或“祈祷”仪式。每天的课程结束后，学校都举行“感恩”仪式。利用课后这简短、静默的几分钟，感谢家人对自己的爱，珍惜自己拥有的一切。

在泰国人的日常生活中，最重要的一件事就是升国旗、唱国歌，这一点也早已纳入了泰国的法律。泰国各所学校、电视台及大多数的公共场合在早 8 点和晚 6 点定时播放国歌。学校规定，学生必须准时到校参加 8 点钟的升旗仪式，不论刮风下雨，升旗仪式都照常进行。

泰国人把接受佛教教育看作是形成人格力量和良好道德的必修课。按照泰国习惯，男子在成年之前要或长或短地到寺院生活一段时间，削发为僧，亲身接受佛教的教育，这样才算得上是真正的男人。

三、节庆与习俗

1. 节庆

元旦：公历 1 月 1 日。

万佛节：泰历 3 月 15 日，源于佛祖在世时，于王舍城传经讲道，3 月 15 日这天数以万计的僧侣不约而同地返归王舍城朝拜佛祖集会。

节基皇朝开国纪念日：公历 4 月 6 日，是拉玛一世王加冕登基和当今的节基王朝开基之日。

宋干节：又称“泼水节”。公历 4 月 13 至 15 日，是泰国传统新年。泼水节的前一天，泰国的家家户户都要进行大扫除。到了 13 日，每个人都穿着新衣服参拜寺院，为僧侣们供奉食物。在浴佛仪式结束后正式进行泼水庆祝。

农耕节：是泰国的重要节日，每年到农耕节时泰国都要在曼谷大王宫旁边的王家田广场举行大典。农耕节大典始于 13 世纪的素可泰王朝。节日由占卜师选择在每年 5 月（泰农历 6 月）的一个吉日良辰举行。

佛诞节：佛祖释迦牟尼诞生、悟道和涅槃的日期皆发生在泰历 6 月 15 日。佛教徒为了纪念大慈大悲佛祖，都在每年的泰历 6 月 15 日举行隆重祭祀典礼。

三宝节：泰历 8 月 15 日，是佛祖释迦牟尼向 5 位弟子讲述顿悟，成就佛、法、僧三宝的日子。

母亲节：8 月 12 日是泰国王后诗丽吉的生日，也是泰国的母亲节。

守夏节：泰历 8 月 16 日，守夏节历时三个月（泰历 8 月 16 日至 11 月 15 日），守夏节结束之日称“解夏节”。在此期间，僧侣均应驻守在寺中，尽量避免外出。

水灯节：泰历 12 月 15 日，人们通过在河边漂放水灯，寄托对滋润万物的水精灵的感谢之情，同时也希望所有的罪恶和污秽能够顺水漂走。

国庆日：12 月 5 日，国王普密蓬·阿杜德诞辰。泰国政府将每年 12 月 5 日定为泰国的“父亲节”。

宪法纪念日：公历 12 月 10 日。1932 年 12 月 10 日泰国颁布了第一部宪法，标志泰国已迈进民主时代。

2. 习俗与禁忌

泰国人对于不认识的长辈都习惯叫叔、伯、姑、姨或爷爷、奶奶。同辈之间也称兄道弟，或姐妹相称。他们从小受家庭教育，在家庭要尊敬父母、长辈。学校培养学生尊敬老师、对高年级同学要有礼貌的风气，教导学生敬老师犹如敬奉父母。一年一度的宋干节，人们都习惯向自己尊敬的长辈、上级洒圣水祝福。在敬老师那天，学生要向自己的老师膜拜致敬。尊长敬师的风尚与社会提倡知恩报德的教育有关，泰国人没有重男轻女的风气，不少家庭生了女孩，更比生男孩高兴。泰国女子在各个方面取得了与男子平等的地位，如受教育、选举与被选举权。

泰国各民族都有不同的仪式和礼节。朋友见面，双手合掌致意，合掌级别分四种：老百姓见国王，双手举过头顶；小辈见长辈，举到前额；平辈相见，举到鼻子以下；长辈见小辈，举到胸前即可。与别人谈话时不得戴墨镜，手势要适度，不许用手指着对方说话。泰国人民对王室很尊敬，身为游客也应入乡随俗，对他们的国王、王后、太子、公主等表示敬意，在电影院内播放国歌或国王的肖像在银幕出现时，也应起立。

寺庙是公认的神圣场所，入庙烧香或参观的人，必须衣冠整洁，不能穿鞋进入神殿（在泰国，连进入他人屋内也要脱鞋）。衣冠不整、袒胸露背、女士穿短裤进入寺庙，被认为是侮辱神灵的行为，是绝对禁止的。在泰国，人们购买佛饰时不能说“买”，而只能说是“求租”，否则就是亵渎神明，会招来灾祸。遇见托钵化缘的和尚，千万不能送现金，因为这是破坏僧侣戒律的行为。女性绝不能接触或触摸和尚，和尚也不许触摸女性。男女公开的亲昵行为被视为不雅。

泰国人喜爱红、黄色，禁忌褐色。泰国人认为“头部”在字义上或象征上是身体上的最高部分。因此，他们是不容许抚拍任何人的头部，纵使是友善的表现。同样，观察泰国人的社交聚会，年轻人会在年长人士前刻意地把头部垂下，下至不高于年长人士的身高，以免留下“看不起”他们的印象。泰国人认为人的右手清洁而左手不洁，左手只能用来拿一些不干净的东西。与左手一样，脚掌也被认为是不净的。在入座时，应避免将脚放在桌子上。用脚尖撞人或指人都会被严厉地呵斥，也绝对不能把脚掌冲向佛。泰国人认为脚部是卑贱的，只能用来走路，不能干其他事情，例如用脚踢门和用脚指东西等。坐着时，不要跷起脚和把脚底对着别人。妇女落座，要求更为严格，双腿必须并拢，否则会被认为是不文明，缺乏教养。避免谈论的问题：政治、腐化、王室成员。即使是朋友之间，也不喜欢谈论个人问题。

3. 饮食文化

泰国烹饪最初反映了水上生活方式的特点。水生动物、植物和草药是主要的配料。因为有佛教背景，所以泰国人避免使用大块动物的肉。大块的肉被切碎，再拌上草药和香料。泰国传统的烹饪方法是蒸煮、烘焙或烧烤。由于受到中国影响，引入了煎、炒和炸的方法。自 17 世纪以来，泰国的烹饪方法一直受到葡萄牙、荷兰、法国和日本的影响。在 17 世纪后期，葡萄牙传教士在南美洲习惯了红辣椒的味道，于是在泰国菜中引入了红辣椒。

四、旅游资源与主要旅游地

泰国是佛教之邦，以其多变的景致及丰富的文化内涵，成为许多旅游者度假计划中的独特选择。

泰国在世界上素有“佛教之国”“大象之国”“微笑之国”等称誉。

泰国是庙宇林立的千佛之国，信仰为上的微笑之国，拥有海岛、美食和独特的文化，是一个天生的旅游国度。泰国旅游资源丰富，有500多个景点，主要旅游点除曼谷、普吉、清迈和芭堤雅外，清莱、华欣、苏梅岛等一批新的旅游点发展较快。

1. 曼谷泰国大王宫

曼谷泰国大王宫又称故宫（见下图），是泰国节基王朝一世王至八世王的王宫。大王宫的总面积为21.84万平方米，位于首都曼谷市中心，依偎在湄南河畔，是曼谷市内最为壮观的古建筑群。1782年，节基王朝拉玛一世帕普塔育华朱拉洛登开始兴建大王宫。1784年第一座宫殿阿玛林宫建成，拉玛一世即迁入宫内主持政事。以后历代君主集泰国建筑艺术之精华，不断扩建大王宫，装饰也日益宏伟华丽，使其达到了现存的规模。大王宫四周筑有白色宫墙，高约5米，总长1 900米。建筑以白为主色，风格主要为暹罗式。庭园内绿草如茵，鲜花盛开，树影婆娑，满目芳菲。大王宫主要由几个宫殿和一座寺院组成。大王宫内的寺院，即著名的玉佛寺建筑群。

大王宫

2. 玉佛寺

玉佛寺位于曼谷大王宫的东北角，是泰国最著名的佛寺，也是泰国三大国宝之一。建于1784年的玉佛寺面积约占大王宫的1/4。玉佛寺是泰国王族供奉玉佛像和举行宗教仪式的场所，因寺内供奉着玉佛而得名。寺内有玉佛殿、先王殿、佛骨殿、藏经阁、钟楼和金塔。玉佛殿是玉佛寺的主体建筑，大殿正中的神龛里供奉着被泰国视为国宝的玉佛像。玉佛高66厘米，阔48厘米，是由一整块碧玉雕刻而成。每当换季时节，泰国国王都亲自为玉佛更衣，以保国泰民安。每当泰国内阁更迭之际，新政府的全体阁员都要在玉佛寺向国王宣誓就职。寺内四周有长约一公里的壁画长廊，上面绘有178幅以印度古典文学《罗摩衍那》史诗为题材的精美彩色连环画，并附有泰文译诗。玉佛寺内的几块大瓷屏风上彩绘着中国《三国演义》的故事。

3. 芭堤雅

芭堤雅以阳光、沙滩、海鲜名扬天下，被誉为“东方夏威夷”，是世界著名的新兴海滨旅游度假胜地，位于首都曼谷东南154千米、印度支那半岛和马来半岛间的暹罗湾处，市区面积20多平方千米，风光旖旎，气候宜人，年均温度20℃左右。每年接待游客100多万人次，收入外汇折合泰币70多亿铢，是泰国旅游业的重要支柱之一。

4. 普吉岛

普吉岛泰国最大的岛屿、安达曼海的“珍珠”普吉岛是东南亚具有代表性的旅游度假胜地。它的魅力在于美丽的大海，岛屿的西海岸正对安达曼海，那里遍布原始幼白的沙滩，每个沙滩都有各自的优点和魅力。

5. 皮皮岛

皮皮岛位于泰国普吉岛东南约20千米处，是由两个主要岛屿（北部的大皮皮岛和南部的小皮皮岛）组成的姐妹岛。柔软洁白的沙滩，宁静碧蓝的海水，鬼斧神工的天然洞穴，未受污染的自然风貌，使得她从普吉岛周围的30余个离岛中脱颖而出。（见下图：小皮皮岛玛雅湾）

普吉岛周边小皮皮岛

6. 清迈

清迈是泰国第二大城市，是清迈府的首府，也是泰国北部政治、经济、文化的中心，其发达程度仅次于首都曼谷。市内风景秀丽，遍植花草，尤以玫瑰花最为著名，有“北国玫瑰”的雅称。清迈的天然环境优美，平均海拔300米，是泰国的高原城市，气候凉爽，是著名的避暑胜地。

案例回放

佛教是泰国的国教，因此，佛像无论大小都要尊重，切勿攀爬。对僧侣应礼让，但不要直接给钱，女性不能触碰僧侣，如需奉送物品，应请男士代劳，或直接放在桌上。到寺庙参观，着装应整齐，不要穿短裤、短裙和无袖上装，进入主殿要脱鞋。

实训项目

分组演示与泰国人在社交场合相见的礼节礼仪。

第六节　新 加 坡

导读：新加坡共和国（英文：Republic of Singapore），简称新加坡，位于马来半岛南端，马六甲海峡出入口，国土面积719.1平方千米。新加坡是一个多语言的国家，拥有4种官方语言，即英语、马来语、华语和泰米尔语。马来语为新加坡的国语。截至2015年11月，新加坡常住总人口为553.5万。新加坡市是新加坡首都，也是该国的经济、政治和文化中心，有“花园城市”的美誉。

知识点：了解新加坡的基本概况和历史；掌握新加坡的民俗风情；掌握新加坡的主要旅游资源。

技能点：能根据所学知识向新加坡游客提供合理优质的接待服务；能根据新加坡的旅游资源设计合理的出境游线路。

鱼尾狮

案例导入

鱼尾狮公园

鱼尾狮公园是新加坡面积最小的公园。鱼尾狮公园内设有站台、购物商店和饮食店供游人合照和休息，看台也能变成可容纳100名表演者的舞台，观众坐在阶梯上，就能背靠滨海湾，在星空下欣赏音乐会和精彩的表演。鱼尾狮公园的两尊大小鱼尾狮塑像是已故新加坡著名工匠林浪新先生用混凝土制作的。

这里是新加坡的标志性景点之一。代表新加坡形象的鱼尾狮吐出强劲有力的水柱。公园不大，一般都是四面八方的游客。因为临河临海，微风徐徐，在公园里散步也是非常惬意的。

1972年9月15日，当时担任新加坡总理的李光耀为鱼尾狮塑像主持开幕，大小鱼尾狮最初建立在离现址120米的安德逊桥后的鱼尾狮公园。他在致辞时表示，希望鱼尾狮能成为新加坡的象征，就如埃菲尔塔是巴黎的象征一样。为了纪念这项盛事，制作了一块铜匾，铜匾上刻有献辞："鱼尾狮是新加坡迎宾好客的象征"。李光耀一言九鼎，随后这数十年里，鱼尾狮成功打造出新加坡的国际形象。随着国家政策大力鼓励发展旅游业，以及旅游局雄心万丈的促销策略，新加坡作为一个旅游胜地的知名度也打响起来，鱼尾狮塑像更成为吸引外来游客拍摄"到此一游"照片的最佳镜头。由于具有显著的象征性，这个原属商用性质的标志，因而从旅游的层次逐渐扩大，提升至无所不在的各个领域和层面，甚至最终被图腾化和神圣化起来。

问题：鱼尾狮公园里的鱼尾狮是新加坡的标志，请结合新加坡的国情分析鱼尾狮的象征意义。

一、自然环境

新加坡全称为新加坡共和国，位于马来半岛南端，马六甲海峡出入口，北隔狭窄的柔佛海峡与马来西亚相望，南隔新加坡海峡与印度尼西亚相望。新加坡国土面积719.1平方千米，全国由新加坡岛、圣约翰岛、龟屿、圣淘沙、姐妹岛、炯岛等六十余岛屿组成，其中新加坡岛面积约628.35平方千米，约占全国面积的88.5%，是新加坡领土的主要部分。

新加坡地势起伏和缓，地理最高点为武吉知马山，海拔仅高163米。新加坡西部和中部地区以丘陵为主，东部以及沿海地带以平原为主。新加坡河流都颇为短小，全岛共有32条主要河流，其中大部分的河流都改造成蓄水池为居民提供饮用水源。

新加坡地处赤道附近，属热带海洋性气候，气温年温差和日温差小。因受海洋调节，这里的天气不是十分炎热，平均温度在23～34℃。11月至次年1至3月为雨季，平均气温徘徊在24～25℃。4月到5月，以及10月到11月，地面的风弱多变阳光酷热，岛内的最高温度可以达到35℃。新加坡降雨量充沛，年均降雨量在2 400毫米左右，湿度介于65%～90%。

二、社会概况

1. 历史沿革

关于新加坡的最早文献记载源自3世纪东吴将领康泰所著的《吴时外国传》，书中称新加坡为蒲罗中，意为"半岛末端的岛屿"。1320年，元朝派人到一个叫"龙牙门"的地方寻找大象，这或许指的是吉宝海港。1330年前后，一名叫汪大渊的中国人到来，称这个居留地为Pancur（意为龙头），并说已经有中国人在此居住。1365年的《爪哇史颂》把新加坡叫作淡马锡。一直到14世纪末，梵文名称Singapura（译为"狮城"）才首次出现。18至19世纪，这里是马来柔佛王国的一部分。

1819年，英国不列颠东印度公司雇员斯坦福·莱佛士登陆新加坡，与柔佛苏丹订约，开始在这里设立贸易中转站，实行自由贸易政策。1824 年，新加坡沦为英国殖民地，成为英国在远东的重要转口贸易商埠和在东南亚的主要军事基地。随着蒸汽船的发展以及苏伊士运河的开通，新加坡成为航行于欧亚之间船只的重要停泊港口。到 19 世纪末，新加坡获得了前所未有的繁荣，当时的贸易额增长了 8 倍。

1941 年 12 月 8 日凌晨，日本飞机轰炸了这个在睡梦中的城市。1942 年 2 月 5 日，新加坡被日军占领，改名昭南岛，沦陷了三年半。

1945 年 9 月，英军重返新加坡。1946 年 4 月 1 日，新加坡成为英国直属殖民地。

第二次世界大战后的新加坡与战前大不相同，人民开始要求在政府中拥有发言权。在 1948 年 3 月 20 日，新加坡举行了第一次选举。

1959 年新加坡进一步取得自治地位，同年 5 月举行第一次大选。人民行动党在 51 个立法议院议席中赢得 43 席。6 月 5 日，新加坡自治邦首任政府宣誓就职，李光耀出任新加坡首任总理。新加坡修改宪法，享有较大的自治权。

1961 年 5 月，马来西亚首相东姑阿都拉曼公布了把新加坡、马来西亚、文莱、沙捞越和北婆罗洲联合起来组成联邦的设想。对此，李光耀决定举行全民投票，最后 71% 的人投了赞成票。于是在 1963 年 9 月，新加坡脱离了英国的统治正式加入马来西亚联邦。

1965 年 8 月 9 日，新加坡脱离马来西亚，成为一个有主权、民主和独立的国家。同年 12 月 22 日，新加坡成为共和国，尤索夫·宾·伊萨克出任首任总统。建国以后，新加坡人民的集体危机感成为经济奇迹的原动力，靠着勤奋的打拼在逆境中求得生存。

新加坡于 1965 年 9 月 21 日加入联合国，同年 10 月加入英联邦。

2. 国家象征

新加坡国旗又称星月旗，由红、白两个平行相等的长方形组成，长与宽之比为 3:2，左上角有一弯白色新月以及五颗白色五角星。红色代表了平等与友谊，白色象征着纯洁与美德。新月表示新加坡是一个新建立的国家，而五颗五角星代表了国家的五大理想：民主、和平、进步、公正、平等。

新加坡国旗和国徽

新加坡国徽由盾徽、狮子、老虎等图案组成。红色的盾面上镶有白色的新月和五角星，其寓意与国旗相同。红盾左侧是一头狮子，这是新加坡的象征，新加坡在马来语中是“狮子城”的意思；右侧是一只老虎，象征新加坡与马来西亚之间历史上的联系。红盾下方为金色的棕榈枝叶，底部的蓝色饰带上用马来文写着“前进吧，新加坡！”

新加坡的国歌是《前进吧，新加坡》。

新加坡以一种名为卓锦·万代兰的胡姬花为国花。东南亚通称兰花为胡姬花。花朵清丽端庄，生命力特强，它象征新加坡人的气质和刻苦耐劳、果敢奋斗的精神。

3. 行政制度

新加坡实行议会共和制，总统为国家名义元首，由全民选举产生，任期6年。总统委任议会多数党领袖为总理。总统和议会共同行使立法权。新加坡实行一院制，任期五年，议员由公民投票选举产生。年满21岁的新加坡公民都有投票权。国会议员分为民选议员、非选区议员和官委议员。

新加坡已注册的政党有24个。政府由占国会议席多数的政党组建。人民行动党长期执政，地位稳固。李光耀是该党的首任秘书长，也是新加坡的第一任总理。

新加坡设最高法院和总检察署。最高法院由高庭和上诉庭组成。最高法院大法官由总理推荐、总统委任。

4. 经济结构

新加坡自然资源贫乏，属于外贸驱动型经济，以电子、石油化工、金融、航运、服务业为主，高度依赖美、日、欧和周边市场，外贸总额是GDP的4倍。新加坡经济以商业、制造业、建筑业、金融业、交通和通信业五大部门为主，服务业是经济增长的龙头产业，旅游业是主要外汇收入来源之一。新加坡交通发达，是世界最繁忙的港口和亚洲主要转口枢纽之一，拥有世界最大的燃油供应港。

（1）工业。新加坡的工业主要包括制造业和建筑业。制造业产品主要包括电子、化学与化工、生物医药、精密机械、交通设备、石油产品、炼油等产品。迄今新加坡已经成为东南亚最大修造船基地之一，以及世界第三大炼油中心。根据地理环境的不同，新加坡政府将新加坡东北部划为新兴工业和无污染工业区；沿海的西南部、裕廊岛和毛广岛等划为港口和重工业区；中部地区为轻工业和一般工业区。新加坡裕廊工业区是亚洲最早成立的开发区之一，该区包含了来自各地的跨国公司和本地的高技术制造业公司。

（2）农业。新加坡的农业产值占国民经济不到0.1%，可耕种土地面积少。农业中以高产值出口型农产品的生产为主，如种植兰花、热带观赏鱼批发养殖、鸡蛋牛奶生产、蔬菜种植，还有养鱼场。新加坡的粮食、蔬菜不能自给，绝大部分需从马来西亚、中国、印度尼西亚和澳大利亚进口。

（3）服务业。服务业在新加坡的经济发展中扮演着重要的角色。批发与零售业、商务服务业、交通与通信业、金融服务业四大重头行业的快速发展使新加坡逐渐确立了亚洲金融中心、航运中心、贸易中心的地位。其中批发零售业包含贸易在内，所占份额最大；商务服务业则包括不动产、法律、会计、咨询、IT服务等行业；交通与通信行业，包括水陆空交通及运输，传统的邮政服务和新兴的电信服务业；金融服务业则包括银行、证券（股票、债券、期货）、保险、资产管理等门类。

（4）旅游业。旅游业是新加坡外汇主要来源之一。游客主要来自东盟国家、中国、澳洲、印度和日本等地。新加坡实行消费税GST，目前征收的消费税率为7%，如果游客在新加坡的合作商家购物，并从购物之日起2个月内通过新加坡樟宜机场或实里达机场将商品带出新加坡时，可以请求返还消费税。陆运或海运不适用于消费税返还规定。

（5）贸易。外贸是新加坡国民经济重要支柱，进出口的商品包括：加工石油产品、化学品、消费品、机器之零件及附件、数据处理机及零件、电信设备和药品等。主要贸易伙伴：马来西亚、泰国、中国、日本、澳洲、韩国、美国、欧盟、印尼等。

(6) 货币。新加坡法定货币为新加坡元，简称新元或新币。

5. 人口、民族和信仰

截至2015年11月，新加坡常住总人口为553.5万，其中本国公民337.5万，永久居民52.7万，其余160多万均为外籍人士。新加坡人口密度高，每平方千米7 697人。新加坡属移民国家，主要是由近一百多年来从欧亚地区迁移而来的移民及其后裔组成的。其中华人占了人口的74.2%，马来人占13.3%，印度裔占9.1%，欧亚裔混血占3.4%。大多数新加坡华人的祖先源自中国南方的福建、广东和海南省等地，其中约40%为闽南人。

新加坡是一个多语言的国家，拥有4种官方语言，即英语、马来语、华语和泰米尔语。马来语为新加坡的国语，英语为主要的通行语和教学语。英文是新加坡的官方文字，因此公函、商务往来和其他经济业务性质的书信都以英语为主。

新加坡实行宗教自由政策，为多宗教国，有宗教信仰的新加坡人占总人口的83%，除第一宗教佛教外，新加坡人还主要信奉道教、伊斯兰教、基督教和印度教。华人大多数信奉佛教或道教，马来人和巴基斯坦人多信奉伊斯兰教，印度人信奉印度教，西方人一般信奉基督教。

6. 文化教育

新加坡的教育非常成功，自成一体。

学校绝大多数为公立，其中包括170所小学、154所中学、14所初级学院。新加坡有四所大学：新加坡国立大学、南洋理工大学、新加坡管理大学和新加坡科技与设计大学。五所理工学院：南洋理工学院、新加坡理工学院、淡玛锡理工学院、义安理工学院、共和理工学院。

多元文化教育是由新加坡的社会现实所决定的。新加坡的教育体制有利于每个学生循序渐进地发展自己独特的天赋和兴趣。新加坡的教育同时吸收了东西方文化的精华，采用灵活的教学方法使学生的潜能得到培养和发展。

三、节庆与习俗

1. 节庆

农历新年：每年农历正月初一至正月十五是农历新年，新加坡都会举办各种各样的庆祝活动，其中最为隆重的是妆艺大游行。

卫塞节：每年农历四月十五，是纪念佛祖释迦牟尼诞生、成道和圆寂的节日，是佛教中最重要的一天。节日期间各佛教团体及寺庙张灯结彩、大放光明，象征佛陀的光辉世世代代照耀人间。庆祝活动的重头戏是在街道上进行的烛光游行。

中元节：俗称鬼节，从农历七月初一到三十的整整一个月里，新加坡的华人都会拜祭亡魂。在这期间有歌台表演、宴会、标福物等活动。

开斋节：伊斯兰教节日，每年回历九月，回教徒从日出到日落都要禁食，戒食一个月后见到新月才可开斋。经过了30天从黎明到黄昏的斋戒后，穆斯林们将穿上传统服装，备好各式美食糕点热烈庆祝开斋节。

屠妖节：印度人的节日，公历10月或11月期间举行，隆重程度相当于新年。庆祝中心主要在小印度一带，在迎来屠妖节之前，小印度的大街小巷都会张灯结彩，还有各类文化活动、街头游行、跨年音乐会等。

圣诞节：新加坡的圣诞节节庆活动可长达一个月，整个城市都会披上圣诞装饰。大商场会纷纷打折促销，各路街头卖艺人集中在乌节路上为路人表演。

2. 习俗及禁忌

新加坡人举止文明，处处体现着对他人的尊重。他们坐时端正规矩，双脚并拢，如果双脚要交叉也只是把一只腿的膝盖直接叠放在另一只腿膝盖上。

在新加坡，进清真寺要脱鞋。在一些人家里，进屋也要脱鞋。由于过去受英国的影响，新加坡已经西方化。但当地人仍然保留了许多民族的传统习惯，所以，打招呼的方式都各有不同，最通常的是人们见面时握手，对于东方人可以轻轻鞠一躬。男女之间握手比较恰当的方式是等妇女先伸出手来，男士再行握手。马来人先用双手互相接触，再收回手放到自己的胸部。

新加坡人接待客人一般是请客人吃午饭或晚饭。米饭是新加坡人的主食，他们有时也吃包子但不喜欢吃馒头。在用餐前有洗手的习惯，因为马来人吃饭一般用手抓食物。和新加坡的印度人或马来人吃饭时，注意不要用左手。当地人普遍爱好饮茶，他们常以茶水招待客人，华人喜欢寓意为财运亨通的元宝茶。到新加坡人家里吃饭，可以带一束鲜花或一盒巧克力作为礼物。谈话时，避免谈论政治和宗教，可以谈谈旅行见闻，你所去过的国家以及新加坡的经济成就。

在新加坡不论是华人还是马来人都很重视男婚女嫁。马来人结婚要经过求亲、送订婚礼、订婚等程序。新加坡华人讲究守孝道，如有老人即将去世，他的子孙必须回到家中守在床前，死后为其举行隆重的葬礼。

在新加坡，用食指指人，用紧握的拳头打在另一只张开的掌心上，或紧握拳头，把拇指插入食指和中指之间，均被认为是极端无礼的动作。新加坡人站立时体态端正，双手不会放在臀部，他们认为那是发怒的表现。

新加坡人认为4、7、13、37和69是消极的数字，他们最讨厌7，平时尽量避免这个数字。新加坡人视黑色为倒霉、厄运之色，紫色也不受欢迎。他们偏爱红色，视红色为庄严、热烈、刺激、兴奋、勇敢和宽宏之象征。他们也欢迎蓝色和绿色。新加坡禁止在商品包装上使用如来佛的图像，也不准使用宗教用语，忌讳猪、乌龟的图案。

在新加坡，人们很不赞成吸烟。在电梯里、公共交通工具上、影院内，特别是政府办公大楼内，法律规定严禁吸烟，违者罚款。要吸烟最好征得对方同意。

3. 饮食文化

新加坡是一个美食天堂。最具代表性的菜是“娘惹食物”。娘惹美食融合了马来族和华族的烹调特色，著名的有辣沙及酸辣汤汁的米线和各式糕点。新加坡较有名的海鲜佳肴是辣椒炒螃蟹，这道菜连肉带壳加上茄汁及辣椒一起拌炒，口味令人回味无穷。

新加坡多元种族文化造就了多样化的餐饮选择，来自中国、印度、马来西亚等诸多国家的饮食文化在这个亚洲美食的大熔炉里火热碰撞、各显所长。在新加坡可以看到各式中式酒楼，菜肴以粤菜和潮菜最受欢迎。粤菜以脆皮乳猪和鱼闻名，而潮菜以清蒸鱼和卤鸭驰名。马来美食中最受欢迎的是沙爹和椰浆饭。印度美食中的印度薄饼和“拉茶”也是闻名遐迩。

四、旅游资源与主要旅游地

新加坡环境优美，气候宜人，被称为“海上花园”“购物天堂”“美食天堂”，是亚洲旅游业最发达的国家之一。新加坡一年四季温差很小，均适宜旅游，其中5月和9月是最佳旅游时间。

1. 鱼尾狮公园

鱼尾狮公园，坐落于浮尔顿一号隔邻的填海地带。鱼尾狮公园里的鱼尾狮是新加坡的标志。鱼尾狮是一种虚构的鱼身狮头的动物。该塑像高8.6米，重70吨，狮子口中喷出一股清水。鱼尾狮塑像的设计灵感来自《马来纪年》的记载。14世纪时一位印尼巨港王子乘船至此，他一登陆就看到一只神奇的野兽，随从告诉他那是一只狮子。他于是为这座岛取名狮子城。至于塑像的鱼尾造型，浮泳于层层海浪间既代表新加坡从渔港变成商港的特性，同时也象征来谋生求存、刻苦耐劳的祖祖辈辈们。

2. 圣淘沙岛

圣淘沙岛环境优美，旅游景点众多，被人们称为“最佳度假胜地”。该岛位于新加坡南部，经由跨海大桥与新加坡岛相连。圣淘沙马来语意为“和平与宁静”，岛上有着多姿多彩的娱乐设施和休闲活动区域，被誉为欢乐宝石。岛的南岸有长度超过2千米的海滩，西面安置着“二战”时期英军留下的西罗索炮台、两个高尔夫球场及7间酒店。当中包括圣淘沙名胜世界、新加坡环球影城、蝴蝶馆、海豚世界、昆虫王国等。

3. 新加坡动物园

新加坡动物园是世界十大动物园之一。园区采用全开放模式，利用热带森林与湖泊等天然屏障代替栅栏，各类动物在没有人为屏障的舒适环境下过着自由自在的生活，游客也可以不受铁笼和铁柱的遮栏观看动物。动物园占地28公顷，收罗了290种哺乳动物类、鸟类和爬虫类动物，总数超过3 000只。所展示的许多濒临绝种的动物之中，包括科摩多龙、睡熊、金丝猴，以及世界最大的群居人猿。

4. 新加坡植物园

新加坡植物园是新加坡首个联合国教科文组织世界文化遗产，占地74公顷，园内有天然原始森林和特色花园，植物资源丰富，品种多样，包括多种珍稀植物。胡姬花是新加坡植物园最有特色、最吸引游人的一种植物。植物园的国家兰花园，大约有3万平方米，园中有专门种植胡姬花的花圃和研究所。

5. 新加坡裕廊飞禽公园

裕廊飞禽公园坐落在新加坡西部裕廊山的斜坡上，被誉为东南亚最壮观的“鸟类天堂”，是世界上最大的飞禽公园。裕廊飞禽公园占地20.2公顷，栖息着分属380多个物种的

4 600 多只飞禽。其中赫蕉园收集了 108 种赫蕉植物及栽培品种，是本地区最大的赫蕉园之一。其他主要景点包括飞禽知识馆、非洲瀑布鸟舍、彩鹦谷、东南亚鸟舍和备受赞誉的非洲湿地。在这里游客还可以参观园内幕后的日常运作，看工作人员如何照顾濒临绝种的雏鸟和被遗弃的鸟卵。

6. 牛车水

牛车水是新加坡的唐人街，是华族祖先漂洋过海来到新加坡，自 1821 年逐渐形成的聚居地，被称为“牛车水”是因为原来的居民都以牛车拉水来清扫。如今的牛车水是现代购物中心，各色小贩和百年老店毗邻而居。这里有新加坡最著名的寺庙，位于桥南路的马里安曼兴都庙和詹美回教堂是新加坡最为古老的朝圣地点，壮观宏大的佛牙寺龙华院中供奉着珍贵的佛牙舍利。牛车水的史密丝街是一条露天美食街，在这里可找到最美味的本地小食，比如炒粿条、萝卜糕等。

7. 天福宫

天福宫坐落于新加坡市区的直落亚逸街，建于 1840 年，距今已有近 180 年的历史，是新加坡最古老的庙宇之一。天福宫的规模宏大，琉璃瓦飞檐上装饰着龙的图案，建筑风格酷似中国的寺庙。不仅建庙用的花岗石柱、木祭台等建筑材料都是从中国福建运过来，就连庙里供奉的神像也是在 1840 年从中国运来的。天福宫正殿供奉着庇护航海之神“天妃”，即中国闽南人俗称的“妈祖”。天福宫的后殿里，供奉着佛祖释迦牟尼的塑像和高 1 米的孔子坐像，孔子像左右是观世音和弥勒佛，前面则是刘备、关羽、张飞的立像。孔子像上方一条红布贴着“孔子先师”四个金字。

案例回放

狮头鱼身坐立在水波上的鱼尾狮，其设计概念是将现实和传说合二为一：狮头代表传说中的“狮城”，至于塑像的鱼尾造型，浮泳于层层海浪间，既代表新加坡从渔港变成商港的特性，同时也象征着我们当年漂洋过海，南来谋生求存、刻苦耐劳的祖祖辈辈们。

实训项目

将全班同学分成若干小组，每个小组设计出新加坡三日游旅游线路。

第七节 印度尼西亚

导读： 印度尼西亚共和国（英文：The Republic of Indonesia），简称印度尼西亚或印尼，位于亚洲东南部，地跨赤道，陆地面积约 190.4 万平方千米。印尼是全世界最大的群岛国家，由约 17 508 个岛屿组成，素称“千岛之国”。印尼总人口超过 2.55 亿（2015 年），仅次于中国、印度、美国，居世界第四位。印尼有 300 多个民族，200 多种语言，通用印尼语。印度尼西亚首都雅加达又名椰城。

知识点： 了解印度尼西亚的基本概况和历史，掌握印度尼西亚的民俗风情，掌握印度尼西亚的主要旅游资源。

普兰巴南寺庙群

技能点：能根据所学知识向印度尼西亚游客提供合理优质的接待服务；能根据印度尼西亚的旅游资源设计合理的出境游线路。

案例导入

印尼明珠——巴厘岛

巴厘岛，世界著名旅游岛，印度尼西亚 33 个一级行政区之一。沙努尔、努沙杜尔和库达等处的海滩，是岛上景色最美的海滨浴场，这里沙细滩阔、海水湛蓝清澈。每年来此游览的各国游客络绎不绝。2015 年，美国著名旅游杂志《旅游 + 休闲》一项调查结果把印尼巴厘岛评为世界上最佳岛屿之一。由于巴厘岛万种风情，景物甚为绮丽。因此，它还享有多种别称，如“神明之岛”“恶魔之岛”“罗曼斯岛”“绮丽之岛”“天堂之岛”“魔幻之岛”“花之岛”等。

巴厘岛隔巴厘海峡与印度尼西亚东哇岛相望，这个美丽的岛屿因其如画的风景、纯朴的民风而成为世界级的旅游度假区。当您漫步于美丽的沙滩，沐浴着温暖的印度洋海水，满目充斥的是绿色的热带雨林和遍地的树丛野花，您会感到身心无比的放松和惬意。当然您也可以选择冲浪、潜水、跳伞或者登上海拔 1 700 多米的京打马尼火山山麓和火山湖风景区，在眺望远处火山烟直插云霄的同时享受舒适的习习凉风。巴厘岛旅游绝对是很有意义的一件事情。

问题：巴厘岛是印尼 13 600 多个岛屿中最耀眼的一个岛，是印尼最具代表的旅游资源，请结合资料分析印尼旅游资源的特点。

一、自然环境

印度尼西亚共和国，简称印度尼西亚或印尼，位于亚洲东南部，地跨赤道，与巴布亚新几内亚、东帝汶、马来西亚接壤，与泰国、新加坡、菲律宾、澳大利亚等国隔海相望。印度尼西亚陆地面积约 190.4 万平方千米，海洋面积约 316.6 万平方千米，海岸线总长 54 716 千米。印尼是全世界最大的群岛国家，由约 17 508 个岛屿组成，素称“千岛之国”。印尼岛屿分布较为分散，主要有加里曼丹岛、苏门答腊岛、伊里安岛、苏拉威西岛和爪哇岛。各岛内部多崎岖山地和丘陵，仅沿海有狭窄平原，并有浅海和珊瑚环绕。伊里安岛拥有印尼最高峰和世界最高的岛屿山峰查亚峰，海拔5 030米。印尼也是多火山、多地震的国家，境内有火山400多座，其中活火山120多座，约占世界活火山的1/6。爪哇岛火山最多，地震最为频繁。

印尼河流众多，水量丰沛，但都比较小。较大的河流有爪哇岛的梭罗河，全长560千米。印尼第一大湖是苏门答腊的多巴湖。

印尼属于典型的热带雨林气候，具有温度高、降雨量多的特点，无四季分别，年平均温度25～27℃。北部受北半球季风影响，7—9月降水量丰富，南部受南半球季风影响，12月、1月、2月降水量丰富，年降水量1 600～2 200毫米。

二、社会概况

1. 历史沿革

印度尼西亚历史悠久，早在150万至3.5万年前就有人类生活于印度尼西亚群岛，称之为爪哇猿人。

3世纪至7世纪，这里建立了一些分散的封建王国，有记载的包括室利佛逝王朝和新柯沙里王国。13世纪末至14世纪初，王室借助元朝军队在爪哇建立了印尼历史上最强大的麻喏巴歇封建帝国。

15世纪之后，葡萄牙、西班牙和英国先后入侵印尼。1596年荷兰侵入，1602年成立具有政府职权的“东印度公司”，开始了长达300多年的殖民统治。1942年日本占领印尼，1945年日本投降后，印尼爆发八月革命争取民族独立，并于同年8月17日宣布独立，成立印度尼西亚共和国，苏加诺为第一任总统。印度尼西亚独立后，先后武装抵抗英国、荷兰的入侵，发动了三次独立战争。

1949年11月印尼签订荷印《圆桌会议协定》。按照协议规定，印尼被迫改为印度尼西亚联邦共和国，并加入荷印联邦。

1950年8月印尼联邦议院通过临时宪法，脱离荷印联邦，重新恢复为印度尼西亚共和国，同一年印尼成为联合国第60个成员国。

1967年，印尼与马来西亚、菲律宾、新加坡和泰国成立了“东南亚国家联盟”（ASEAN，简称“东盟”），东盟已经拥有10个成员国，印尼是最具影响力的成员之一。

1997年亚洲金融危机对印尼造成全面冲击，经济严重衰退，直到1999年年底才出现复苏。

印度尼西亚首都雅加达又名椰城，位于爪哇岛的西北海岸，是印度尼西亚最大的城市，也是东南亚第一大城市、世界著名的海港、太平洋与印度洋之间的交通咽喉，又是亚洲通往大洋洲的重要桥梁。今天的雅加达，已经成为印度尼西亚的政治、经济、文化中心。

2. 国家象征

印度尼西亚国旗别称“荣耀红白”，长宽比例为3:2。旗面是由两条一样宽的红白两色横带组成的，上面是红色的，下面是白色的。红色象征勇敢和正义，还象征印度尼西亚独立以后的繁荣昌盛；白色象征自由、公正、纯洁，还表达了印尼人民反对侵略、爱好和平的美好愿望。

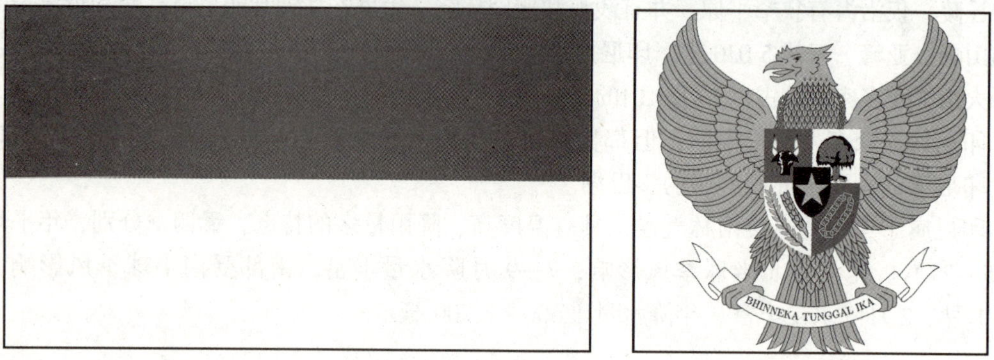

印尼国旗和国徽

印度尼西亚国徽是一只金色的昂首展翅的印尼神鹰，象征印尼人民的光荣和胜利。8月17日是印度尼西亚的独立日，神鹰尾部有8根羽毛表示8月，双翅上各有17根羽毛表示17日。神鹰胸前有一枚盾牌，盾面上有5幅图案：正中的金色五角星是伊斯兰教的象征，印尼大多数国民都信奉伊斯兰教；金色水牛头展现人民主权；绿色榕树坚实刚劲，如同民族主义在印尼人民心中根深蒂固；棉桃和稻穗织出一片繁荣昌盛；金链环紧紧相扣，象征国内各种族一律平等。一条黑色横线横贯盾徽，表示赤道穿过印尼领土。神鹰双爪下的白色饰带上用古爪哇文书写着印尼格言“殊途同归”。

印尼的国歌是《伟大的印尼》。

印度尼西亚的国花是毛茉莉。毛茉莉的花朵洁白、气味馨香，且花期长。在印度尼西亚人民心目中，毛茉莉代表纯洁、热情。

3. 行政制度

印度尼西亚是一个总统制共和国，总统既是国家元首，也是政府首脑，同时掌管三军。总统、副总统均由全民直选产生，任期5年，总统可连任一次；人民协商会议为最高权力机构，由人民代表会议（即国会）和地方代表理事会共同组成，每5年换届选举，主要职能包括制定、修改和颁布宪法。印度现行宪法为“1945年宪法”，规定信仰神道、人道主义、民族主义、民主和社会公正为建国五基、立国之本。

印尼的国会是国家立法机构，行使除起草和修改宪法、制定国家大政方针之外的一般立法权。

印尼实行多党制。其中民主党是国会第一大党。其他主要大党包括专业集团党、民主斗争党、繁荣公正党、国家使命党、建设团结党、民族觉醒党、大印尼运动党、民心党。

印尼实行三权分立，最高法院和最高检察院独立于立法和行政机构。最高法院正副院长由国会提名，总统任命。最高检察长由总统任免。

4. 经济结构

印尼从20世纪80年代进行经济结构和产品结构调整后，经济发展取得一定的成就。之后政府进一步放宽投资限制，吸引外资，并采取措施大力扶持中小企业、发展旅游、增加出口。1997年受东南亚金融危机重创，经济大幅衰退，货币贬值、通膨高踞。为摆脱经济困境，政府被迫向国际货币基金组织求援。1999年经济开始缓慢复苏，但整改阻力较大，私企外债、银行呆账等问题难以解决。据印尼总统2014年1月10日称，印尼国民生产总值达8 241.86万亿盾，成为全世界第十五大经济体。

印尼工业产值占GDP比重近一半，其中包括采矿业、制造业、电气水供应业、建筑业。印尼油气资源丰富，政府公布的石油储量为97亿桶，折合13.1亿吨，天然气储量176.6万亿标准立方英尺，折合4.8至5.1万亿立方米。印尼的石油勘探和开发大部分依赖国外石油公司。印尼最大的石油企业为国家石油公司。

印尼采矿业是出口创汇、增加中央和地方财政收入的重要来源，同时还推动其他经济领域和边远地区的发展。印尼主要的矿产品有锡、铝、镍、铁、铜、金、银、煤等。印尼最大的国有矿业公司为安塔公司。

印尼的工业化水平相对不高，制造业有30多个不同种类的部门，主要有纺织、电子、木材加工、钢铁、机械、汽车、纸浆、纸张、化工、橡胶加工、皮革、制鞋、食品、饮料等。其中纺织、电子、木材加工、钢铁、机械、汽车是出口创汇的重要门类。印尼最大的钢铁企业为国有克拉卡陶钢铁公司，年产量约300万吨。

农业。印尼是一个农业大国，全国耕地面积约8 000万公顷，从事农业人口约4 200万人。印尼气候湿润多雨，日照充足，农作物生长周期短，主要经济作物有棕榈油、橡胶、咖啡、可可。印尼是全球最大的棕榈油生产国。

印尼森林覆盖率为54.25%，是世界第三大热带森林国家，全国有3 000万人依靠林业维持生计；胶合板、纸浆、纸张出口在印尼的出口产品中占很大份额，其中藤条出口占世界80%～90%的份额。

印尼作为世界上最大的群岛国家，渔业资源丰富，海洋鱼类多达7 000种，政府估计潜在捕捞量每年超过800万吨。

旅游业。旅游业是印尼又一大创汇行业，政府长期重视开发旅游景点、兴建饭店、培训人员和简化入境手续。

贸易。外贸在印尼国民经济中占重要地位，政府采取一系列措施鼓励和推动非油气产品出口，简化出口手续，降低关税。

货币。货币名称为印度尼西亚卢比，通称印度尼西亚盾。

5. 人口、民族和信仰

截至2015年，印尼人口超过2.55亿，仅次于中国、印度、美国，居世界第四位。根据印尼政府2014年公布的数字，印尼有300多个民族，其中爪哇族人口最多，占全国人口总数的45%，其余的巽他族占14%，马都拉族占7.5%，马来族占7.5%，华人约占人口总数的5%。

民族语言200多种，通用印尼语。

印尼无国教，但规定一定要信仰宗教，不然视为共产党（共产主义及其相关活动在印尼为非法）。印尼是世界上穆斯林人口最多的国家，国民中约88%信奉伊斯兰教，其余的5%信奉基督教新教，3%信奉天主教，2%信奉印度教，1%信奉佛教。

6. 文化教育

学制为小学六年，初、高中各3年，大学3至7年。小学入学率为95.5%，初中入学率为78.7%，高中入学率为49.1%，高中以上学历占10岁以上公民的18.32%。全国共有小学约15万所，中学3万余所，国立大学77所，私立大学1 300余所。著名大学有雅加达的印度尼西亚大学、日惹的加查马达大学、泗水的艾尔朗卡大学、万隆的班查查兰大学等。

三、节庆与习俗

1. 节庆

登霄节：伊斯兰教历7月17日是传说中穆罕默德夜游升天之日，所以印尼人又把这个节日称作穆圣夜游升天节。据《古兰经》记载，穆罕默德52岁时，在这一天夜里，由天使陪同乘天马由麦加到了耶路撒冷，在那里登霄遨游了七重天，见过古代先知及天国和炼狱等，又于黎明时分返回麦加。后来，伊斯兰教徒将耶路撒冷视为圣地，将7月17日定为登霄节。印尼穆斯林庆祝登霄节活动通常是在夜间进行举行会礼，诵经祈祷。这一天，每个穆斯林家庭都会举行家庭聚餐，吃椰浆饭及各种清真佳肴。

国庆节：国庆节又名“独立日”。1945年8月17日是印尼宣告独立的日子，每年这一天都要在总统府前广场上举行隆重的庆祝仪式，各地也要举行以升国旗为内容的庆祝活动。

开斋节：是印尼最重要的节日。每年伊斯兰教历9月，全国伊斯兰教徒都要实行白天斋戒禁食，斋月后第一天即10月1日，教徒们开禁，白天可以进食，这一天便成为开斋节。开斋节前夕，伊斯兰教徒要进行慈善捐赠活动。外出工作的人都要赶在开斋节前返回老家与亲人团聚。开斋节前夕的晚上是个不眠之夜，上至总统，下至百姓，都要到清真寺举行会礼。开斋节那天，家家户户打扫得干干净净，门前挂着用嫩椰叶制作的装饰物。人们都身着盛装，互相拜访，有的机关团体还搞团拜，气氛热烈，一片喜庆景象。

静居日：是巴厘印度教徒的新年，时间在巴厘历十月初一。节日前几天，男人们打扫庭院，制作节日用的形似魔鬼、雄狮、巨龙的木偶，女人赶做新衣及节日祭祀用的菜肴糕点。节日前一天人们身穿艳丽民族服装去参加欢庆活动。节日当天，街上除值勤警察、警车、救护车、旅游车辆外，没有任何其他行人车辆，所有店铺都大门紧闭，停止营业。入夜后，家家都不点灯，整个巴厘岛一片漆黑，没有一丝亮光，所有娱乐场所都停止活动，没有一点声响。人们整天闭门不出，不生火，不做饭，不欢乐也不悲伤，只是静静地思过，净化自己的灵魂，以求内心的安宁，并进而将它溶于自然界的宁静之中，达到真正的“空”和“静”，以便在新的一年里一切从零开始，按神的启示和意志去生活。

宰牲节：伊斯兰教历12月10日为穆斯林的宰牲节。在印尼，宰牲节是除开斋节之外的伊斯兰教第二大节日。相传，伊斯兰教先知易卜拉欣这一天在梦中受安拉启示，命他将其子杀后献祭，以考验他对安拉的忠诚。易卜拉欣遵命欲执行时，安拉又命以羊代替。穆斯林教徒按照这一说法，每年的这一天便宰羊向真主献祭，并将它定为宰牲节。

2. 礼仪与禁忌

印度尼西亚是一个多民族、多宗教的国家。世界三大宗教伊斯兰教、基督教和佛教在这里都有较多的信奉者。由于其历史上曾受到印度、中国、阿拉伯等多种文化的影响，印尼各地文化、习俗差异较大，种类繁多。

印尼全国有90%左右的人口信奉伊斯兰教，其主要习俗有：不喝含酒精的饮料，宴席中不上酒类饮料；不食猪肉；认为左手是不洁的，不用左手打招呼、接受礼物或递交物品；

每星期五下午印尼穆斯林一般都要到附近的清真寺做祷告。

印尼素有尊重女性的民族传统，一般在公共场合，男士请女士先走，先用餐或先上车。而女士从男士面前经过，皆屈身弯膝而过，以示回敬。在社交场合，男士遇到女士一般不主动握手，若对方伸出手，可以轻握。此外，印尼人视陌生人触摸自己的头为无礼。

在印度尼西亚人的心目中，蛇有着崇高的地位，人们敬蛇如敬神，在很多民间传说和传统戏剧中，都涉及蛇的故事，它往往是善良、智慧、德行和本领的象征。在巴厘岛，人们还专门建造一个像庙宇一样的蛇舍，里面养着一条大蛇。蛇舍前设有香案，作为供奉香花、祭品及磕头、礼拜、祈祷之用。蛇舍后面的蛇洞里还养着大量的蝙蝠，专供这条蛇吞食。

印尼的伊斯兰教信奉者，其喜丧礼仪与其他国家的伊斯兰教徒大同小异。印尼其他民族，在喜丧礼仪上则各具特色。印尼达雅族男女找对象时，爱用木炭互相画对方的脸，以此来表达爱情。他们的婚礼是在磨刀石上进行的。婚礼上，两位新人身着漂亮的民族服装，按女左男右的位置站在上面，并一起握住“结亲网”，同时由长者主持宰猪仪式，让猪血洒在木屑和一把剑上。在丧葬礼仪方面，巴厘岛上的特伦扬人去世后，实行天葬。它只适用于那些寿终正寝者，其他死于谋杀、自杀者不能天葬。在印尼众多的民族节日中，有一个间隔时间最长的节日，即巴厘人的埃卡·达萨·鲁德拉节。它每隔一百年举行一次，而且年份必须是一百年的倍数。

在与印尼人交往时，不要触摸印尼人的头部，因为他们认为那里是神灵所在，不容亵渎。如果你抚摸他的头，对方一定翻脸相向。在雅加达受教育程度高的地区，握手已被接受。但一般情况下，与印尼人见面时不要有任何接触，最好采用传统方式互致问候，即双手合手胸前，微笑着点头示意。

和他们交谈时应避开政治、宗教等话题，有关个人的私事也不要打听，这会引起对方的反感。在印尼用手指指点点也是不合时宜的，这被认为不礼貌。和别人谈话或进别人家里都要摘下太阳镜。进入圣地特别是进入清真寺，一定要脱鞋。参观庙宇或清真寺，不能穿短裤、无袖服、背心或裸露的衣服。在巴厘，进入寺庙必须在腰间束腰带。印尼人忌讳夜间吹口哨，认为它会招来游荡的幽灵和挨打。印尼人大多数信奉伊斯兰教，饮食或送礼品时不要用左手，在印尼人看来，左手是不洁净的。忌讳吃猪肉食品，忌饮烈性酒，不爱吃海参，也不吃带骨带汁的菜和鱼肚等。

3. 饮食文化

印尼多种生态气候交汇，造就了这里独特而充满魅力的饮食文化。印尼本地菜的口味比较重，辛辣味香是印尼美食的最大特色，他们喜欢在各种菜肴中加入椰浆及胡椒、丁香、豆蔻、咖喱等各种香料调味，而辣椒酱也是餐桌上的必备。

沙爹就是所谓的牛羊鸡肉串，将蘸有特制调料的牛羊鸡肉，用细竹条串起来，用炭火烤，烤熟后蘸辣椒花生酱一起吃，味道鲜美可口。

登登是一种牛肉干，制作方法讲究，将切成薄片的牛肉涂上伴有香料的酱油，略放些糖，然后晒干，要吃的时候就用油炸，味道非常美。

印尼炒面，因为印尼独有的气候原因，印尼的面食爽滑而味厚。不同地域的印尼炒面有所不同。印尼人对面食的确格外钟爱。正宗印尼炒面要用自制的黑豆酱翻炒，黑豆酱黏稠而多汁，炒出后，还会配以不同的食材，如加入虾饼、沙爹等。

印尼的特色饮食还有黄澄澄的手抓饭，伴碟有正宗的印尼虾片、巴东牛肉、炸玉米饼、牛肉格卜等香口食物。手抓饭，按照印尼人的习惯要用右手吃。手抓饭吃起来很有黏性，还有点辣辣的姜味。原来它叫黄姜饭，是用黄姜汁和香料粉混合泰国香米煮成的。

巴东饭有多种预先做好的配菜，有油炸、煮制、卤汁、凉拌等品种，佐料多用辣椒酱、姜黄汁、椰汁、咖喱等，做好的菜盛于盘中放在玻璃橱窗内，随点随取。

串脏鸭餐是巴厘岛有名的特色餐，脏鸭实际是用当地方法烹制的香料鸭，鸭肉味道鲜美。脏鸭套餐通常包括脏鸭、果汁、沙拉、虾片、沙爹肉串、米饭和特制的酱料。

印尼地处热带，不产小麦，所以居民以大米为主食，此外还有玉米或薯类。在食用方法上，印尼人喜欢将大米先煮熟，然后用香蕉叶或棕榈叶把大米或糯米包成菱形蒸熟而吃，俗称为“克杜巴”。

在印尼，大部分人信仰伊斯兰教，所以绝大部分居民不吃猪肉，而是吃牛羊肉和鱼虾之类。印尼盛产鱼虾，吃鱼虾也很讲究。除了煎、炸之外，有的鱼开膛后，在鱼肚里涂上香料和辣酱，然后烤熟吃。吃虾时，把活虾放在玻璃锅内，倒上酒精、点上火，盖锅盖，片刻便把活虾煮熟，然后蘸辣酱吃。

印尼人喜好甜食，所以餐后的点心较丰富，炸香蕉以及用糯米粉、木薯粉、豆粉、椰蓉等制作成的糕点不胜枚举。饭后印尼人有喝咖啡或茶的习惯，而且喝时一般都喜欢加糖。

堪称世界上最贵的猫“屎”咖啡，是印尼的特产，是一种从麝香猫粪便攫取出来的咖啡。

印尼人吃饭不用筷子，而是用勺和叉子，有时也喜欢用手抓饭。抓饭时，先把米饭盛在盘上，然后用右手指将饭捏成小团，送到嘴里一口一口地吃。饭桌边上要放一碗清水，边抓饭，边不时用手蘸蘸清水，以免使米饭粘在手指上。

四、旅游资源与主要旅游地

印度尼西亚的自然旅游资源与人文旅游资源都相当丰富，至 2008 年印度尼西亚共有 7 处世界遗产。每年的 5 月至 10 月是印度尼西亚最佳旅游时间，因为此时降水相对较少。旅游时要注意避开斋月，因为此时餐馆多数整天不营业。

桑吉兰早期人类化石遗址

1. 桑吉兰早期人类化石遗址

桑吉兰是一片神秘的土地。1891 年，一位名叫尤金的法国人类学家发现了爪哇猿人。这处遗址从 1936 年至 1941 年进行挖掘，发现了早期原始人类化石。后来，50 种化石先后在这里被发现，包括远古巨人、猿人直立人、直立人，占世界已知原始人类化石的一半。过去 150 万年前人类聚居地这一事实，使桑吉兰成为理解和研究人类进化论最重要的地区之一。

2. 苏门答腊热带雨林

苏门答腊是一座青翠欲滴的绿岛，各类热带植物覆盖全岛。苏门答腊热带雨林占地 250 万公顷，是由三个国家公园组成：古农列尤择、克尼西士巴拉以及布基特巴里杉国家公园。保护区中约有 10 000 种植物种类，包括 17 个本地种类、超过 200 种的哺乳动物、580 种鸟类。在哺乳动物中，22 种是亚洲特有的，15 种是印尼地区特有的，包括苏门答腊猩猩。保护区也提供了苏门答腊岛进化的生物地理学证据。

3. 婆罗浮屠

婆罗浮屠与中国的长城、印度的泰姬陵、柬埔寨的吴哥窟并称为古代东方四大奇迹。它的历史可追溯至 9 世纪，由当时统治爪哇岛的夏连特拉王朝统治者兴建。后来因为火山爆发，使这佛塔群下沉、并隐盖于茂密的热带丛林中近千年，直到 19 世纪初才被清理出来。

婆罗浮屠

婆罗浮屠意为“山丘上的佛塔”，塔基是一个正方形，边长大约 118 米。这座塔共九层，下面的六层是正方形，上面三层是圆形。顶层的中心是一座圆形佛塔，被七十二座钟形舍利塔团团包围。每座舍利塔装饰着许多孔，里面端坐着佛陀的雕像。婆罗浮屠和其他同类的建筑最大的差异，是它建于一座山上，而不是平地上。

婆罗浮屠有大约 2 670 块浮雕，其中 1 460 块叙事浮雕、1 212 块装饰浮雕，覆盖了建筑的立面和回廊。浮雕的总面积达 2 500 平方米，分布于隐藏的塔基和塔身。

除了石头上雕刻的佛教大千世界故事之外，婆罗浮屠还有许多佛像。双腿交叉的佛像端坐于莲花座上。它们分布于塔身的五层正方形和塔顶的三层圆形上。塔身的佛像供奉于壁龛中，在栏杆的外侧围成一圈。随着面积逐层缩小，佛像的数目也逐层递减。起初看来这些佛像大同小异，实际上它们的手势有微妙的差别。

4. 巴兰班南

巴兰班南建于10世纪，位于日惹市郊，是印度尼西亚最大最美的印度教寺庙，是记录印度尼西亚人祖先灿烂文化的载体。巴兰班南寺庙群由240座庙宇组成，大部分已经沦为一堆瓦砾，但一些主要的庙宇在经历了天灾人祸的沧桑变迁后，在人们的努力下得以重建，又焕发出昔日的风采。同心广场上有六座寺庙从正中间拔地而起：其中三座主寺庙饰有《罗摩衍那》史诗的浮雕，分别供奉着印度教的三位主神（湿婆、毗湿奴和罗摩）；另外三座寺庙是为守护神灵的动物而建。

5. 巴厘岛

巴厘岛，世界上最佳的岛屿之一。由于巴厘岛风情万种，景物甚为绮丽，它还享有多种别称，如"神明之岛""恶魔之岛""罗曼斯岛""绮丽之岛""天堂之岛""魔幻之岛""花之岛"等。金巴兰海滩、库塔海滩等海滩是岛上景色最美的海滨浴场，这里沙细滩阔、海水湛蓝清澈。每年来此游览的各国游客络绎不绝。

金巴兰海滩是整个巴厘岛最令人感到亲切的一片海滩。金巴兰海滩以海上日落著称，在这里傍晚看着落日，听着歌手们演唱各国歌谣，享用烛光晚餐、海鲜烧烤，别有情趣。

库塔海滩号称巴厘岛上最美丽的海岸，这里的海滩平坦、沙砾洁白、细腻；海滩风急浪高，是冲浪的好地方，深得寻求刺激的年轻一族青睐。

海神庙是巴厘岛最重要的祭祀海神的海边庙宇之一，始建于16世纪。该庙坐落在海边一块巨大的岩石上，每逢潮涨之时，岩石被海水包围，整座寺庙与陆地隔绝，孤零零地矗立在海水中，只在落潮时才与陆地相连。对岸有小亭可以眺望日落景色，成为巴厘岛的一大圣景。

乌布王宫始建于16世纪，共有60间房，整座宫殿气势恢宏，特别是大门，宫殿内精致细腻的手工雕刻和贵气逼人的金箔装饰，每年吸引着许多的艺术爱好者们慕名而来，此外下午七点半开始在宫殿里还可以欣赏到许多精彩的极具巴厘岛本土特色的传统舞蹈表演，如迎宾舞、假面舞等。

乌鲁瓦图断崖位于巴厘岛最南端。它的背后有一段凄美的爱情悲剧：传说当地有对门户不当的青年男女相恋，女方的父亲是村长，因此两人的爱情得不到任何祝福，在绝望之下双双投海殉情。在此品着下午茶、尝尝当地特色的点心，断崖、海洋尽收眼底，无比的惬意。

案例回放

印度尼西亚被称为"千岛之国"，是世界上旅游资源最丰富的国家之一，得天独厚的地理位置使它拥有优美的自然环境，丰富的海洋，火山与湖泊等自然景观。同时印尼还具有灿烂辉煌的历史古迹及多姿多彩的民俗风情，每年慕名而来的世界各国游客多达五六百万人次。

实训项目

将全班同学分成若干小组，每个小组设计出印度尼西亚五日游旅游线路。

第八节　马来西亚

导读：马来西亚联邦（英文：Federation of Malaysia），通称马来西亚，简称大马。位于太平洋和印度洋之间。马来西亚国土面积 330 257 平方千米，海岸线总长 4 192 千米。全境被南中国海分成东马来西亚和西马来西亚两部分。马来西亚是一个多民族、多元文化的国家。截至 2015 年，马来西亚总人口 30 638 600 人。其中马来人占 55%，他们在政治上具有主导权。马来西亚的国语为马来语，通用英语。首都为吉隆坡。

知识点：了解马来西亚的基本概况和历史；掌握马来西亚的民俗风情；掌握马来西亚的主要旅游资源。

技能点：能根据所学知识向马来西亚游客提供合理优质的接待服务；能根据马来西亚的旅游资源设计合理的出境游线路。

双子塔

案例导入

国家清真寺

马来西亚国家清真寺，位于首都吉隆坡市的中心地区，占地 5.5 公顷，于 1965 年建成，这是一组包括祈祷大厅、大尖塔、陵墓和教堂办公大楼的建筑群，其造型和式样与麦加的三大清真寺相仿，气势恢宏，是伊斯兰建筑艺术的杰出代表。马来西亚国家清真寺是世界著名的清真大寺、东南亚地区最大的清真寺，是伊斯兰建筑艺术的杰出代表。

半个世纪神圣的矗立却渗透了这个国家百年的历史，也融合了现代与传统，是伊斯兰建筑的代表，以现代方式去阐释传统的伊斯兰璀璨的文化艺术，新颖而奇妙。大殿的屋顶由 49 个大小不等的圆构成，呈 18 条壮观的放射光芒，蕴含着 13 个州和伊斯兰教的“五功”。在寺内有贵宾图书馆。大殿后园是造型优美的陵墓，里面深藏着穆斯林英雄的灵柩。

问题：进入马来西亚国家清真寺应注意哪些习俗和禁忌？

国家清真寺

一、自然环境

马来西亚，全称马来西亚联邦，简称大马，位于太平洋和印度洋之间。马来西亚国土面积330 257平方千米。海岸线总长4 192千米。全境被南中国海分成东马来西亚和西马来西亚两部分。西马来西亚为马来亚地区，位于马来半岛南部，北与泰国接壤，西濒马六甲海峡，东临南中国海，南濒柔佛海峡与新加坡毗邻，并建有两条长堤相通。东马来西亚包括沙捞越地区和沙巴地区，位于加里曼丹岛（婆罗洲）北部，文莱则夹于沙巴州和沙捞越州之间。

西马地区以山地、丘陵为主，东西两岸为冲积平原，地势北高南低。其中大汉山是西部最高峰，海拔2 185米。主要河流有霹雳河和彭亨河。东马地区内地高，沿海低。东部的基纳巴卢山为全国最高峰，海拔4 101米，拉让河全长592千米，为马来西亚第一大河。

马来西亚位于赤道附近，属于热带雨林气候和热带季风气候，无明显的四季之分，一年之中的温差变化极小，平均温度在26～30℃、内地山区年均气温22～28℃，沿海平原为25～30℃。马来西亚全年雨量充沛，3月至6月及10月至次年2月是雨季。

二、社会概况

1. 历史沿革

马来半岛的历史悠久，从公元1世纪初马来半岛就建立了羯荼、狼牙修、古柔佛等古国。早期的马来半岛受印度文明的影响颇多，伊斯兰教早在10世纪就传至马来西亚，直到14世纪和15世纪，伊斯兰教奠定了根基。15世纪初以马六甲为中心的满剌加王国统一了马来半岛的大部分。马六甲的统治消失后，这个地区分裂成众多互相争战不停的小国家，其中最突出的是马六甲苏丹王朝。

16世纪末，欧洲殖民势力开始逐渐在这个区域扩张，先后被葡萄牙、荷兰、英国占领。到18世纪，马来西亚对欧洲经济增长的重要性愈显突出。尤其英国与中国之间的茶贸易，增加了对马来西亚的高质量的锡的需求，锡用在茶叶箱的内衬，具防潮作用。马来西亚的胡椒在欧洲也享有盛誉，而且在吉兰丹和彭亨有金矿。锡矿和金矿及其附属工业的发展，导致了第一批外来移民涌入马来人的世界，一开始是阿拉伯人和印度人，后来则是华人。华人定居在城镇并很快掌控了这里的经济活动，奠定了往后200年的马来西亚。

1942年至1945年马来西亚被日本占领。1957年多民族的马来亚联合邦宣告独立。

马来西亚国旗

1963年8月31日，英属的新加坡和北婆罗洲宣告独立。1963年7月22日，沙捞越宣告独立，并与马来亚联邦以国家身份于9月16日组成马来西亚联邦。1965年8月8日，以巫统为首的国阵执政联盟利用其国会优势通过决议，将新加坡驱逐出马来西亚。1969年，马来西亚内部的矛盾导致了种族冲突的爆发，马来西亚进入紧急状态，政治生活和国民自由都受到了限制。从1970年开始，马来西亚全国巫人统一机构在华人和印度人领袖的协助下组成国民阵线，在马来西亚达到一党制的地步。在巫统的统治下，马来西亚经济快速发展，到1990年几乎达到发达国家的水平，政治权利从此时也开始向马来人转移。

2. 国家象征

马来西亚国旗又被称为“辉煌条纹”。国旗呈横长方形，长与宽之比为2∶1。国旗主体部分由十四道红白相间宽度相等的横条所组成，左上方有一深蓝色的长方形，上有一弯黄色新月和一颗14个尖角的黄色星。14道红白横条和14角星代表全国13个州和联邦直辖区。蓝色象征人民的团结及马来西亚与英联邦的关系（英国国旗以蓝色为旗底），黄色象征皇室，红色象征勇敢，白色象征纯洁，新月象征马来西亚的国教伊斯兰教。

马来西亚国徽

马来西亚国徽呈盾形。盾徽上面绘有一弯黄色新月和一颗14个尖角的黄色星，盾面上的图案和颜色象征马来西亚的组成及其行政区域。盾面上部列有5把入鞘的短剑，它们分别代表柔佛州、吉打州、玻璃市州、吉兰丹州和登嘉楼州。盾面中间部分绘有红、黑、白、黄4条色带，分别代表雪兰莪州、彭亨州、霹雳州和森美兰州。盾面左侧绘有蓝、白波纹的海水和以黄色为地并绘有3根蓝色鸵鸟羽毛，这一图案代表槟榔屿。盾面右侧的马六甲树代表马六甲州。盾面下端左边图案中绘有强健的褐色双臂，双手紧握沙巴州旗，代表沙巴。盾面下端右边绘有一只红、黑、蓝3色飞禽，代表沙捞越州。盾面下部中间的图案为马来西亚的国花木槿，当地人称“布呢拉亚”。盾徽两侧各站着一头红舌马来虎，两虎后肢踩着金色饰带，饰带上书写着格言“团结就是力量”。

马来西亚国歌是《我的国家》。

国花是木槿花（又称大红花、扶桑），马来西亚人民用这种红彤彤的木槿花比喻热爱祖国的烈火般的激情。

3. 行政制度

马来西亚实行君主立宪制。马来西亚宪法规定，马来西亚的国家元首称为马来西亚最高元首，最高元首为国家最高领导者、伊斯兰教领袖兼武装部队统帅，由统治者会议选举产生，任期5年。最高元首拥有立法、司法和行政的最高权力，以及任命总理、拒绝解散国会等权力。而政府由国会下议院最大党或联盟所组成，领袖称首相。议会也称国会，是马来西亚最高立法机构，由上议院和下议院组成，议员任期5年。

马来西亚注册政党有40多个，国民阵线是由14个政党组成的执政党联盟，是在马来亚联盟党的基础上扩大而成的，各成员党相对独立。大选时各党采用统一的竞选标志和宣言，候选人议席内部协商分配。

目前马来西亚司法制度最高裁决法院为联邦法院，联邦法院之下设有上诉庭，上诉庭负责复审来自高级法院之上诉案件，紧接着的下一级的法院是马来亚高级法院（负责西马）和婆罗洲高级法院（负责东马），各州设有地方法院，各区又设有推事庭。另外还有特别军事法庭、伊斯兰教法庭、小额诉讼仲裁庭。

4. 经济结构

马来西亚经济自1990年起进入飞速发展阶段，是当时的“亚洲四小虎”之一。目前，马来西亚已成为亚洲地区引人注目的多元化新兴工业国家和世界新兴市场经济体。

工业。马来西亚近年来在电子、汽车、钢铁、石油化工和纺织品等方面发展非常迅猛。如今，马来西亚将出口导向型作为发展经济的重中之重。马来西亚是生产及出口半导体、视听器材、空调、橡胶产品及人造油产品居于领先地位的国家。马来西亚以锡、石油和天然气开采为主。

马来西亚制造业以食品制造、电子电器业、木制品业、炼油业、橡胶产品业和非金属矿产品业为主。马来西亚的电子制造业已经成长为国民经济的重要支柱产业。马来西亚电子制造业主要涵盖电子元件和电路板制造、消费电子产品制造、计算机和周边设备、通信设备制造等领域。世界上有1/3的半导体是在马来西亚的槟城装配的，众多的电子供应商、采购商和制造商聚集在槟城，使今日的槟城有“东方硅谷”之称。

在马来西亚，汽车工业被认为是最重要、最具战略意义的行业之一。马来西亚主要有三个汽车制造商：宝腾、派洛多和韩国KIA。其中，宝腾是马来西亚民族汽车工业的标志，是马来西亚最大的汽车公司。

农业。马来西亚的农业种植以经济作物为主，主要有油棕、橡胶、热带水果等。粮食自给率约为70%。马来西亚森林覆盖率约为75%，盛产热带林木。渔业以近海捕捞为主。

服务业。自20世纪70年代以来，马来西亚服务业得到了迅速发展，成为国民经济发展的支柱性行业之一，全国几乎一半的人口从事服务业。马来西亚服务业范围广泛，包括水、电、交通、通信、批发、零售、饭店、餐馆、金融、保险、不动产及政府部门提供的服务等。

旅游业。旅游业是马来西亚第三大经济支柱，也是第二大外汇收入来源。目前拥有饭店约1 878家，饭店入住率55.3%。1990年和1994年先后举办两届马来西亚观光年。

贸易。马来西亚是世界第18大贸易国。马来西亚的主要出口市场为新加坡、中国、日本。马来西亚政府大力吸引外资，主要外资来源地为日本、荷兰、澳大利亚、美国和新加坡，主要进口机械运输设备、食品、烟草和燃料等。

货币。马来西亚货币名称为林吉特。

5. 人口、民族和信仰

人口。截至2015年，马来西亚总人口30 638 600人。其中马来人占55%，他们在政治上具有主导权；华人占24%，他们在经济及贸易领域也扮演着主要角色；其余的印度人占7.3%，其他种族占0.7%。

语言。马来西亚的国语为马来语，通用英语，华语的使用也较广泛。

宗教。马来西亚是一个多民族、多元文化的国家。宪法规定伊斯兰教为国教，其他宗教有佛教、印度教和基督教等。

三、节庆与习俗

1. 节庆

开斋节：开斋节是马来人的新年。每逢伊斯兰教历9月，全国穆斯林都要实行白天斋戒禁食，斋月后第一天就是开斋节。节日前夕穆斯林要进行慈善捐赠活动。节日清晨，穆斯林们在教堂举行隆重的祷告仪式，之后互相祝贺。节日里，人们从四面八方赶回家里，同亲人团聚，亲朋好友互相拜访，祝贺佳节。

春节：春节是华人的新年，节日的风俗和中国的春节大致相同。每逢农历正月初一，马来西亚到处张灯结彩、敲锣打鼓，华人们相互登门，互道“恭喜发财”，其他民族人士也登门祝贺。这一天华人还举行团拜，舞龙舞狮，以驱邪逐妖，迎接新的吉祥年。

国庆节：国庆节又名“独立日”。每年8月31日，全国各地举行庆祝会，吉隆坡要举行盛大的庆祝游行和集会，各电影院为学校儿童免费放映电影。

屠妖节：屠妖节是印度人的新年。10月和11月间，在月圆后的第15天看不见月亮的日子举行。清晨，印度教徒在沐浴后，全身涂上姜油，穿上新衣，全家老小用鲜花祭神。印度庙里挤满了善男信女，妇女们供上槟榔叶、槟榔、香蕉和鲜花，向神顶礼膜拜，祈求幸福。节日里，家家户户香烟缭绕，灯火通明，所以又叫“光明节”。

圣诞节：马来西亚的基督教徒，像世界各地的教徒一样虔诚庆祝耶稣基督诞生的日子。

圣纪年：先王穆罕默德诞辰日，是伊斯兰教徒的节日。每年伊斯兰教历3月12日，首都数十万伊斯兰教徒在最高元首的率领下，前往清真寺举行隆重的祷告仪式，然后举行盛大的游行庆祝活动。

最高元首（在任）诞辰：这一天，首都举行各种各样的庆祝活动，包括免费看电影和欣赏文艺节目。国家王宫向公众开放参观。最高国家元首向对国家和社会做出贡献的人士颁发勋衔和奖章。当天全国的清真寺还举行特别的祈祷仪式。

2. 习俗与禁忌

人们见面时，西式的握手问好是最普遍的见面礼，不论在马来人、华人或印度人之间都可以通用。马来西亚人路遇相识的人，都要相互问候。他们特别注重社交上的衣冠整洁。无论谁到他们的家中访问，进内厅前必须先将鞋脱掉，放在楼梯口或门口，然后方可进屋。主人对来访宾客十分热情，一般都要用当地驰名的马来糕饼或点心、茶、咖啡、冰水及栳叶（一种当地的药用植物叶）来招待，以示对客人的尊敬。人们时间观念较强，讲求信义，对事先的约会，一定会按时赴约。马来西亚人大多喜欢谈论一般事务、家庭生活、体育运动和食品之类的话题。

马来西亚人普遍喜爱绿色，并视绿色为吉祥之色。马来西亚伊班族人崇拜犀鸟，并把其奉为神灵。他们相信有犀鸟的保佑，就会吉祥如意，就会有好收成。马来西亚的婚俗也很特别，不是女子出嫁，而是男子出嫁，男子要到女方家去落户。

在马来西亚不能用食指指人，若要指示方向，只能用拇指。与马来人打招呼、握手、馈赠礼品或接物时不能用左手。他们认为左手是卑贱和不洁净的，使用左手是对人的极大不敬，是令人不能接受的。马来西亚的马来人认为，宾客若在主人家不吃不喝，是对主人的不尊敬，并会引起主人的反感，有的甚至会被视为不受欢迎的人。

马来西亚人认为他们的头部、背部是神圣不可侵犯的，若有他人触摸他们的头部或拍打后背等，是不会得到好言相待，甚至会闹出乱子的。他们忌讳双腿分开坐和翘着“二郎腿”，认为这是极不文明的举止。不要把脚底展露在他人面前，用脚底对着人是对别人的侮辱。

在穆斯林式的宴席上，千万不要用左手去触碰食物。穆斯林人不吃猪肉，也不喝带酒精的饮料。印度教徒和某些佛教徒不吃牛肉。按传统习惯，马来人和印度人用手取食，华裔则用筷子和汤匙。他们重视饭前洗手。一般他们都愿意用水冲洗，不愿用湿毛巾干擦。另外，他们还喜欢在餐桌上备有“水盂”，以供他们用餐过程中随时浸涮手指。

3. 饮食文化

马来西亚拥有亚洲种类最多、不同文化与烹饪方式的美食。独一无二的 Peranakan 或娘惹食品，是融合华人与马来人烹饪风格的精华。“娘惹”原本是指华人与马来人婚配的后代子裔，尤其是指女性，后来演变成泛指华人与马来人相融的文化，这也包含饮食在内，因此在马来西亚也能吃到很多的娘惹菜，如甜酱猪蹄、煎猪肉片、竹笋炖猪肉等。

马来食品一般采用家中栽种的素材。椰子、辣椒、香茅、柚子、香料与咖喱粉是烹煮鱼、肉和蔬菜的基本材料。华人的主食是米饭配上肉类或蔬菜，还有各种不同种类及组合的美味面食。融合南、北两方烹饪方式的印度美食，更是独具一格。一种广受欢迎的印度回教徒食物 Nasi Kandar 是以米饭配搭香浓咖喱汁煮成的鸡肉、牛、羊或者鱼肉。在沙捞越，米饭和肉类被放置在空心竹子内，再以慢火烧烤；沙巴州的特产则是腌制食品。

马来西亚的驰名食品莫过于沙爹，其制作方法是将卤过的牛肉或鸡肉串成肉棒，然后在炭火上烧烤，佐以甜中带辣的花生酱汁，再配上黄瓜、洋葱和一种称为 KETUPAT 的马来饭团（裹上棕叶煮成的）一起食用。

广受欢迎的马来风味早餐椰浆饭是一种既香又辣的饭食。其中，饭是以椰浆蒸煮而成，佐以咖喱鸡、牛肉或鱿鱼，以及黄瓜、炒江鱼仔以及三巴辣椒酱，整齐地端放在香蕉叶片里，是一道不可抗拒的美食。

马来西亚盛产不同种类的热带水果，水果分为季节性和非季节性两种。山竹肉白多汁，味道甜美。榴梿以它浓烈的气味被冠称“果中之王”。

马来西亚白咖啡是咖啡豆不加焦糖直接低温烘焙，时间是高温炭烤的 2.5 倍，研磨成咖啡粉。就是由于这一工序去除了一般高温热炒及炭烤的焦枯、酸涩味，而且保留了原始咖啡的自然风味及浓郁的香气，令人回味无穷，香浓顺口而心动，泡出来的咖啡色泽奶白金黄，称其为“白咖啡”，味道芳郁香滑顺喉。

四、旅游资源与主要旅游地

马来西亚的旅游资源十分丰富，拥有很多高质量的海滩、奇特的海岛、原始热带丛林、珍贵的动植物、洞穴、古老的民俗民风、历史文化遗迹以及现代化的都市。马来西亚属热带海洋性气候。终年炎热多雨，6—7 月为旱季，10—12 月是雨季。东岸每年 11 月到次年 1 月是雨季，最好避开这段时间。

1. 沙巴

沙巴享有风下之地或是风下之乡的美誉，原因是沙巴的位置在饱受台风肆虐的菲律宾之南，但台风不会经过这里。沙巴有很多闻名世界的观光区：神山公园，坐落在神山山脚下，气候凉爽，是个避暑的好地方；东姑阿都拉公园由五个岛屿组成，距离亚庇市区大约 30 分钟车程，是潜水爱好者的好去处。那里的海水清澈见底，还可以看见鱼儿游来游去；此外还有西比洛人猿保护中心、哥曼洞、西陵安海龟岛、丹浓谷自然保护区、西巴丹岛、马廖盆地、沙巴州博物馆。

沙巴群岛

2. 槟城

槟城以槟榔树而得名，并有“印度洋绿宝石”之称，这里既有美丽的海滩与原野风光，又有众多的名胜古迹。

槟城的主要山麓有西山、虎山、草莓山，是当地居民避暑胜地。槟城植物园主要以种植热带经济作物、搜集热带植物物种为目的。园地占地 30 公顷，瀑布奔流期间，边界以原始热带雨林围绕，形成一个兼具英式庭园与槟城本地风景的植物园。园中的野生猴子为其另一特色。

极乐寺，依山而建，分为三层，被誉为东南亚最雄伟的佛教寺庙之一，是一座糅合了中国式、泰式和缅甸式建筑风格的寺庙。

卧佛寺建于 19 世纪，位于车水路，融合了中国、泰国和缅甸的建筑风格，华丽且精雕细琢。寺内供奉一尊长达 33 米，排名世界第三大的卧佛像，仅次于缅甸和泰国的大佛。

“蓝屋”是百年前南洋华人首富张弼士的豪宅，1995 年修复成展览馆、酒店，建筑非常壮观，巧妙融合中西文化风格，令人印象深刻。

3. 沙捞越

沙捞越是马来西亚最大的州，分散着 27 种部落民族，是一个多文化的地域。沙捞越向来是以大自然生态及丰富文化而闻名世界。沙捞越被称为“犀鸟之乡”，犀鸟是沙捞越受保护的一种鸟类，是沙捞越州的象征。在沙捞越，每公顷的树林种类比整个北美洲还多，一棵参天大树上有上千种昆虫。

河流是沙捞越生活的一部分，在许多地区，河流是主要的交通路线及向外沟通的必要工具。在河流两岸分布着雨林以及许多部落的长屋。拉让江是沙捞越最长的一条河，流经加拿逸 KANOWIT 及桑坡 SONG 河岸边的部落居住地区。这一带主要是伊班族居住的地区。沙捞越地洞是世界上第二大的天然洞穴，宽 450 米，高 100 米。

4. 马六甲

马六甲是马来西亚历史最悠久的古城，马六甲州的首府。这里有中国式的住宅、荷兰式的红色楼房和葡萄牙式的村落。市内古代修建的街道，至今依然保存完好，处处显示出马六甲这个历史古都的独特风貌。

马六甲行政中心，位于圣保罗丘陵广场。行政中心附近有“马六甲志愿团纪念碑”，纪念在第二次世界大战中阵亡的将士；另外还有英国维多利亚女王登基 60 周年大理石纪念碑、荷兰东印度公司的匾额等。

圣保罗教堂位于市中心圣保罗山上，1521 年建成，是葡萄牙人在马六甲最早建立的天主教堂。

青云亭是马来西亚最古老的中国寺庙，建于 1946 年，为纪念中国明朝使节而建，供奉天后娘娘及观世音菩萨，又称“观音亭”。整座寺庙全部为楠木结构，雕梁画栋，金碧辉煌。

马六甲水运

三宝山，又叫中国山，是明代三宝太监郑和的军队驻扎地，也是明朝公主下嫁马六甲时的居所。山上的宝山庙供奉着郑和的戎装塑像。庙右侧的三宝井，是马六甲最古老的水井，相传是1409年郑和率军到此为寻找饮用水而挖掘的。

马六甲博物馆位于市区东部、马六甲河畔，建于17世纪，是东南亚古老的荷兰式建筑之一，原为荷兰总督的居所，因为其墙、木门均为红色，当地人称它为“荷兰红屋”。馆内保留了马六甲各个时期的历史遗物，包括荷兰古代兵器、葡萄牙人16世纪以来的服装、马来人婚嫁服饰，金、银、珠宝手工艺品以及在马六甲港口停泊的各类古代船只的图片等。馆内还收藏有稀有的古代钱币和邮票。

案例回放

马来西亚是一个多民族、多元文化的国家，宪法规定伊斯兰教为国教。进入到国家清真寺有相关的习俗禁忌。

(1) 游客入寺参观须脱鞋并着装整洁，进入此圣地，必须严肃端庄，衣着得体，寺内也有专门的长袍提供给游客；踏入此地要脱鞋，表示心中的虔诚，女士另有入口。游客要详细了解寺内的规定，才能避免不必要的误会，完成寺内圣洁之旅。

(2) 女士要穿着长袖长裤将手脚遮住，还要戴头巾将头发盖住。清真寺内还为没有穿正式服装的游客准备了长袍，供人使用。

(3) 不是穆斯林不能进入祈祷大殿。

(4) 五岁以下儿童不允许入寺。

实训项目

马来西亚人的习俗与我国的习俗异处甚多，所以必须加以留意，以免无意中犯了禁忌，造成失礼，或引起误会与无谓的纷争。那么，请你为游客讲解到马来西亚旅游时的注意事项。

第九节 印　　度

导读：印度共和国（英文：Republic of India），通称印度，面积为298万平方千米，是南亚地区最大的国家。截至2015年，印度人口已经达到12.89亿，是世界上仅次于中华人民共和国的第二人口大国。印度斯坦族是印度人口数量最多的民族，该族占印度总人口的46.3%。印度有大约2 000种语言，印地语为官方语言。印度首都为新德里。

知识点：了解印度的基本概况和历史；掌握印度的民俗风情；掌握印度的主要旅游资源。

技能点：能根据所学知识向印度游客提供合理优质的接待服务；能根据印度的旅游资源设计合理的出境游线路。

案例导入

甘地陵

甘地陵位于印度首都新德里东郊的亚穆纳河畔，是焚化甘地遗体之处。甘地是印度近代史上一位杰出的政治家，他为反对英国殖民统治，争取印度独立奋斗了毕生，被印度人尊为

“国父”。凡是到印度访问的外国领导人，都要去谒拜甘地陵，献上花圈，有的还在陵园南门栽种常青树，表示对甘地的尊敬。到新德里的游客，也都愿来这里瞻仰一番。

甘地陵墓并不高大，但占地面积不小。所有前来瞻仰的人，在围墙大门前都必须脱鞋、赤脚或穿着袜子进入，以示尊敬。甘地陵外形简朴大方，从远处看，像一座没有顶盖的大土坟，四周长满青草。陵园有两个红砖修建的小门，沿一条砖铺的小径进入陵园，陵园呈圆形，四周围墙上爬满青藤，干粗叶茂，青翠婀娜。陵园中央是甘地墓，坐北朝南，用黑色大理石砌成，为一个长宽均为3米的正方形平台，高约1米。它的北头有一个绿色的栅栏，围着一只镶着铜边的玻璃罩，罩着一盏长明灯，火苗冉冉，终年不息。

问题：请分析甘地在印度历史上的地位。

德里红堡

一、自然环境

印度共和国，通称印度，面积为298万平方千米，南亚地区最大的国家。东北部同中国、尼泊尔、不丹接壤，东部与缅甸为邻，东南部与斯里兰卡隔海相望，西北部与巴基斯坦交界。东临孟加拉湾，西濒阿拉伯海，海岸线长5 560千米。

印度地势低矮平缓，平原约占总面积的40%，总体上分为三部分：北部山岳地区，中部印度河、恒河平原，南部德干高原及其东西两侧的海岸平原。

印度大部分属于热带季风气候，降雨量忽多忽少，分配不均，在2 000～4 000毫米不等。一年分为凉季（10月至翌年3月）、暑季（4月至6月）和雨季（7月至9月）三季。西北部属山地气候，印度河平原属亚热带草原、沙漠气候，西南部为热带雨林气候。印度最冷的月份为1月，北方平均气温15℃，南部平均气温高达27℃。夏季从3月份开始，大部分地区气温高达40℃，西南沿海平原在29～32℃。

二、社会概况

1. 历史沿革

印度历史悠久，是世界四大文明古国之一。已知的最古老的印度文明是公元前第三千纪的印度河流域文明。取代印度河流域文明的是由西北方进入印度的雅利安人带来的吠陀文化，它被认为是古典印度文化的起源。这一时期出现了种姓制度，也出现了许多哲学或宗教流派，其中影响最为久远的即是佛教和耆那教。

公元前6世纪末期，旃陀罗笈多赶走了希腊人在旁遮普的残余力量，逐渐征服北印度的大部分地区，击退了塞琉古一世的入侵，建立了印度历史上的第一个帝国式政权孔雀王朝。孔雀王朝终于在阿育王时期达到巅峰。伊斯兰对印度的统治开始于11世纪，是由中亚的突厥人进行的。1526年建立的莫卧儿帝国是当时的世界强国之一。

1849年，英国东印度公司成功掌握了印度全境的统治权。1857年，印度全境爆发了印度民族大起义，反抗英国殖民者，但很快被镇压了，不过印度也由东印度公司的统治转为英国直接统治，成立印度政府，结束了名义上的莫卧儿帝国。

在第二次世界大战中，印度民族运动继续发展。第二次世界大战结束后，英国实力急剧衰落，1947年英国提出蒙巴顿方案。根据该方案，1947年8月15日英国在印度的统治宣告结束。

独立后的印度共和国倾向于社会主义，并仿照苏联制订了经济发展的五年计划。印度于1975年吞并锡金王国，将原锡金王国设为所谓的锡金邦。21世纪初的印度，已成为世界新兴经济体之一。

2. 国家象征

印度国旗为长方形，长宽之比为3:2。全旗由橙、白、绿三个相等的横长方形组成，正中心有一个含24根轴条的蓝色法轮。橙色是印度教士法衣的颜色，象征了勇气、献身与无私。白色代表了真理与和平。绿色则代表繁荣、信心与人类的生产力。法轮是印度孔雀王朝的第三位君主阿育王在位期间修建于佛教圣地石柱柱头的狮首图案之一。一般说来，人们笼统地称它为“阿育王法轮”（阿育王笃信佛教，对佛教的传承与发展有着莫大的贡献）。神圣的“阿育王法轮”象征着真理与道德，也代表了印度古老的文明。法轮的24根轴条代表一天的24小时，象征国家时时都向前进。

印度国旗

印度国徽图案来源于孔雀王朝阿育王石柱顶端的石刻，以此来弘扬印度悠久的文化和历史。圆形台基上站立着三只金色的狮子，象征信心、勇气和力量。台基四周有四个守卫四方的守兽：东方是象、南方是马、西方是牛、北方是狮。雄狮下面中心处是具有古老印度教色彩的法轮；两边的守兽象征具有悠久历史的农业以及坚定不移的决心和毅力；图案下面有句用梵文书写的、出自古代印度圣书的格言“唯有真理得胜”。

印度的国歌是《人民的意志》。

印度的国花是荷花。

3. 行政制度

印度是一个联邦制共和国，采取英国式的议会民主制。总统是国家元首和武装部队的统帅，总统由上下两院和各邦议会的选举团选出，每届任期五年。在印度总统的职责是象征性

印度国徽

的，因为总理领导的部长会议掌握实权。议会多数党向总统提名总理人选，由总统任命总理。

印度的议会享有立法权，分为上下两院。上院称为联邦院，下院称为人民院。联邦院议员不超过 250 人，联邦院不能提前解散，每年改选 1/3 的议员。人民院有议员 545 人，人民院可以提出解散，议员任期 5 年。

印度的最高司法权力机关是最高法院，有权解释宪法、审理中央政府与各邦之间的争议问题等。最高法院法官由总统委任。总检察长由总统任命，其主要职责是就执法事项向政府提供咨询和建议，完成宪法和法律规定的检察权，对宪法和法律的执行情况进行监督等。

印度国民大会党是印度最大的资产阶级政党，曾经领导印度人民进行反对英国殖民统治和争取印度独立的斗争，在印度独立后长期执政。

4. 经济结构

印度是世界上发展最快的国家之一，但由于印度人口众多，平均国民生产总值很低。社会财富在印度的分配极度不平衡，全国 10% 的人口掌控全国 33% 的收入，全国有 1/4 的人口无法温饱。印度经济以耕种、现代农业、手工业、现代工业以及其支撑产业为主。目前，虽然印度有 2/3 人口仍然直接或间接依靠农业维生，但印度已然成为 21 世纪全球最主要的资讯服务业生产国、计算机软件出口国。

工业。印度的工业体系完整，其中纺织、食品、精密仪器、汽车、软件制造、航空和空间等工业发展迅速。印度拥有两大汽车企业：塔塔汽车和马亨德拉。

农业。作为农业大国，印度是世界上最大的粮食生产国之一，因为印度有着得天独厚的自然条件，在热带季风气候及适宜农业生产的冲积土和热带黑土等肥沃土壤条件的配合下，农作物一年四季均可生长。印度的主要农作物包括稻谷、小麦、棉花、黄麻、甘蔗、茶叶等。

旅游业。旅游业是印度政府重点发展的产业，也是重要就业部门，提供 2 000 多万个岗位。入境旅游人数逐年递增，旅游收入不断增加。主要旅游点有阿格拉、德里、斋浦尔、昌迪加尔、那烂陀、迈索尔、果阿、泰姬陵、海德拉巴、特里凡特琅等。

贸易。印度的主要贸易伙伴有美国、中国、德国、阿联酋、沙特、新加坡、英国、瑞士、法国、伊朗、日本、中国香港等。主要出口商品为：制成品主要包括纺织品、珠宝、机械产品、化工产品、皮革、手工艺品等；初级产品主要包括农产品和矿产品；石油类产品主要包括成品油、原油和石油产品等。主要进口商品为石油产品、电子产品、金银、机械、化工产品。

货币。印度的货币名称为印度卢比。

5. 人口、民族与信仰

截至 2015 年，印度人口已经达到 12.89 亿，占世界总人口的 17.6%，是世界上仅次于中华人民共和国的第二人口大国。印度斯坦族是印度人口数量最多的民族，该族占印度总人口的 46.3%。

印度的语系主要有印欧语系、汉藏语系、南亚语系、德拉维达语系，语言复杂。另外还有其他 21 种少数民族的预定官方语言。印度有大约 2 000 种语言，其中 55 种有自己的文字和文学。印度的官方语言是印地语，30%人口使用。英语保有“第二附加官方语言”的地位，也是全国性的通用语言，主要在政治和商业交往场合使用。

印度的每个宗教在次大陆都有它的信徒，约有82%的居民信奉印度教，其余的宗教占比为伊斯兰教12%，基督教2.3%，锡克教1.9%，佛教0.8%。整个印度次大陆遍布无数美丽的庙宇、雄伟的教堂、宏大的清真寺、香火旺盛的佛教寺庙、犹太教堂和拜火教寺院。

印度首都为新德里，位于印度恒河支流亚穆纳河畔，包括新、老德里和郊区乡村在内，面积1 485平方千米，是全印度的政治、经济、文化中心和铁路、航空枢纽。

三、节庆与习俗

1. 节庆

印度共和日：每年1月26日举行。1950年1月26日，印度议会通过了印度共和国宪法，印度建立共和国。为了庆祝共和日，各邦首府均有庆祝盛会及巡行，而以首都新德里的巡行最壮观。

共和日阅兵

独立日：每年8月15日，庆祝1947年8月15日印度人民摆脱英国殖民统治，取得独立。独立节这一天，印度总理要在德里的红堡上升起三色国旗，发表讲话，总统要向全国人民致辞祝贺独立节。

独立日庆祝活动

湿婆神节：也叫湿婆神之夜节，在印度教寺庙庆祝，时间在公历2—3月。节日期间，不分男女老幼、高低贵贱都要斋戒。

洒红节：就是泼水节，是印度教纪念黑天的节日。这个节日由来已久，它源于古时的丰收祭仪，在每年2月份到3月份的时候会举行洒红节。节日期间，成群结队的印度教徒会载歌载舞，举行盛大的篝火晚会，庆祝春天来临。人们也会互相泼水，向路人撒红粉或红水。

佛诞节：是印度教教徒非常重要的日子，主要为了纪念佛祖释迦牟尼诞生，在每年公历5月至6月期间举行。各国的佛寺及僧众都要举行诵经法会，并根据“佛生时，龙喷香雨浴佛身”的传说，用香水洒洗佛身。同时，崇佛之家还要以花献佛，祭拜佛祖，施舍僧人。

灯节：是印度教徒四大节日之一，这个节日举行的时间在每年10月份到11月份。灯节这一天，全国各地的印度教神庙显得格外热闹，人山人海。妇女们虔诚地手捧摆满祭品的盘子，缓步朝庙堂走去。祭祀仪式开始时，人们双手合十，闭合双眼，对着神灵，默默祷告。祈祷结束之后，祭司在教徒的前额上点上白灰、朱砂等，然后给教徒一点神赐的圣水和祭物。庆祝灯节会使人的身心得到净化，逢凶化吉，同时表示光明战胜黑暗、善良战胜邪恶。

2. 习俗与禁忌

印度的传统见面礼是双手合十，举于胸前，并面带微笑地道一句“纳玛斯戴”（“纳玛斯戴”在印度语中是一个表示吉祥和尊敬的词语）。印度人在见到自己最敬重的人时则要行触脚礼，即见面后俯下身去触对方的脚，然后再摸一下自己的额头，这是表示对尊敬者的最高礼节。现代的城市居民见面时更多的是行握手礼。但千万要注意的是，决不能伸出左手和别人握手，因为印度人认为左手是不洁的，用左手握手被视为是对人的不敬和侮辱。

印度人的家里一般都铺有一块地毯，客人和主人均席地盘膝而坐，即“结跏趺坐”，将两脚交叉叠放于两腿之上，双手放在双膝上。

到印度庙宇或家庭做客，进门必须脱鞋。迎接贵客时，主人常献上花环，套在客人的颈上。花环的大小长度视客人的身份而定。主人会给你戴花环，你应马上把它取下来以示谦让。做客时可以带水果和糖果作为礼物，或给主人的孩子们送点礼品。印度人喜欢谈论他们的文化业绩、印度的传统、有关其他民族和外国的情况；不要谈及个人私事、印度的贫困状况、军事开支以及大量的外援。

印度人对蓝孔雀十分崇拜，并将其视作吉祥、如意、幸福的象征。印度是个极为尊重牛的国家，印度教徒把牛奉为神明。按他们的习惯，每逢饭前都要首先敬牛。还有的人敬狗、敬蛇、敬老鼠等。

印度人是用摇头表示赞同，用点头表示不同意。

人们用手抓耳朵表示自责；召唤某人的动作是将手掌向下摆手指，但不能只用一个指头；指人时也要用整个手掌，不能用一两个指头。

印度教徒死亡时，都会在河坛举行火葬仪式。印度教徒去世后，家人会以黄色或白色绢布包裹尸体，然后放在两根竹制担架上，以游行方式抬到河坛火葬地点。

印度人的婚礼是社会地位的代表，也是一生中重大的仪式。印度青年到了适婚年龄，都会由父母代替寻找社会阶级、语言相同以及星相可以配合的对象。婚礼当天，新郎官骑着一匹白马浩浩荡荡地来到新娘家，这时女方家里已经架起火坛，双方亲友在祭司念诵的吉祥真言中，绕行火坛祝祷。之后，新娘在女伴的簇拥下走到火坛前面，由祭司将新娘的纱丽和新郎的围巾系在一起，代表婚姻长长久久。印度婚礼的晚宴是在新娘家里进行，一对新人坐在婚宴中接受亲友的祝福，婚礼当天晚上新郎是在新娘家过夜，翌日才将新娘迎娶回家。

在印度，大多数人信奉印度教。印度教徒最忌讳众人在同一盘中取食，也不吃别人接触过的食物，甚至别人清洗过的茶杯，也要自己再洗涤一遍后才使用。伊斯兰教徒禁食猪肉。也忌讳使用猪制品。由于印度人敬牛如神，所以他们也禁食牛肉，忌讳用牛皮制品。印度耆那教徒有忌杀生，忌食肉类，忌穿皮革和丝绸的民间习俗。他们甚至把飞虫等都列入不能误伤的忌项，就连地里种的萝卜、胡萝卜等蔬菜也都忌吃。

印度人忌讳白色，认为白色表示内心的悲哀，习惯用百合花当作悼念品。他们忌讳弯月的图案。他们把 1、3、7 视为不吉利的数字，所以总要设法避免这些数字的出现。他们忌讳左手传递东西或食物，也不愿见到有人使用双手与他们打交道。忌讳用澡盆给孩子洗澡，认为是“死水”，是不人道的行为。

3. 饮食文化

没有一个国家的饮食文化像印度那样，具有如此明显的宗教色彩，如此深刻的文化意蕴。印度虔诚的佛教徒和印度教徒都是素食主义者，耆那教徒更是严格吃素，吃素的人占印度人口一半以上。因此，可以毫不夸张地说，印度是素食王国，素食文化是印度饮食文化中最基本的特色之一。

受宗教禁忌的影响，烟酒在印度不怎么流行，宴会上印度人几乎不劝酒，嗜酒成瘾者或酒量很大者极少。印度抽烟的人极少，公务往来和红白喜事，从未有人敬烟。

由于地理、气候等的差异，印度人的饮食南北方有很大差别。南印度菜口味较重，以酸、咸、辣为主，原料多用椰子，菜式简单；北印度的口味与南部相比要清淡得多，人们吃饭时也添加咖喱、辣椒、洋葱等以刺激食欲，但远不如南方人夸张。

在某种意义上说，印度饮食文化也可以称为咖喱文化，这种饮食文化以香辣味道为特色。印度人做菜用得最多、最普遍的是咖喱粉。印度人对咖喱粉可谓情有独钟，几乎每道菜都用，咖喱鸡、咖喱鱼、咖喱土豆、咖喱菜花、咖喱汤，等等。鲜青柠檬汁是印度菜不可或缺的配料之一，用青柠檬而不是散发着浓香的黄柠檬来配菜，可以保证食物固有的香味不受破坏，更突出了食物的原味及咖喱的本真味道。

印度人的主食是麦面饼和大米，每餐都是先吃饼，然后再吃米饭。印度的米饭质量很高。印度产一种世界有名的大米，米粒饱满纤长，质地松软，放多些水蒸煮不会黏糊，呈现出润泽的金黄色，味道浓香。

至于中国人所谓的“印度飞饼”，在印度称之为“加巴地”，似乎更应称作是一件绝妙的手工艺品。印度人做“加巴地”时，先利索地和面，捏成一个小圆团，再擀几下，便放入小平锅中加热。在小平锅旁边还有一个简易的小炉子，燃着蓝色的火苗，可是上面却没有锅。当平锅中的饼快熟，有点胀起来的时候，厨师会利索地用手把它拎起来，一下子扔到旁边那个炉子的火中去。

在印度最受人们欢迎的一种特色饮料叫“拉茶”。这种饮料让茶叶汁、鲜牛奶、咖喱汁等充分混合。喝一口“拉茶”，浓烈的茶香、奶香混合着咖喱香，充满整个味蕾。

四、旅游资源与主要旅游地

印度是四大文明古国之一，是印度教和佛教的发源地，因此印度具有丰富的文化遗产和旅游资源。印度的气候变化非常大，每个地区气候都不太一样，所以很难选择一个合适的时间前往印度。但总体来说，10 月至次年 3 月是印度最适宜的游览时间。

1. 泰姬陵

泰姬陵，世界文化遗产，是印度穆斯林艺术最完美的瑰宝，被誉为“完美建筑”“印度明珠”“世界新七大奇迹”。泰姬陵是莫卧儿皇帝沙贾汗为纪念他心爱的宠姬泰姬·玛哈尔修筑的陵墓。

陵园正中央是陵寝，在陵寝东西两侧各建有清真寺和答辩厅这两座式样相同的建筑，两座建筑对称均衡，左右呼应。陵的四方各有一座尖塔，高达 40 米，内有 50 层阶梯，是专供穆斯林阿訇拾级登高而上的。大门与陵墓由一条宽阔笔直的用红石铺成的甬道相连接，左右两边对称，布局工整。在甬道两边是人行道，人行道中间修建了一个“十”字形喷泉水池。

泰姬陵

这座伊斯兰风格的建筑全部用白色大理石建成，主建筑四边各长 5 687 米，穹顶高 74 米。泰姬陵外形端庄宏伟，无懈可击，寝宫门窗及围屏都用白色大理石镂雕成菱形带花边的小格，墙上用翡翠、水晶、玛瑙、红绿宝石镶嵌着色彩艳丽的藤蔓花朵。泰姬陵在早中晚所呈现出的面貌各不相同，早上是灿烂的金色，白天的阳光下是耀眼的白色，斜阳夕照下，白色的泰姬陵从灰黄、金黄，逐渐变成粉红、暗红、淡青色，而在月光下又成了银白色，白色大理石映着淡淡的蓝色萤光，更给人一种恍若仙境的感觉。

2. 阿格拉古堡

阿格拉古堡与泰姬陵相互遥望，是阿巴克大帝花费十年心血建起的一座极其奢华的宫殿，其孙子沙·贾汗继位后，又增建了一些殿宇，使阿格拉堡成为一座无比壮丽的皇家首都。阿格拉城堡的内、外两层城墙均为红砂岩建造，内部的宫殿最多时有 500 多座，集印度教和伊斯兰教建筑艺术之大成，庄严而华丽。古堡之内有威严的觐见宫、恬静的观鱼院、精巧的珍珠清真寺等，亭台楼阁，令人目不暇接。

3. 阿旃陀石窟

印度佛教石窟群，位于马哈拉施特拉邦北部温迪亚山的悬崖上，始凿于公元前 2 世纪，直延续到 7 世纪中叶，迄今拥有 1 000 多年的历史。

该石窟现存 30 窟，包括一个未完成窟，从东到西长 550 米，窟形分为支提和毗诃罗两大类，以后者居多。支提窟内中央置窣堵波，依天然岩凿成，内殿四周，建造柱；毗诃罗窟内部有石床、石枕、佛龛等，陈设较简单。

阿旃陀以其壁画艺术著称于世。由于洞窟开凿年代分属三个不同时期，所以现存壁画呈现出三种不同风格。壁画雕刻细腻精巧，形态优美，不仅对后来印度的美术产生了巨大作用，而且对东方佛教所曾传布的国家和地区也产生了深远影响。

4. 盖奥拉德奥国家公园

盖奥拉德奥国家公园，世界文化遗产，曾是印度王公打野鸭的狩猎场，如今它已成为阿富汗、土库曼斯坦、中国和西伯利亚水鸟过冬的主要栖息地之一，是濒临灭绝的西伯利亚仙鹤过冬的主要栖息地。公园主要包含一个内河湿地和一些人工景观。盖奥拉德奥国家公园里生活着 364 种鸟类，被认为是世界上鸟类品种最珍贵和最丰富的地区之一，这里的水生植物应有尽有，这为水鸟们提供了充足的养料。

5. 印度门

印度门位于印度城市孟买的阿波罗码头，面对孟买湾，是一座具有古吉拉特式建筑特色的拱门，高 26 米。印度门建于 1911 年，为纪念来访的英王乔治五世和玛丽皇后而兴建，让陛下从门下通过，以示孟买是印度的门户。此拱门的形式与法国的凯旋门极为相似，已成为孟买的象征，是市政府迎接各国宾客的重要场地。

印度门

6. 甘地陵

甘地陵位于新德里东郊朱木拿河畔，是印度国父“圣雄”甘地的陵墓。甘地陵只是一个象征性陵墓，里面并没有埋葬甘地的遗体。按印度教风俗，死者必须在死后 24 小时内火化，然后把骨灰撒入圣河。甘地被暗杀后，就在这里火化，他的骨灰分别撒在恒河和印度最南端科摩林角附近的印度洋、阿拉伯海和孟加拉湾三个海水汇合的洋面上。陵园中央是甘地墓，坐北朝南，用黑色大理石砌成，为一个长宽均为 3 米的正方形平台，高约 1 米。墓后是盏长明灯，昼夜不熄，这是印度争取民族独立精神的象征。陵墓没有任何装饰，极其普通、简朴。

案例回放

甘地是印度民族主义运动和国大党领袖。他既是印度的国父，也是印度最伟大的政治领袖。他带领国家迈向独立，脱离英国的殖民统治。他的“非暴力”的哲学思想，影响了全世界的民族主义者和那些争取和平变革的国际运动。

通过“非暴力”的公民不合作，甘地使印度摆脱了英国的统治。这也激发了其他殖民地的人们前来为他们的独立而奋斗。最终，大英帝国分崩离析了，取而代之的是英联邦，或者更准确一点是联邦。甘地的主要信念是“精神的力量”“真理之路”“追求真理”。这鼓舞了其他的民主运动人士，如马丁·路德·金、曼德拉等人。他经常说他的价值观很简单，那就是从传统的印度教信仰演化来的：真理和非暴力。

实训项目

将全班同学分成若干小组，每个小组设计出印度五日游旅游线路。

第三章

欧洲客源国概况

本学习情境介绍了俄罗斯、英国、德国、法国、意大利、荷兰、瑞士、西班牙这8个国家的自然环境、社会概况、节庆与习俗、旅游资源与主要旅游地。

第一节　俄罗斯

导读：俄罗斯联邦（俄语：Российская Федерация，英文：The Russian Federation），通称俄罗斯或俄国，由22个自治共和国、46个州、9个边疆区、4个自治区、1个自治州、3个联邦直辖市组成的联邦共和立宪制国家。俄罗斯位于欧亚大陆北部，地跨欧亚两大洲，国土面积为1 707.54万平方千米，是世界上面积最大的国家。

莫斯科红场

知识点：了解俄罗斯的自然环境、社会概况，掌握俄罗斯的节庆、习俗及旅游资源与主要旅游地。

技能点：能熟练介绍俄罗斯概况和著名旅游景点，能根据俄罗斯的旅游资源设计合理的出境游线路。

案例导入

导游小宋准备接一个俄罗斯团队，为了做好接待工作，小宋积极准备，可是关于东正教的传统节日还是不太有把握，于是他向经理请教。

问题：你知道东正教的传统节日有哪些吗？

一、自然环境

俄罗斯联邦，简称俄罗斯或俄联邦。位于30°~180°E，50°~80°N，地跨欧亚两洲，位于欧洲东部和亚洲大陆的北部，其欧洲领土的大部分是东欧平原。俄罗斯面积1 709.82万平方千米（占原苏联领土面积的76.3%），占地球陆地面积的11.4%，水域面积占13%，是世界上面积最大的国家。东西长为9 000千米，横跨11个时区；南北宽为4 000千米，跨越4个气候带。随着克里米亚共和国和塞瓦斯托波尔市加入俄罗斯，俄罗斯版图新增加2.55万平方千米。

它北邻北冰洋，东濒太平洋，西接大西洋，西北临波罗的海、芬兰湾，与多个国家接壤：陆地邻国西北面有挪威、芬兰，西面有爱沙尼亚、拉脱维亚、立陶宛、波兰、白俄罗斯，西南面是乌克兰，南面有格鲁吉亚、阿塞拜疆、哈萨克斯坦，东南面有中国、蒙古和朝鲜（其中立陶宛和波兰仅与俄罗斯外飞地的加里宁格勒州接壤）。俄还与日本、加拿大、格陵兰、冰岛、瑞典隔海相望。

俄罗斯有漫长的疆界线，边界的东、北部是海疆，北邻北冰洋，东濒太平洋，西濒大西洋与波罗的海、黑海，西、南部主要是陆界，边界2万多千米，约占其疆界的1/3，共与14个国家接壤。

俄罗斯地形以平原、高原为主，地形平坦，地势南高北低，西低东高；西部多为辽阔的平原，以乌拉尔山为界，大约分为东欧平原和西西伯利亚平原两部分。东部多高原和山地，主要有中西伯利亚高原、南西伯利亚山地、东西伯利亚山地和远东山地。西南耸立着大高加索山脉，最高峰厄尔布鲁士山海拔5 642米。

俄罗斯处于多种气候带，从西到东大陆性气候逐渐加强；北冰洋沿岸属苔原气候（寒带气候）或称极地气候，太平洋沿岸属温带季风气候。从北到南依次为极地荒漠、苔原、森林苔原、森林、森林草原、草原带和半荒漠带。但大部分地区处于北温带，以大陆性气候为主。冬季漫长严寒，夏季短促凉爽，春秋季节甚短。

俄罗斯温差普遍较大，1月平均温度为-18~10℃，7月平均温度为11~27℃。年降水量平均为150~1 000毫米。西伯利亚地区纬度较高，气候寒冷，冬季漫长，但夏季日照时间长，气温和湿度适宜，利于针叶林生长。位于俄东北部的奥伊米亚康村，是世界上最冷的定居点之一，1 月平均温度 -50℃，历史最低值 -71.2℃。

俄罗斯河流湖泊众多，境内有 300 余万条大小河流，280 余万个湖泊。欧洲第一长河伏尔加河全长 3 690 千米，流域面积 138 万平方千米，被誉为俄罗斯的“母亲河”。贝加尔湖为世界淡水容量最大和最深的湖泊，最深处为 1 620 米。

俄罗斯地大物博，资源种类繁多、储量丰富、自给程度高。俄罗斯森林覆盖面积为 8.67 亿公顷，占国土面积的 51%，木材蓄积量为 807 亿立方米，有大量珍贵的木材和动物资源；已探明天然气储量为 170 万亿立方米，占世界探明储量的 1/3，居世界第一位；石油探明储量为 65 亿吨，占世界探明储量的 12% 至 13%；煤蕴藏量为 2 000 亿吨，居世界第二位；铁、铝、铀、黄金等的蕴藏量也均居世界前茅；水力资源 4 270 立方千米/年，居世界第二位。

二、社会概况

1. 历史沿革

基辅罗斯时期。罗斯历史起源于东欧草原上的东斯拉夫人，亦是后来的俄罗斯人、乌克兰人和白俄罗斯人的共同祖先。6 世纪时，东斯拉夫人逐渐向东欧草原地区迁徙。862 年，以留里克为首的瓦朗几亚人征服东斯拉夫人，建立留里克王朝，882 年，建立了基辅罗斯。13 世纪初，基辅罗斯被蒙古人占领后，最终分裂成多个国家。

莫斯科大公国时期。15 世纪末，大公伊凡三世建立了中央集权制国家——莫斯科大公国。1547 年，伊凡四世自封为“沙皇”，其国号称俄国。

罗曼诺夫王朝时期。1613 年，开创罗曼诺夫王朝，是俄罗斯历史上最后一个君主制国家。全盛时的疆域北起北冰洋、南达黑海南部、西起波罗的海、东达阿拉斯加（1867 年卖给美国），国土面积约 2 280 万平方千米。据 1897 年的人口普查登记，俄罗斯帝国共有 1.256 亿人，至 1914 年达到 1.657 亿人，仅次于中国清朝、大英帝国。虽然历史上彼得一世在位期间在军事、政治、经济方面进行了一系列改革，亚历山大二世也进行了农奴制改革，但在 19 世纪后期的欧洲相继进行工业革命时没有紧随时代的步伐，导致其经济实力在 20 世纪初期的尼古拉二世时代远不及欧洲几大强国。

1914 年 8 月，政局动荡不定的俄罗斯帝国参加第一次世界大战，不堪的战局直接导致了 1917 年二月革命的爆发，尼古拉二世签署退位声明，俄罗斯帝国灭亡，俄罗斯共和国成立，但同年就被布尔什维克通过十月革命推翻，俄罗斯苏维埃联邦社会主义共和国成立。

苏联时期。1898 年成立了俄国社会民主工党（苏联共产党前身），俄国工农群众经过 1905 年第一次俄国革命、1917 年 2 月推翻罗曼诺夫王朝的资产阶级民主革命（即二月革命）、1917 年 11 月 7 日（俄历十月）十月革命建立了世界上第一个社会主义国家政权——俄罗斯苏维埃联邦社会主义共和国。

1922 年 12 月 30 日，苏维埃社会主义共和国联盟正式成立，俄罗斯联邦同乌克兰、白俄罗斯和外高加索联邦（包括阿塞拜疆、亚美尼亚和格鲁吉亚）一起加入，后扩至 16 个苏联加盟共和国。

苏联通过一系列社会主义改革成为世界强国。1941 年 6 月，苏德战争爆发，1945 年 4 月 30 日，苏军攻克柏林，与盟军一道取得了反法西斯战争的最后胜利，并成为联合国五个创始成员国之一。1990 年，波罗的海三国先后宣布独立，引起连锁反应，许多共和国相继发表了独立或主权宣言。1991 年 12 月 25 日，俄罗斯苏维埃联邦社会主义共和国最高苏维埃决定，将国家正式名称改为“俄罗斯联邦”（或俄罗斯），12 月 26 日，苏联最高苏维埃共和国院举行最后一次会议，宣布苏联停止存在。至此，苏联解体，俄罗斯联邦成为完全独立的国家。

现代俄罗斯。1992 年 4 月 16 日，俄罗斯第 6 次人代会决定将国名改为“俄罗斯”，1993 年 12 月 12 日，经过全民投票通过了俄罗斯独立后的第一部宪法，规定国家名称为“俄罗斯联邦”，和“俄罗斯”意义相同。

2. 国家象征

国旗。长方形，长宽之比为 3:2；旗面由三个平行且相等的横长方形相连而成，自上而下分别为白、蓝、红三色；俄罗斯幅员辽阔，国土跨寒带、亚寒带和温带三个气候带，用三色横长方形平行相连，表示了俄罗斯地理位置上的这一特点。白色代表寒带一年四季白雪茫茫的自然景观；蓝色既代表亚寒带气候区，又象征俄罗斯丰富的地下矿藏和森林、水力等自然资源；红色是温带的标志，也象征俄罗斯历史的悠久和对人类文明的贡献。

国徽。1993 年 11 月 30 日，俄决定采用十月革命前伊凡雷帝时代的、以双头鹰为图案的国徽。国徽的图案是：红色的盾面上有一只金黄色的双头鹰，鹰的头上装饰着彼得大帝的三顶皇冠；鹰爪上抓着象征皇权的权杖和金球；鹰的胸部为一小红盾，盾中有一骑白马的勇士。

俄罗斯国旗和国徽

国歌。《牢不可破的联盟》。

3. 行政制度

2014 年之前，俄罗斯全国分为 8 个联邦管区，即中央联邦管区、西北联邦管区、南部联邦管区、伏尔加联邦管区、乌拉尔联邦管区、西伯利亚联邦管区、远东联邦管区、北高加索联邦管区，由 83 个联邦主体组成：包括莫斯科、圣彼得堡 2 个联邦直辖市；涅涅茨自治区、汉特－曼西自治区、楚科奇自治区、亚马尔－涅涅茨自治区 4 个民族自治区，阿迪格共和国等 21 个共和国，阿穆尔州等 46 个州，阿尔泰边疆区等 9 个边疆区和犹太自治州。2014 年 3 月俄罗斯对外宣布成立克里米亚联邦管区。

莫斯科是俄罗斯首都，也是俄罗斯最大的城市和政治、经济、科学文化及交通中心，面积 2 510 平方千米，人口约 1 154 万；克里姆林宫和红场一带为市中心，市内有地下铁道，西南郊有伏努科夫国际机场，有运河沟通伏尔加河、白海、波罗的海、黑海、亚速海和里海；有多所高等学府、科学研究部门，剧院、博物馆众多。

莫斯科市作为居民点最早见诸史册是在1147年。1156年，莫斯科奠基者尤里·多尔戈鲁基大公在莫斯科修筑泥木结构的克里姆林城堡。13世纪初，莫斯科市成为莫斯科公国的都城。

14世纪俄国人以莫斯科为中心，集合周围力量进行反对蒙古贵族统治的斗争，从而统一了俄国，建立了一个中央集权的封建国家。

15世纪中期莫斯科已成为统一的俄罗斯国家的都城，一直到18世纪初。

1712年彼得大帝迁都圣彼得堡，但莫斯科仍是俄罗斯最大的经济、政治和文化中心。1755年，莫斯科建立了俄国第一所大学——莫斯科大学（今莫斯科国立罗蒙诺索夫大学）。1813年成立莫斯科城市建设委员会，开始大规模城市改建，1851年通铁路，1922年12月莫斯科正式成为苏联首都，1991年12月21日苏联解体，莫斯科成为俄罗斯联邦的首都。

俄罗斯联邦实行的是联邦民主制。以俄罗斯联邦宪法和法律为基础，根据资产阶级立法、司法、行政三权分立又相互制约、相互平衡的原则行使职能。

总统。总统是国家元首，有权任命包括总理在内的高级官员，但必须经议会批准。总统同时也是武装部队的最高统帅以及国家安全会议的主席，并可以不经议会通过直接颁布法令。总统不可以连任超过2届。

议会。俄议会正式名称为俄罗斯联邦会议，是俄罗斯联邦的代表与立法机关。联邦会议采用两院制，上议院称联邦委员会（Federal Council），下议院称国家杜马（State Duma）。联邦委员会（上议院）由俄罗斯联邦诸联邦主体各派两名代表组成，一名来自国家代表权力机关，另一名来自国家执行权力机关，主要的职能是批准联邦法律、联邦主体边界变更、总统关于战争状态和紧急状态的命令，决定境外驻军、总统选举及弹劾，中央同地方的关系问题等。国家杜马（下议院）的职权是同意总统对总理的任命；决定对总统的信任问题；任免审计院主席及半数检查员；实行大赦；提出罢免俄罗斯联邦总统的指控；通过联邦法律。

政党。俄实行多党制，主要有以下政党：统一俄罗斯党、俄罗斯共产党、俄罗斯自由民主党、公正俄罗斯党、亚博卢联盟、右翼力量联盟等。

司法。司法机关主要有联邦宪法法院、联邦最高法院、联邦最高仲裁法院及联邦总检察院。

4. 经济结构

工业。俄工业发达，工业基础雄厚，部门齐全，以机械、钢铁、冶金、石油、天然气、煤炭、森林工业及化工等为主，木材和木材加工业也较发达。俄工业结构不合理，重工业发达、轻工业发展缓慢、民用工业落后的状况尚未根本改变，核工业和航空航天业占世界重要地位。其主要工业区有莫斯科工业区、圣彼得堡工业区、乌拉尔工业区、新西伯利亚工业区。

农业。俄罗斯的农业远不如工业发达，但由于土地面积大，俄罗斯的可耕地面积达到1亿多公顷，农产品产值并不低。俄罗斯农牧业并重，主要农作物有小麦、大麦、燕麦、玉米、水稻和豆类；经济作物以亚麻、向日葵和甜菜为主；畜牧业主要为养牛、养羊、养猪业。农业人口668.4万人，占总就业人口的9.9%，耕地面积占国土总面积的13%。

交通运输。俄罗斯拥有完整的铁路公路航运航空网络，与世界上一百多个国家有直飞的航线。根据俄罗斯联邦统计局数据，2012 年客运周转量 5 325 亿人千米，货运量 85.19 亿吨，货运周转量达 5.05 万亿吨·千米。

截至 2009 年底，俄罗斯有机场总数 232 个，其中国际机场 71 个，2012 年，俄航空客运量 7 600 万人次，货运量 120 万吨，货运周转量 51 亿吨·千米。

俄铁路网总运营里程为 12.2 万千米（截至 2011 年年底）。2012 年，俄铁路客运周转量为 1 446 亿人千米，客运量 10.59 亿人次；货运量 14.21 亿吨，货物周转量 2.22 万吨·千米。

俄公路网总里程 109.4 万千米（截至 2011 年年底）。2012 年，公路客运周转量 1 464 亿人千米，货运周转量 2 490 亿吨·千米。

俄拥有海运客货船 2 750 艘，内河客货船 3.06 万艘（截至 2011 年年底）。2012 年，海运货运周转量 1 260 亿吨·千米，海洋客运量 110 万人次，内河客运量 1 400 万人次。

俄罗斯还拥有发达的管道运输。截至 2013 年 7 月，俄石油、天然气输送管道总长超 24.6 万千米。2012 年，输油气总量 10.96 亿吨。2010 年中俄原油管道全线贯通。

对外贸易。外贸是俄罗斯经济发展的火车头。俄主要出口商品是石油和天然气等矿产品、金属及其制品、化工产品、机械设备和交通工具、宝石及其制品、木材及纸浆等。主要进口商品是食品和农业原料产品、化工品及橡胶、纺织服装类商品等。据统计，2012 年外国对俄投资总额为 1 546 亿美元，俄累计向境外投资 1 178 亿美元。俄罗斯于 1993 年正式申请加入世界贸易组织，2011 年 12 月被正式批准加入。2012 年俄罗斯成为世界贸易组织第 156 名成员。

货币。货币名称是俄罗斯卢布，辅币是戈比。1 卢布 = 100 戈比。纸币面额有 10、50、100、500、1 000、5 000 卢布，另有 1 卢布及 1、2、3、5、10、15、20、50 戈比铸币。俄罗斯卢布和人民币的汇率为：1 人民币 =9.7 029 俄罗斯卢布（2016 年 7 月 25 日）。

5. 人口、民族和信仰

俄总人口 1.431 亿（截至 2012 年 4 月 1 日），排名世界第九。俄也是世界上人口减少速度最快的国家之一。最新人口普查初步结果显示，2002 年至 2010 年俄人口下降至 1.429 亿，与 2002 年的 1.452 亿相比减少 230 万人，降幅近 1.6%。

俄罗斯社会男女性别比率失调。1989 年、2002 年和 2010 年的三次全俄人口普查结果显示，俄罗斯男女人口比例分别是 1 000:1 140、1 000:1 147、1 000:1 163。

俄罗斯人口分布极不均衡，西部发达地区平均每平方千米 52 ~ 77 人，个别地方达 261 人，而东北部苔原带不到 1 人。

俄罗斯共有民族 193 个，其中俄罗斯族占 79.82%，主要少数民族有鞑靼、乌克兰、楚瓦什、巴什基尔、白俄罗斯、摩尔多瓦、日耳曼、乌德穆尔特、亚美尼亚、阿瓦尔、马里、哈萨克、奥塞梯、布里亚特、雅库特、卡巴尔达、犹太、科米、列兹根、库梅克、印古什、图瓦等。高加索地区的民族成分最为复杂，有大约 40 个民族在此生活。

俄语是俄罗斯联邦全境内的官方语言。同时，各共和国有权规定自己的国语，并在该共和国境内与俄语一起使用。俄罗斯主要少数民族都有自己的语言和文字，境内有 130 多种民族语言，其中 70 种有文字。

俄罗斯境内宗教主要有基督教、伊斯兰教、萨满教、佛教和犹太教等。居民多信奉东正教，其次为伊斯兰教。

6. 文化与教育

科技。俄罗斯是一个科技强国，在自然科学和基础研究方面有着雄厚的基础，特别是宇航业发达，处于世界领先地位。1957 年 10 月 4 日，苏联发射了世界上第一颗人造地球卫星，在制造多座位宇宙飞船、发射轨道站、太空焊接方面，苏联也是世界上的第一个国家。苏联和俄罗斯宇航员保持着滞留太空的世界纪录。

教育。俄罗斯是教育大国，国内各类教育一律免费。俄罗斯教育分为学前教育、普通教育和高等教育三个层次。其高等教育水平居世界领先地位。其著名高校有国立莫斯科罗蒙诺索夫大学、圣彼得堡国立大学、俄罗斯人民友谊大学、莫斯科鲍曼国立技术大学、圣彼得堡国立技术大学、莫斯科国际关系学院、莫斯科音乐学院、圣彼得堡列宾美术学院等。建于 1755 年的莫斯科大学更是在世界上享有盛誉，俄罗斯的 18 位诺贝尔奖奖金获得者中，11 人在莫斯科大学工作和学习过。

文学艺术。俄罗斯文学、美术、音乐，源远流长、名人辈出，在世界文学、艺术史上有着突出的地位。出现了普希金、莱蒙托夫、果戈理、别林斯基、陀思妥耶夫斯基、托尔斯泰、契诃夫、高尔基、肖洛霍夫等世界驰名的大文豪和作家，还有列维坦、列宾、苏里柯夫、克拉姆斯科伊等艺术大师。俄罗斯还涌现出了许多的音乐大师，如柴可夫斯基、肖斯塔科维奇等。俄罗斯的戏剧艺术体裁和形式多样，最早出现在皇宫内，19 世纪进入繁荣时期，果戈理的《钦差大臣》等社会戏剧充满强烈的时代气息，具有鲜明的民族特色。同时涌现出了许多杰出的大师。亚·尼·奥斯特罗夫斯基是 19 世纪 50 年代以后俄罗斯文坛众多的戏剧作家中最杰出的代表，被称为“俄罗斯戏剧之父”。1959 年开始举办莫斯科国际电影节，该电影节 1972 年定级为世界 A 类电影节，是全球 12 个 A 类国际电影节之一，2000 年起从每两年一届改为每年一届。其悠久历史仅次于威尼斯电影节。俄罗斯的马戏团在俄也很受人们的欢迎，马戏团团员训练有素，技艺精湛。俄罗斯的芭蕾舞在世界上享有很高的声誉，著名的芭蕾舞剧有《天鹅湖》《罗密欧与朱丽叶》等。民间艺术方面，有金属、兽骨和石头的艺术加工，有木雕、木雕壁画、刺绣、带花纹的纺织品、花边编织等。最有名的工艺品有木制套娃、木刻勺、木盒、木碗、木盘等木制品。

木制套娃

三、节庆与习俗

1. 节庆

俄罗斯是世界上节日较多的国家，它的节日由四大类组成：苏联的节日、传统节日、东正教的节日和俄联邦的新节日。

苏联的节日大体上分为国际性的，如：三八妇女节、五一劳动节、六一儿童节等；全国性的：十月革命节（11 月 7 日）、胜利日（5 月 9 日）等；职业性的：印刷节（5 月 5 日）、无线电节（5月6日）、边防战士节（5月28日）、铁路工人节（8月的第一个星期日）、运动员节（8月的第二个星期六）、宇航节（4月12日）、教师节（10月的第一个星期日）等。其中最重要的节日是十月革命节，也就是苏联的国庆节。俄罗斯联邦独立后基本上保留了这些节日，不过把五一劳动节改为春天和劳动节，十月革命节改为和谐和解日。

传统节日

谢肉节：是传统节日里的大节，它在复活节前的第八周，为期七天。按照民间习俗，每一天都有所不同。第一天是迎春日，第二天是娱乐日，第三天是美食日，第四天是醉酒日，第五天是岳母晚会日（岳母在这一天要宴请新婚的女婿），第六天是小姑子相新嫂子日（这天未婚女子要拜访未婚夫的姐妹们），第七天是送冬和宽恕日（人们互相串门，请求对方宽恕自己的言行）。

春耕节：一般在每年积雪已经融化、春耕生产即将开始时举行。在春耕节里，古俄罗斯人习惯吃黑麦烤成的犁形和耙形面包；春耕的第一天，他们穿着干净的衣服，带着面包、盐、鸡蛋下地。当犁好三条垄沟后，便拿出面包和盐，自己吃一些，其余的喂牛，之后把鸡蛋埋在土里，以祭祀大地，祈求这一年风调雨顺，五谷丰登。

诗歌节：每年的6月6日。这个节日是为了纪念俄罗斯的伟大诗人普希金而设的，因为他诞生在1799年的6月6日，他不仅闻名于俄罗斯，而且也闻名全世界。他的著名作品如长篇叙事诗《叶甫根尼·奥涅金》、中篇小说《上尉的女儿》等深受广大读者的喜爱，俄罗斯人认为普希金是民族规范语言的奠基者。

桦树节：它原名夏节，这个节日的主角是白桦树。每年的6月24日。白桦树是俄罗斯的象征，堪称俄罗斯的“国树”。节日这天，人们用白桦树装饰家里的各个角落，购买擦澡用的“桦树枝浴帚”作为节日的纪念，商店里也用白桦树皮制作的图案和标志来装饰橱窗。

东正教的节日

复活节：是东正教最古老、最突出的节日，是“节日中的节日”，它为纪念耶稣复活而设，在每年春分月圆后第一个星期日举行，一般在3月底4月初。这个节日来源于《圣经》中关于耶稣死后复活的记载。复活节前夕（星期六晚上），在耶稣像前点起油灯，供上圆柱形的鸡、面包及染成各种颜色的鸡蛋，晚上教徒手持蜡烛和彩蛋到教堂门口排队，夜间12点整，圣门敞开，内有教士喊：“耶稣复活了！”人们都跟着喊：“耶稣复活了！”并且互相拥抱、接吻、交换彩蛋。

俄联邦的新节日

1991年，俄罗斯联邦独立以后，陆续制定了一些新的节日，有的是由苏联的节日改名而来，如祖国保卫者日、春天和劳动节、和谐和解日。有的则是新定的节日，如独立日、宪法日。

祖国保卫者日：2月23日原为苏联的建军节，1992年，俄罗斯将这个节日改名为祖国保卫者日。政府不再举办隆重的庆祝活动，而是仅让市民休假一天。

胜利日：1945年5月9日是苏联卫国战争胜利的日子，因此苏联把这一天定为胜利日，每年举行隆重的庆典。苏联解体后，俄罗斯仍保留了这个节日。

和谐和解日：11月7日曾是苏联最重要的节日，过去，每年的节前，苏联领导人都在克里姆林宫举行隆重的大会，发表讲话。节日那天，在莫斯科红场上举行盛大的阅兵式和群众游行。1991年苏联解体后，俄罗斯官方取消了11月7日的各种庆祝活动，但放假一天。

独立日：苏联解体后，从1992年开始，俄罗斯联邦将每年的6月12日定为独立日，即国庆节。这是因为在1990年的6月12日，俄罗斯最高苏维埃通过了关于俄罗斯联邦国家主权的声明，俄罗斯正式宣告独立。

宪法日：每年的12月12日是俄联邦的宪法日。1993年12月12日，俄罗斯联邦就新宪法举行全民公决，12月20日，俄联邦中央选举委员会公布结果，半数以上的选民赞成新宪法，新宪法自即日起生效。俄联邦政府把12月12日定为宪法日。

2. 习俗与禁忌

俄罗斯人的姓名多由三节构成，其顺序是本名、父名、姓氏。只有与初次见面之人打交道时，或是在极为正规的场合，才有必要将俄罗斯人的姓名的三个部分连在一道称呼。

目前在俄罗斯“先生”“同志”“公民”三种称呼并存。一般在商业机构、新闻媒体和官方机构中人们习惯相互称“先生”；以前在苏联时期普遍使用的“同志”，现在仍然在国营企业、军队、公安部门使用；而“公民”通常在公共场所使用，比如：火车站、商店等。在公开发言时，一般在发言人的姓后面加上“先生”“同志”或其相应职称“教授”“工程师”等；在非常正式的信函中收件人的姓前面应加上“先生”或其相应职称。在俄罗斯，人们非常看重人的社会地位。因此对有职务、学衔、军衔的人，最好以其职务、学衔、军衔相称。

在人际交往中，俄罗斯人素来以热情、豪放、勇敢、耿直而著称于世。在交际场合，俄罗斯人惯于和初次会面的人行握手礼。遇到上级或长辈时不能先伸手，遇到女士时也要等对方先伸手。与不热悉的人握手时，只能轻轻地握，用力握手表示亲近。对于初次见面的女士，一般是鞠躬而不握手，握手时应脱掉手套。

对于熟悉的人，尤其是在久别重逢时，他们则大多要与对方热情拥抱。在日常生活中，人们还会使用到亲吻礼，一般是长辈吻晚辈的面颊三次，先左后右再到左，或吻额头一次；晚辈则吻长辈面颊两次；女子之间、兄弟姐妹之间表达亲切关系时，可接吻或拥抱。

尊重女性是俄罗斯的社会风尚，如宴会上男士要照顾自己右边的女士；在剧院，男士要为女士找好座位，请女士先入座；上汽车或进房间时，男士要为女士开门等。

去俄罗斯人家里做客，最好按约定时间到或稍晚一点到达，不可以早到。客人通常要给主人带小礼品（如蛋糕、酒等）和鲜花。进屋后应脱掉大衣和帽子，先向女主人问好，然后向其他人和男主人问好。俄罗斯人待客热情，如果有客人来访。主人会请客人到厨房，倾其所有招待客人。“祝您胃口好”是俄罗斯人用餐时常说的一句客套话；喝酒干杯要干到底，如果不能喝应事先声明；客人喝茶时应注意，在使用完茶勺后，应将其放在茶碟上。

在迎接贵宾时，俄罗斯人通常会向对方献上“面包和盐”。这是给予对方的一种极高的礼遇，来宾必须对其欣然笑纳。

在俄罗斯，公共场所熟人相遇不可高声喊叫，不可哈哈大笑，多人互相握手时，忌讳形成十字交叉形。俄罗斯人也忌讳在桥上相互告别。俄罗斯人交谈时忌讳谈对方的隐私，不要夸赞对方“身体好”，俄罗斯人之所以不愿听到别人夸赞自己健康、身体好，是因为他们认为人右肩站着天使，左肩站着魔鬼，这些夸奖的话让魔鬼听到后会对人加以伤害。

俄罗斯人偏爱马，认为马可以驱邪并可带来好运，马掌是代表祥瑞的物体，既有威力，又具有降妖的魔力。此外，蜘蛛也被视为吉祥物，但对兔子很反感；俄罗斯人认为黑色代表着肃穆和不祥，所以他们不喜欢黑猫，若遇到黑猫过马路会感觉很晦气。俄罗斯人认为路上遇到有人手提一只空桶，或挑着两只空桶，都是不祥之兆，但如果桶里盛满了水则是好兆头。在俄罗斯，被视为“光明象征”的向日葵最受人们喜爱，它被称为“太阳花”，并被定为国花。拜访俄罗斯人时，送给女士的鲜花宜为单数。

俄罗斯人忌讳数字13，认为它是凶险和死亡的象征，俄罗斯人喜欢7这个数字，认为7意味着幸福和成功。俄罗斯人主张“左主凶，右主吉”，所以握手时不可伸出左手，递送物品也不宜用左手，考生不用左手抽考签，早上起床不宜左脚先着地，有的人甚至出门时也不先迈左脚。镜子在俄罗斯被看成神圣的物品，不可打碎；打翻盐瓶和盐罐预示着家庭不和，但打碎了杯、碟、盘等餐具则被认为是富贵的象征。因此，在喜筵、寿筵和其他隆重的场合，人们还会特意打碎一些碟、盘表示祝贺。俄罗斯人忌讳吹口哨，认为吹口哨是对魔鬼的模仿，会使圣母远离自己，尤其不能在房间里吹口哨，认为那样会有破财之灾。俄罗斯人参加考试或比赛前，忌讳别人说“祝成功”或“祝好”之类的话；相反，他们愿意听到“祝你什么也打不着”之类的反语。俄罗斯人考试前不剪头发，认为剪头发考试会不及格。在考试时，有人还一定要穿以前穿过的、浅色的、曾经带来好运的衣服。

3. 饮食文化

在饮食习惯上，俄罗斯人讲究量大实惠，油大味厚。他们喜欢酸、辣、咸味，偏爱炸、煎、烤、炒的食物，尤其爱吃冷菜。总的讲起来，他们的食物在制作上较为粗糙一些。一般而论，俄罗斯以面食为主，他们很爱吃用黑麦烤制的黑面包。除黑面包之外，俄罗斯大名远扬的特色食品还有鱼子酱、酸黄瓜、酸牛奶等。吃水果时，他们多不削皮。在饮料方面，俄罗斯人很能喝冷饮。具有该国特色的烈酒伏特加是他们最爱喝的酒。此外，他们还喜欢喝一种叫“格瓦斯”的饮料。

参加俄罗斯人的宴请时，宜对其菜肴加以称道，并且尽量多吃一些，俄罗斯人将手放在喉部，一般表示已经吃饱。

四、旅游资源与主要旅游地

俄罗斯旅游业，近年来显示出巨大活力和美好发展前景。目前，旅游已经成为俄罗斯发展最快的产业之一，有超百万人在从事这个行业。由于从俄罗斯到中国观光度假的费用比在其国内疗养和度假还要便宜，加之两国间持续增长的边境贸易，推动了俄罗斯来华旅游人数的快速上升。

1. 莫斯科

（1）克里姆林宫。克里姆林宫位于莫斯科市中心，坐落在涅格林纳河和莫斯科河汇合处的鲍罗维茨丘陵上，南临莫斯科河，西北依亚历山德罗夫花园，东南界红场，呈不等边三角形。面积27.5万平方米，周长2千米多。克里姆林宫曾为莫斯科公国和18世纪以前的沙皇皇宫，由许多教堂、宫殿、钟楼、花园和多层塔组成。主要建筑有列宁陵墓、20座塔楼、圣母升天教堂、天使教堂、伊凡大帝钟楼、捷列姆诺依宫、大克里姆林宫、兵器库、大会堂、古兵工厂、苏联部长会议大厦、苏联最高苏维埃主席团办公大厦、特罗依茨克桥、无名战士墓。天使教堂里放了彼得大帝之前各沙皇的灵柩，重达250吨的沙皇大钟及大炮、伊凡大帝钟楼以及钻石库等也放于宫中，令人目不暇接。克里姆林宫的建筑形式融合了拜占庭、俄罗斯、巴罗克、希腊和罗马等不同的建筑风格。

克里姆林宫

（2）红场。红场是莫斯科最古老的广场，位于克里姆林宫东墙的一侧。虽经多次改建和修建，但仍保持原样，路面还是当年的石块路，青光发亮，显得整洁而古朴。15 世纪 90 年代，莫斯科发生大火，火灾后空旷之地成了广场，故曾被称为“火烧场”，17 世纪中叶起称“红场”。古代俄语中“红色的”一词还有“美丽的”之意，由于译名时都只取了其中的第一释义，即“红色的”，久而久之，“红场”的名称就这样沿用至今。广场总面积 9 万平方米，呈长方形，南北长，东西窄。红场的大规模建设是在 1812 年以后，拿破仑军队纵火焚烧了莫斯科，此后城市重建，红场被拓宽。1917 年十月革命胜利后，莫斯科成为首都，红场成为人民举行庆祝活动、集会和阅兵的地方。列宁陵墓位于红场克里姆林宫宫墙正中的前面。

（3）瓦西里升天大教堂。它位于俄罗斯首都莫斯科市中心的红场南端，紧邻克里姆林宫。由俄罗斯建筑师巴尔马和波斯特尼克根据沙皇和伊凡大公的命令主持修建，于 1560 年建成。教堂的名字是根据当时伊凡大帝非常信赖的一位修道士瓦西里的名字而取的，整个教堂由九座塔楼巧妙地组合为一体，在高高的底座上耸立着八个色彩艳丽、形体各异的塔楼，簇拥着中心塔，中央的塔高 46 米。整个教堂共有九个金色洋葱头状的教堂顶，这九个教堂顶并不是一开始就有的，而是后来分别加上去的。瓦西里升天教堂为俄罗斯东正教堂，显示了 16 世纪俄罗斯的建筑艺术风格。

瓦西里升天大教堂

莫斯科地铁

（4）莫斯科地铁。莫斯科地铁，全称为列宁莫斯科市地铁系统，被公认为世界上最漂亮的地铁，按运营路线长度为全球第6大地铁系统，按年客流量为全球第四繁忙暨亚洲以外第一繁忙的地铁系统。1935年5月15日，苏联政府出于军事方面的考虑，正式开通莫斯科地铁，地下铁道考虑了战时的防护要求，可供400余万居民掩蔽之用。地铁站的建筑造型各异、华丽典雅。每个车站都由国内著名建筑师设计，各有其独特风格，建筑格局也各不相同，多用五颜六色的大理石、花岗岩、陶瓷和五彩玻璃镶嵌，除各种浮雕、雕刻和壁画装饰，照明灯具十分别致，好像富丽堂皇的宫殿，享有“地下的艺术殿堂”之美称。地铁车厢除顶灯外，还设计了便于读书看报的局部光源，在车厢门口安装了报站名用的电子显示屏。地铁站除根据民族特点建造外，还以名人、历史事迹、政治事件为主题而建造，其中最早建成的车站其名为卡冈诺维奇。

2. 圣彼得堡

圣彼得堡市。位于俄罗斯西北部，波罗的海沿岸，涅瓦河口，是俄罗斯的中央直辖市，列宁格勒州的首府，俄罗斯西北地区中心城市，全俄重要的水陆交通枢纽，是世界上人口超过百万的城市中位置最北的一个，又被称为俄罗斯的“北方首都”。圣彼得堡是俄罗斯第二大城市，始建于1703年，至今已有300多年的历史，市名源自耶稣的弟子圣徒彼得。1712年彼得大帝迁都到圣彼得堡，一直到1918年的200多年的时间里，这里都是俄罗斯文化、政治、经济的中心。1924年为纪念列宁而更名为列宁格勒，1991年又恢复原名为圣彼得堡。圣彼得堡和历史中心古迹群构成为联合国教科文组织世界遗产。

（1）冬宫。也称为艾尔米塔什博物馆。坐落在圣彼得堡宫殿广场上，原为俄罗斯帝国沙皇的皇宫，十月革命后辟为圣彼得堡国立艾尔米塔什博物馆的一部分。它是18世纪中叶俄罗斯新古典主义建筑的杰出典范，艾尔米塔什博物馆与伦敦的大英博物馆、巴黎的卢浮宫、纽约的大都会艺术博物馆一起，称为世界四大博物馆。该馆最早是俄罗斯女皇叶卡捷琳娜二世的私人博物馆。

（2）夏宫。彼得大帝夏宫又称“俄罗斯夏宫”“彼德宫”。它位于芬兰湾南岸的森林中，它距圣彼得堡市约30千米，占地近千公顷，由瑞士人多梅尼克·特列吉尼设计，是历代俄国沙皇的郊外离宫，也是圣彼得堡的早期建筑。第二次世界大战中，遭到破坏，后经修复，被联合国教科文组织列入《世界遗产名录》。

3. 黑海沿岸

属于亚热带气候，日照充足，拥有丰富的有医疗效果的矿泉水、医疗用水等，是闻名于世的疗养区。位于黑海东岸的索契是俄罗斯最狭长的城市，也是俄罗斯最大海滨温泉疗养地和气候疗养地，也是俄罗斯最受欢迎的度假胜地。2014年冬季奥林匹克运动会在索契举行，2018年俄罗斯主办世界杯，这里将作为比赛会场之一。

4. 贝加尔湖

历史上曾长期是中国的固有领土。它是世界上年代最久的湖泊，为世界第七大湖，形状为新月形，曾是中国古代北方游牧民族主要活动地区，汉代苏武牧羊之地，湖中动植物资源丰富。该湖水质好，透明度深达40.5米，被誉为“西伯利亚的明眸”。2015年贝加尔湖水体总容积23.6万亿立方米，最深处达1 637米，蕴藏着地球全部淡水量的20%，相当于北美洲五大湖水量的总和，超过整个波罗的海的水量，是世界上储水量最大的淡水湖泊。湖畔阳光充沛，有300多处温泉，是俄东部地区最大的疗养胜地。1996年被列入世界人类文化和自然保护名录。

5. 伏尔加河

又译窝瓦河，位于俄罗斯的西南部，全长3 690千米，是欧洲最长的河流，也是世界最长的内流河，流入里海。伏尔加河在俄罗斯的国民经济中，在俄罗斯人民的生活中起着非常重要的作用。因而，俄罗斯人将伏尔加河称为“母亲河”，伊里亚·叶菲莫维奇·列宾曾画过世界名画《伏尔加河上的纤夫》。沿岸有历史名城列宁的故乡乌里扬诺夫斯克、英雄城伏尔加格勒等。

6. 波罗的海及其芬兰湾沿岸

属海洋性气候，湿润温和，风景优美，是俄罗斯重要的传统海滨疗养度假胜地。

7. 高加索山脉

位于黑海与里海之间，重峦叠嶂，冰川密布。其北麓矿泉水众多，为俄罗斯最大矿泉气候疗养区，它还是传统的冬季山地滑雪地。

案例回放

东正教传统节日里最著名的就是复活节，除此之外，东正教还有十二大节日，它们是：

主降生节：主降生节又称圣诞节，是纪念“耶稣诞生”的节日。东正教的圣诞节日期与天主教的不同。天主教把12月25日定为圣诞节，东正教因历法不同、节期也不同，把圣诞节定在公历1月7日。长期以来，不论是否是教徒，俄罗斯人都会庆祝这一节日并把12月24日至1月19日这段日子定为圣诞节期。俄罗斯人认为圣诞节是新的一年的开始。在圣诞节期间，人们聚集在一起唱歌、跳舞、占卜，吃圣诞餐，装饰圣诞树。由于这一节期正好在元旦前后，所以往往和新年的各种庆祝、娱乐活动交织在一起。

主领洗节：主领洗节又称显现节或主显节，是纪念耶稣在约旦河里接受先知约翰洗礼的节日。东正教把主领洗节定在公历1月19日。这一天，俄罗斯人除去教堂祈祷外，还要到江河里破冰取“圣水”，健康的人还要到冰窟窿里洗一洗。按风俗习惯，18日晚上，人们都要行占卜，特别是女孩子可在此时占卜自己的终身大事，这种风俗一直延续到现在。

主进堂节：主进堂节又称圣母行洁净礼日，东正教把主进堂节定在公历2月14日或15日。此节是纪念圣母玛丽亚在生育耶稣满了洁净期后，带婴儿耶稣进圣殿，为自己行洁净礼，将婴儿耶稣献给上帝。

圣母领报节：东正教把圣母领报节定在公历4月6日。此节是为纪念圣母玛丽亚领受天使向她传报上帝的旨意，告知她将由“圣灵”感孕而生耶稣。

主进圣城节：主进圣城节又称棕枝主日，东正教把主进圣城节定在复活节的星期日。此节是为纪念耶稣“受难”前不久，骑驴最后一次进耶路撒冷城。当时群众手执棕树枝踊跃欢迎耶稣。为表示纪念，此日教堂多以棕树枝为装饰，有时教徒也持棕树枝绕堂一周。

主升天节：主升天节又称耶稣升天节，东正教把主升天规定在复活节（每年春分月圆后的第一个星期日）后第四十日，即公历5月14日和6月17日之间。此节为纪念耶稣“升天”的节日。据《新约圣经》记载，耶稣于“复活”后第40日升天。

此外，其他六个节日为圣三主日（复活节后第50日后的星期日）、主显圣容节（公历8月18日）、圣母安息节（公历8月27日）、皇母圣诞节（公历9月20日）、举荣圣架节（公历的9月26日）、圣母进堂节（公历12月3日）。

实训项目

根据不同年龄段的中国游客，设计出适合的俄罗斯旅游线路。

第二节　英　　国

导读：英国，全称大不列颠及北爱尔兰联合王国（英文：The United Kingdom of Great Britain and Northern Ireland），本土位于欧洲大陆西北面的不列颠群岛，被北海、英吉利海峡、凯尔特海、爱尔兰海和大西洋包围，是由大不列颠岛上的英格兰、威尔士和苏格兰，爱尔兰岛东北部的北爱尔兰以及一系列附属岛屿共同组成的一个西欧岛国。除本土之外，还拥有14个海外领地，总人口超过6 400万，以英格兰人为主体民族。

白金汉宫

知识点：了解英国的自然环境、社会概况，掌握应该的节庆与习俗和旅游资源与主要旅游地。

技能点：能熟练介绍英国概况和著名旅游景点，能根据所学知识向英国游客提供合理优质的接待服务。

案例导入

导游员小王将要接待一个来自英国的旅游团，这是小王第一次接待来自西方的旅游者，为了更好地做好接待工作，小王向自己所在旅行社的经理请教。经理告诉他，给每位团员发一份日程表最为重要，而且，既定的日程安排不要随意变更。

问题：这位旅行社经理的话有道理吗？

一、自然环境

英国是位于西欧的一个岛国，由大不列颠岛上英格兰、苏格兰、威尔士以及爱尔兰岛东北部的北爱尔兰共同组成的一个联邦制岛国。英国被北海、英吉利海峡、凯尔特海、爱尔兰海和大西洋包围。东临北海，面对比利时、荷兰、德国、丹麦和挪威等国；西邻爱尔兰，横隔大西洋与美国、加拿大遥遥相对；北过大西洋可达冰岛；南穿英吉利海峡行 33 千米即为法国。国土面积 24.41 万平方千米（包括内陆水域），海岸线总长 11 450 千米。

英国全境分为四部分：英格兰东南部平原、中西部山区、苏格兰山区、北爱尔兰高原和山区。

英国有着十分多样的地形地貌，从苏格兰的格兰扁山脉到英格兰等于或低于地平面的低地沼泽，都可以在英国见识到。多为丘陵山脊的英国奔宁山脉从英格兰北部的中心一直延展下来。许多沿海地区地势低洼，特别是英格兰东部和南部地区。其中包括萨默赛特一带的湿地，在暴雨期间会有定期洪涝出现。

英国属温和湿润的海洋性气候，冬无严寒，夏无酷暑。通常最高气温不超过 32℃，最低气温不低于 -10℃，平均气温 1 月 4～7℃，7 月 13～17℃。年降雨量约 1 100 毫米，雨量分布较均匀。英国雾气较重，主要是岛国的潮气所致。英国虽然气候温和，但天气多变。一日之内，时晴时雨。多变的天气也为人们提供了经常的话题，在英国甚至最沉默寡言的人也喜欢谈论天气。

作为一个相对较小的岛，英国的河流都不是很长。塞文河，英国最长的河流，长度为 338 千米，始于威尔士，流入英格兰布里斯托尔附近的大西洋水域。其他主要河流包括泰晤士河，流经牛津大学、伦敦、特伦特和默西河，其中泰晤士河是英国第二大河，流域面积 1.14 万平方千米。北爱尔兰拥有英国最大的湖泊——内伊湖，占地 396 平方千米，面积 153 平方英里。其他主要湖泊包括在英国湖区的温德米尔湖和苏格兰的罗梦湖。另一个苏格兰的湖泊尼斯湖以“尼斯湖水怪”而著称。

矿产资源方面，英国主要的矿产资源有煤、铁、石油和天然气。硬煤总储量 1 700 亿吨，铁的蕴藏量约为 38 亿吨，西南部康沃尔半岛有锡矿，在柴郡和达腊姆蕴藏着大量石盐，斯塔福德郡有优质黏土，康沃尔半岛出产白黏土，奔宁山脉东坡可开采白云石，兰开夏西南部施尔德利丘陵附近蕴藏着石英矿。在英国北海大陆架石油蕴藏量在 10 亿～40 亿吨，天然气蕴藏量在 8 600 亿～25 850 亿立方米。

森林资源方面，2011 年，英国森林覆盖面积 308 万公顷，占本土面积 12.6%。

生物资源方面，英国动植物资源丰富，2007 年英国政府开始实施野生动植物保护计划，截至2007年，英国有1 149种濒临灭绝的野生动植物，而刺猬、收割鼠、大西洋鲑和麻雀首次被列入其中。2006年9月已有550只刺猬被送往英格兰中南部的白金汉郡首府埃尔兹伯里市附近的野生动物医院进行监管。

二、社会概况

1. 历史沿革

公元前地中海的伊比利亚人、比克人、凯尔特人，先后来到不列颠。1～5世纪大不列颠岛东南部为罗马帝国统治。罗马人撤走后，欧洲北部的盎格鲁人、撒克逊人、朱特人相继入侵并定居。7世纪开始形成封建制度，许多小国并成七个王国，争雄达200年之久，史称"盎格鲁－撒克逊时代"。

829年威塞克斯国王爱格伯特统一了英格兰。8世纪末遭丹麦人侵袭，1016年至1042年为丹麦海盗帝国的一部分。1066年诺曼底公爵渡海征服英格兰。1215年约翰王被迫签署大宪章，王权遭抑制。1338年至1453年英法进行"百年战争"，英国先胜后败。1536年威尔士与英格兰合并。1588年击败西班牙"无敌舰队"，树立海上霸权。1640年英国爆发资产阶级革命，成为资产阶级革命的先驱。1649年5月19日宣布成立共和国。1660年王朝复辟，1688年发生"光荣革命"，确定了君主立宪制。1707年英格兰与苏格兰合并，1801年又与爱尔兰合并。

18世纪后半叶至19世纪上半叶，英国成为世界上第一个完成工业革命的国家。19世纪是大英帝国的全盛时期，1914年占有的殖民地比本土大111倍，是第一殖民大国，自称"日不落帝国"。第一次世界大战后开始衰败。英国于1920年设立北爱尔兰郡，并于1921年至1922年允许爱尔兰南部脱离其统治，成立独立国家。1931年颁布威斯敏斯特法案，被迫承认其自治，在内政、外交上独立自主，大英帝国殖民体系从此动摇。第二次世界大战中英国经济实力大为削弱，政治地位下降。随着1947年印度和巴基斯坦的相继独立，到20世纪60年代，英帝国殖民体系瓦解。目前，英在海外仍有14块领地。1973年1月英国加入欧洲共同体。

2. 国家象征

国旗。英国国旗为"米"字旗，它是世界上最为人所熟悉的旗帜之一。1603年，苏格兰皇室与英格兰皇室合并，詹姆士一世国王决定设计一面旗帜来确认两国的联合，这面旗帜采用了英格兰的红色圣乔治十字架及苏格兰的白色圣安德鲁十字架。1801年，爱尔兰也加入了进来，在原有的国旗上又融合了爱尔兰的圣帕特里克十字架，成了现在的国旗样子。国旗正式采用时间为1801年1月1日。国旗呈长方形，长与宽之比为2:1。由深蓝底色和红、白色"米"字组成。旗中带白边的红色正十字代表英格兰守护神圣乔治，白色交叉十字代表苏格兰守护神圣安德鲁，红色交叉十字代表爱尔兰守护神圣帕特里克。

国徽。英国的国徽即英王徽，中央呈盾形，盾面由四部分组成：左上角和右下角为红底上有三只正在行走的金狮，它们自上而下依次排列，眼睛凝视着观瞻者，代表英格兰；右上角为金底上有一只后腿直立的红狮，红狮的周围是两根红色的细平行线，平行线的两边饰以交替的红色花纹（花纹的中央被平行线切断了），代表苏格兰；左下角为蓝底上有一把银质弦的金色竖琴，代表爱尔兰。盾徽周围是嘉德勋章，源于爱德华三世的统治时期。盾徽上方是一顶君主的头盔，源于伊丽莎白一世采用的金丝貂皮斗篷。头盔的上方是一只头戴王冠、站立于皇冠上的金狮，凝视着观者，源于亨利八世的统治时期。盾徽左侧是一只头戴王冠的直立金狮，源于亨利五世的统治时期；右侧是一只直立的银色独角兽，金角、金蹄、金鬃毛，脖子上是一个十字交替的皇冠状金色项圈，项圈连接着一段绕过它前胸后背的金色铁链，此图案成为国徽的组成部分源于国王詹姆士一世到六世的统治时期。盾徽周围用法文写着一句格言，意为“恶有恶报”；底部饰带上写着国家的铭言“天有上帝，我有权利”。

英国国旗

英国国徽

国歌。《上帝保佑女王》“God save the queen”（如在位的是男性君主，国歌改为“God save the king”）。

国花。玫瑰花（蔷薇）。

国鸟。红胸鸲。英国人十分喜爱红胸鸲，尤其是崇拜雄性红胸鸲。这种鸟对所建立的疆域负有巡察及保卫责任的本能，英国人称其为“上帝之鸟”。

国石。钻石。历来被讲求风度气质的英国人视为宝石之冠。在所有宝石中，由于钻石硬度最高，因而英国的男人喜欢用钻石代表自己的坚定和果敢，而女人则愿意用钻石比喻自己的圣洁和高贵。

3. 行政制度

英国的宪法不同于绝大多数国家的宪法，并不是一个独立的文件，它是由成文法、习惯法、惯例组成。主要有大宪章（1215 年）、人身保护法（1679 年）、权利法案（1689 年）、议会法（1911、1949 年）以及历次修改的选举法、市自治法、郡议会法等。

政体。君主立宪制。国王是国家元首、最高司法长官、武装部队总司令和英国圣公会的“最高领袖”，形式上有权任免首相、各部大臣、高级法官、军官、各属地的总督、外交官、主教及英国圣公会的高级神职人员等，并有召集、停止和解散议会，批准法律，宣战媾和等权力，但实权在内阁。

议会。是最高司法和立法机构，由国王、上院和下院组成。上院（贵族院）包括王室后裔、世袭贵族、新封贵族、上诉法院法官和教会大主教及主教组成。

政府。实行内阁制，由国王任命在议会选举中获多数席位的政党领袖出任首相并组阁，向议会负责。

政党。英国是多党制国家，主要有保守党、工党、自由民主党、苏格兰民族党、威尔士民族党以及北爱尔兰一些政党。

司法。有三种不同的法律体系：英格兰和威尔士实行普通法系，苏格兰实行民法法系，北爱尔兰实行与英格兰相似的法律制度。

4. 经济结构

英国是世界经济强国之一，其国内生产总值在西方国家中居前列。

农业。采取精耕细作方式，高度机械化，具有欧洲标准中的高效率，以不到2%的劳动力生产出约60%的食物需求。大约2/3的产品来自畜牧业，1/3来自可耕种农作物。种植的主要农作物有小麦、大麦、燕麦、油菜、用作动物饲料的玉米、土豆以及甜菜。畜养的主要牲畜有牛、鸡（英国是欧洲第二大家禽出口国，仅次于法国）和羊。

渔业。虽已大幅衰退，但仍占有重要地位。其渔船捕捞从鳎鱼到鲱鱼的各鱼种。

制造业。英国是第一次工业革命的起源国家，制造业曾经给英国带来300多年的经济繁荣。但20世纪80年代以来，英国开始推行"去工业化"战略，不断缩减钢铁、化工等传统制造业的发展空间。2008年国际金融危机给英国带来沉重打击后，英国政府开始摸索重振制造业，希望重现18世纪工业革命时代的辉煌。目前，英国制造业带动了260万人就业，产品占英国出口总量的一半多。在制造业中，工程机械及同类行业占据最大部分。在这个部分中，交通设备贡献最大，有宝马、福特、通用等8家全球性的汽车制造商在英国开展经营，与这部分产业相关的有航空与国防设备行业。工程机械及同类行业的另一个重要组成部分是电子、音频和光学设备，英国在这方面拥有广泛基础。化学及化学产品是英国制造业的另一个重要基础，在这部分中，制药企业尤其成功，世界第二和第三大制药公司（分别为葛兰素史克和阿斯利康）总部位于英国，主要的研发和制造工厂也设在英国。此外，制造业的其他重要部分包括食品、饮料、烟草、造纸、印刷、出版和纺织行业等。

服务业。包括金融保险、零售、旅游和商业服务等，是英经济的支柱产业。

财政金融业。伦敦是世界著名金融中心，拥有现代化金融服务体系，从事跨国银行借贷、国际债券发行、基金投资等业务，同时也是世界最大外汇交易市场、最大黄金现货交易市场、最大衍生品交易市场、全球第三大保险市场、重要船贷市场和非贵重金属交易中心，并拥有数量最多的外国银行分支机构或办事处。

对外贸易。英国与80多个国家和地区有贸易关系，主要贸易对象是欧盟、美国和日本。主要进口产品有食品、燃料、原材料、服装、鞋业、电子机械设备、汽车等。主要出口产品有石油及相关产品、化工产品（包括医药制品）、烟草、饮料、机械设备等。欧盟是英国最大的贸易伙伴。

交通运输。英国交通基础设施较齐全，陆路、铁路、水路、航空运输均较发达。伦敦有十分发达的地铁网。1994年英法海底隧道贯通，将英国与欧洲大陆的铁路系统连接起来。铁路方面，1997年完成私有化，21世纪初，英铁路总长达1.66万公里。公路方面，英国公路总长达39.5万公里（2012年），高速公路和A级公路承担了公路运输量的65%，但高速公路仅占总里程的1%。水运方面，英国内河航运共3 200公里，其中620公里用于货运。

泰晤士河是最繁忙的内陆水运河。空运方面，英国所有的航空公司和大多数机场均为私营企业。英国航空公司是世界最大航空公司之一，拥有 300 多架飞机，其航线覆盖 90 多个国家和地区约 220 座城市。

货币。英国的货币名称是英镑，由成立于 1694 年的英格兰银行（Bank of England）发行，辅币便士，1 英镑等于 100 便士。

5. 人口、民族和信仰

英国人口总数：6 445. 6 万人（2014 年），英国人口有近 1/3 居住在英格兰东南部。

从公元前一直到 1066 年法国的诺曼人征服英格兰，英国历史上曾先后有几个民族到该岛上定居：伊伯利亚人、凯尔特族、罗马人、日耳曼人、丹麦人、诺曼人。

在英国，每个人都享有宗教自由，因此，在英国各中心地区也形成了多种不同的宗教信仰蓬勃发展的局面。英国有两个“官方的”教堂，即英格兰教堂（英国圣公教会）和苏格兰教堂（长老教派），除此之外，各种不同的宗教和数不胜数的教派在英国都可以找到自己的代表。

英国首都伦敦风景图

英国首都伦敦位于英格兰东南部，跨泰晤士河下游两岸，距河口 88 公里，是英国政治、经济、文化中心。由伦敦城（亦称金融城）及周围 32 个市组成，面积 1 650 平方千米。

6. 文化教育

英国是近代工业革命的发祥地，并哺育出一大批世界著名的科学家，如牛顿、达尔文、麦克斯韦、瓦特和法拉第等。以经典力学体系、进化论、电磁学、电力的使用和蒸汽机等方面的杰出成就，奠定了近代科学和现代科学坚实的基础，为世界科学技术众多领域的发展做出了举世瞩目的贡献。直至今天，英国仍然是世界上最重要的科技强国之一。按英国人自己的话说，就是以世界 1% 的人口，参与了世界 5% 的研究课题，贡献了世界 9% 的论文，并拥有 12% 的科学论文引用率。这些数据充分体现了英国的科学实力。获得诺贝尔自然科学奖等获世界大奖的人数，英国也是仅次于美国。获国际大奖人数约占世界的 10%，迄今已涌现出 80 多位诺贝尔科学奖得主，居世界第二。

英国有 110 多所大学和高等教育学院。著名的高等院校有牛津大学、剑桥大学、帝国理工学院、伦敦政治经济学院、圣安德鲁斯大学、伦敦大学学院、华威大学、曼彻斯特大学、爱丁堡大学和卡迪夫大学等。

英国是世界文化大国之一，文化产业发达。全国约有 2 500 家博物馆和展览馆对外开放，其中大英博物馆、国家美术馆等闻名于世。英国皇家芭蕾舞团、伦敦交响乐团等艺术团体具有世界一流水准。文学艺术领域出现了拜伦、莎士比亚、萧伯纳、雪莱、笛福、易卜生等世界驰名的大文豪和剧作家。

英国新闻出版业发达，目前全国共有 1 300 多种报纸，8 500 种周刊和杂志，主要报纸、杂志有《泰晤士报》《金融时报》等。英国 15 岁以上人口中有超过 2/3 的人至少阅读一份全国性日报。

三、节庆与习俗

1. 节庆

圣诞节：圣诞节是每年的 12 月 25 日，庆祝耶稣的诞生。节日庆祝主要由两部分组成：赠礼物和家庭聚会。圣诞节当天，房屋要经过装饰，房屋角落要有一颗圣诞树（一般是杉树）。在圣诞前夜，孩子们有将长筒袜挂在床头的传统习俗。孩子们这样做是期待圣诞老人能从烟囱进入房间送给他们礼物。

复活节：复活节是基督教的主要节日，其重要性超过圣诞节，是为了庆祝耶稣的复活。时间是每年的 3 月 22 日至 4 月 25 日间的某一天。具体时间是春分日之后的第一个满月的那一天。

圣神将临节：时间是复活节之后的第七个周日。节日的目的是庆祝基督耶稣的圣灵在其死后 7 天之后回归他的信徒们。

盖伊·福克斯之夜：这是英国的传统节日，时间为每年的 11 月 5 日。它是为纪念“火药的阴谋”这个历史事件：天主教反叛分子密谋炸毁位于伦敦威斯敏斯特的英国国会大厦，但是密谋泄露了，一个卫兵发现了盖伊·福克斯，在严刑拷打下盖伊·福克斯招供了一切。今天，孩子们都非常喜欢这个节日。他们自己制作用旧衣服填充做成的假人“盖伊”，再把它放到篝火上焚烧。最后，当绚丽的焰火燃放起来时，代表多年前的那场爆炸根本没有发生过。

21 岁生日：英国的成年人年龄是 21 周岁，21 周岁生日被视为英国人人生中的一件大事。21 周岁生日庆典也被视作是一个人走向成熟男性或女性的开端。

国庆日：英国的国庆日期并不固定，而是以国王的正式生日为国庆日。

银行假日：英国有 8 天的“银行假日”，这是全国性的假日，并不仅限于银行。8 天银行假日是一年中最受欢迎的节日，其原因正值学校放假，许多人设法乘机度一个较长的周末，去海边或乡村。

圣戴维日：每年 3 月 1 日是圣戴维日。按照基督教传统，圣戴维是威尔士的所谓“主保圣人”，就是说，人们认为他特别照顾威尔士。这里所纪念的是 2 世纪到威尔士传教的僧人戴维，并非《圣经》中的戴维王。这一天是威尔士的重要节日，不少公司、办公室都放假。在这一天以及这天的前后，在英国街头上会看到不少人衣襟上有一朵黄色的水仙花，这是因为威尔士的标记是黄水仙和韭葱。

圣帕特里克日：3 月 17 日是爱尔兰主保圣人圣帕特里克的纪念日。这天是爱尔兰共和国、北爱尔兰的假日，而英国，乃至欧美其他地方的爱尔兰裔人都会热烈庆祝这个纪念他们传统中的主保圣人的日子。

母亲节：英国的“母亲节”与美国的完全不同。在美国，5 月第二个星期日是“母亲节”，但是，英国的“母亲节”是在基督教会的耶稣受难前的“封斋期”内的第四个星期日，即 3 月 23 日，称为 Mothering Sunday。

神圣星期四：这是每年耶稣受难日前的最后一个星期四，就是“最后晚餐”的一天，在英国称为 Maundy Thursday。在这一天，罗马天主教内有教士、高级神职人员为信徒、初级教士濯足的仪式，仿效耶稣在这天为门徒濯足的做法。

愚人节：每年的 4 月 1 日是愚人节。这个节日的确实来源已经不大清楚，但是，有资料显示，在 16 世纪法国，一种类似的传统已经存在。无论如何，英国各地现在都有类似的习俗。在这一天，人们可以尽情地愚弄周遭的人，但是，最终都是一些无伤大雅的玩笑。

仲夏夜：虽然每年夏至，即每年日最长夜最短的日子是阳历 6 月 21 日，但是，英国庆祝仲夏夜都是在 6 月 22 日晚上，6 月 23 日就是仲夏日。

万圣节：每年的 10 月 31 日是万圣节，其实这是 11 月 1 日基督教会传统中纪念所有圣人和殉道者的节日前夕。人们相信，在这个晚上，已逝的人会从坟墓中走出来，巫婆和鬼怪也会到处出没。

情人节：每年的 2 月 14 日是情人节。现在这个节日已经成为年轻人热切期待的一天，让他们有机会可以同心上人共庆良辰。不过，这个日子其实本来是教会中的一个圣人的纪念日，纪念圣瓦伦丁（St Valentine）。

薄煎饼日：薄煎饼日的真正名字是忏悔礼拜二。这一天其实是基督教会在基督受难日前 40 天的“封斋期”开始前的最后一天。封斋期内一些虔诚的教徒会定期“守斋”，纪念耶稣基督的死。

2. 习俗与禁忌

姓名称呼。英国人的姓名多由两或三部分组成。如约翰・斯图尔特・史密斯这个名字，史密斯是姓，前面两部分则是名。也有一些人的姓名只有两部分，如约翰・史密斯。一般说来，最前面的“约翰”一字是本人的名字。第二个字，如斯图尔特，有时是母亲的姓，有时是父母家庭中某个成员或他们所尊敬的好友或名人的名字。妇女在未婚时使用父母的姓，结婚后则改用丈夫的姓。

服饰礼仪。英国人十分注重穿着。以前，脑力劳动者多穿着灰暗色调服装，穿白衬衫、系领带，被称为“白领阶层”；而体力劳动者多穿蓝色工作服，被称作“蓝领阶层”。目前，蓝白领阶层的服装区别正在消失，虽然西服仍称得上是英国的国服，上班族西装革履，甚至在重要场合，男士着燕尾服，女士着低胸晚礼服，但是，很多老百姓日常喜欢穿休闲服，式样简单、舒服合体。

交谈礼仪。英国人很有幽默感，有时他们在调侃的时候，可能看起来很严肃。他们善于自嘲，但绝不会对别人的不幸幸灾乐祸。谈正事时，喜欢直接切入主题，表达意见也不愿拐弯抹角。隐私对于英国人来说十分重要。个人问题，例如婚姻、恋爱关系、财政、健康等话题应当避免。

交通礼仪。英国的交通，车辆都是靠马路的左边行驶；在自动扶梯上，靠右站好让别人通过。虽然这个听起来有点混乱，但是过马路左右看是肯定不会错的。在英国坐出租车是要按车费的 10% 付小费的。

商务礼仪。到英国从事商务活动要避开 7、8 月，这段时间工商界人士多休假，另外在圣诞节、复活节也不宜开展商务活动。在英国送礼不得送重礼，以避贿赂之嫌。在商务会晤时，按事先约好的时间光临，不得早到或迟到。英国工商界人士办事认真，不轻易动感情和表态，他们视夸夸其谈、自吹自擂为缺乏教养的表现。

在英国，有如下禁忌需要注意：

不要加塞。英国人有排队的习惯，即使是少数的几个人乘坐出租车，也要排队等候。加塞对于英国人来讲是一种令人不齿的行为。

不能砍价。在英国购物，最忌讳的就是砍价，他们认为讨价还价是很丢面子的事，有失绅士风度。

英国人认为13和星期五是不吉利的，尤其是13日与星期五相遇更忌讳，这个时候，许多人宁愿待在家里不出门；

在英国，忌讳谈论男人的工资、女人的年龄、政治倾向等。他们忌讳四人交叉式握手，还忌讳点烟时连点三人。

3. 饮食文化

英国人的饮食式样简单，注重营养。早餐通常是麦片粥冲牛奶或一杯果汁，涂上黄油的烤面包片，熏咸肉或煎香肠、鸡蛋。中午，孩子们在学校吃午餐，大人的午餐就在工作地点附近买上一份三明治，就一杯咖啡，打发了事。只有到周末，英国人的饭桌上才会丰盛一番。通常主菜是肉类，如烤鸡肉、烤牛肉、烤鱼等。蔬菜品种繁多，如卷心菜、新鲜豌豆、土豆、胡萝卜等。蔬菜一般都不再加工，装在盘里，浇上从超市买回的现成调料便食用。主菜之后总有一道易消化的甜食，如烧煮水果、果料布丁、奶酪、冰激凌等。主食为米饭、点心，注重菜品量少、精、鲜、嫩、焦香；口味上讲究不苦、咸，爱酸甜、微辣，喜欢吃牛肉、羊肉，不吃猪肉，不喜欢狗肉，基本不吃。蔬菜喜欢黄瓜、土豆、豌豆、洋葱、番茄。烹调方法喜欢烧、煮、蒸、烤、烙。酒水喜欢啤酒尤其是苦啤酒或黑啤酒、葡萄酒、威士忌，纯正的德文郡苹果酒也很受欢迎。在英国喝酒时间有一定的限制，伦敦周围平常是上午11点到下午3点，下午五点半到晚上11点；星期天则是中午12点到下午2点、下午7点到晚上10点半。如果不在规定时间内饮酒的话，顾客和商店都会被处罚。英国人饮料喜欢红茶，茶叶的销量居西方各国之冠。英国人在水果方面喜欢吃苹果、梨、西瓜、菠萝，干果方面喜欢吃花生米、杏仁。

英国的宴请方式多种多样，主要有茶会和宴会，茶会包括正式和非正式茶会。英国人在席间不布菜也不动酒，全凭客人的兴趣取用。一般要将取用的菜吃光才礼貌，不喝酒的人在侍者斟酒时，将手往杯口一放就行。客人之间告别可相互握手，也可点头示意。在英国，邀请对方午餐、晚餐、到酒吧喝酒或观看戏剧、芭蕾舞等，会被当作等价的送礼方式。

四、旅游资源与主要旅游地

英国是世界经济强国之一，也是发展旅游业最早的国家。1840年，托马斯·库克首次组织的火车专列旅游活动，标志着旅游业首先在英国诞生。英国是当今世界上旅游业最发达的国家之一，740多亿英镑的旅游业年产值，占世界旅游收入的5%左右。

主要旅游资源

1. 大英博物馆（伦敦）

又名不列颠博物馆，位于新牛津大街北面的罗素广场（Russell Square）。大英博物馆和纽约的大都会艺术博物馆、巴黎的卢浮宫同列为世界三大博物馆。大英博物馆始建于1753年，1759年对外开放，是世界上历史最悠久、规模最宏伟的综合性博物馆。大英博物馆包括埃及文物馆、希腊罗马文物馆、西亚文物馆、欧洲中世纪文物馆和东方艺术文物馆。其中以埃及文物馆、希腊罗马文物馆和东方艺术文物馆藏品最引人注目，中国的藏品则吸引了众多游客驻足。大英博物馆所收藏的古罗马遗迹、古希腊雕像和埃及木乃伊闻名于世。

2. 伦敦眼（伦敦）

全称英国航空伦敦眼，又称千禧之轮。坐落在伦敦泰晤士河畔，是世界第四大摩天轮，也是伦敦的地标之一。伦敦眼于1999年年底开幕，总高度135米（443英尺）。伦敦眼共有32个乘坐舱，全部设有空调。每个乘坐舱可载客约15名，回转速度约为每秒0.26米，即一圈需时30分钟。

英国伦敦眼

3. 威斯敏斯特大教堂（伦敦）

坐落在英国伦敦议会广场西南侧，它最初由笃信宗教的国王“忏悔者”爱德华一世于1050年下令修建，1065年建成。现存的教堂为1245年亨利三世时重建，以后历代都有增建，直到15世纪末才告竣工。教堂平面呈拉丁十字形，全长156米，宽22米，大穹隆顶高31米，高68.5米，整座建筑既金碧辉煌，又静谧肃穆，被认为是英国哥特式建筑的杰作。威斯敏斯特大教堂既是英国国教的礼拜堂，又是历代国王举行加冕典礼及王室成员举行婚礼的大礼堂，还是一个国葬陵墓。

4. 伦敦塔（伦敦）

曾作为堡垒、军械库、国库、铸币厂、宫殿、天文台、避难所和监狱，特别是关押过上层阶级的囚犯。最后的这一用途产生一条短语“sent to the Tower”，意思是“入狱”。伊丽莎白一世在她姐姐玛丽一世统治时期曾在此入狱过一段时间。伦敦塔最后一次作为监狱使用是在第二次世界大战期间，关押鲁道夫·赫斯。1988年被列为世界文化遗产。

5. 大本钟（伦敦）

大本钟是英国伦敦著名古钟，即威斯敏斯特宫报时钟。它是英国国会会议厅附属的钟楼，建于1859年。钟楼四面的圆形钟盘的直径为6.7米，是伦敦的传统地标和英国的象征。

英国伦敦大本钟

6. 伦敦塔桥

它是从英国伦敦泰晤士河口算起的第一座桥，有“伦敦正门”之称。该桥建于1886年并于1894年6月30日对公众开放，将伦敦南北区连接成整体。登塔远眺，可尽情欣赏泰晤士河上下游十里风光。假若遇上薄雾锁桥，景观更为一绝。雾锁塔桥是伦敦胜景之一。

7. 剑桥城

它是一座令人神往的传统大学城。剑桥大学在自然科学的成就尤其突出，哺育出牛顿、达尔文这样开创科学新纪元的科学大师。60多位诺贝尔奖奖金得主曾在剑桥留下了足迹，人们怀着敬佩的心情称剑桥为“自然科学的摇篮”。尽管这里保存了许多中世纪的建筑，但就整个剑桥的外观而言，仍是明快而且现代化的。剑桥有众多剧场、美术馆等设施，更使得这座大学城散发出一股浓浓的文艺气息。

8. 牛津城

牛津因它的世界一流学府的地位和遍布各地的古迹，它成为人们极度梦想的城市。距今已有1100多年历史的牛津城是英国皇族和学者的摇篮。许多著名的人物曾就读于牛津，其中包括4位英国国王、46位诺贝尔奖获得者、25位英国首相、3位圣人、86位大主教以及18位红衣主教。尽管牛津是一座古老的大学城，但城市的各个角落依旧焕发着青春的活力。

9. 爱丁堡

爱丁堡是英国苏格兰首府，位于苏格兰东海岸福斯湾南岸。1995年爱丁堡被联合国教科文组织列为世界文化遗产。爱丁堡也是苏格兰最重要的旅游城市，每年吸引约1 300万名游客。每年8月份，爱丁堡举办世界闻名的爱丁堡国际艺术节。爱丁堡的著名景点有爱丁堡城堡、皇家大道、荷里路德宫等。

10. 巨石阵

英国古石柱群坐落于英国南部索尔斯巴利，是世界上相当著名的巨石阵。根据考古学家的推算，巨石阵约在公元前2800年就已经存在于此，已有四千年的历史。巨石阵是由环状列石与环状沟所组成的，而环状沟的直径约一百米，重五十吨的巨石以同心圆整齐地排列，因为相当奇特，每年吸引相当多的观光客到此游览。

案例回放

英国人时间观念很强，讲究准时，凡事都喜欢事先安排。因此，在接到英国人的邀请后，是否出席都应明确告知，有事不能前往应及时通知，否则会被人认为失礼。有事拜访时，应有预约，不可突然造访。此外，英国人习惯按既有原则办事，不希望看到突然的变化。因此，在旅游活动中，应尽量避免对既定日程做出突然的变更。

实训项目

学生熟练掌握英国人见面时的称呼与礼仪，分成小组扮演会与英国人见时相处的场景。

第三节　法　　国

导读：法兰西共和国（法语：République française，英文：The French Republic），简称法国，是一个本土位于西欧的总统共和制国家，海外领土包括南美洲和南太平洋的一些地区。它是欧洲国土面积第三大、西欧面积最大的国家。法国是一个高度发达的资本主义国家。欧洲四大经济体之一，其国民拥有很高的生活水平和较好的社会保障制度，是联合国安理会五大常任理事国之一，也是欧盟和北约创始会员国、申根公约和八国集团成员国，是欧洲大陆主要的政治实体之一。

卢浮宫

知识点：了解法国的自然环境、社会概况，掌握法国节庆与习俗、旅游资源与主要旅游地。

技能点：能熟练介绍法国概况和著名旅游景点，能根据所学知识向法国游客提供合理优质的接待服务。

案例导入

导游小张接了一个法国团队，一向细心的小张发现很多团员的姓氏不同，但是名字是一样的，很是纳闷，于是他向经理请教。

问题：你知道这是怎么回事吗？

一、自然环境

法国国土面积为632 834平方千米，其中本土面积为543 965平方千米。它位于欧洲西部，与比利时、卢森堡、瑞士、德国、意大利、西班牙、安道尔、摩纳哥接壤，西北隔拉芒什海峡与英国相望，濒临北海、英吉利海峡、大西洋和地中海四大海域，地中海上的科西嘉岛是法国最大岛屿。

法国地势东南高西北低，以平原和丘陵为主。平原位于法国北部和西部，占总面积的2/3。主要山脉有阿尔卑斯山脉、比利牛斯山脉、汝拉山脉等。法意边境的勃朗峰海拔4 810米，为欧洲第二高峰。

法国本土西部属海洋性温带阔叶林气候，南部属亚热带地中海气候，中部和东部属大陆性气候。

平均降水量从西北往东南由600毫米递增至1 000毫米以上。

法国的河流，主要有北部的塞纳河，全长780千米；位于欧洲西南部，穿越法国和西班牙的加龙河，是法国五大河流之一，全长575千米；流经瑞士和法国的罗纳河，它是法国五大河流之首，是流往地中海的除非洲的尼罗河以外的第二大河流，全长812千米；法国最长的河流——卢瓦尔河，全长1 020千米，流域面积约12.1万平方千米；西欧第一大河莱茵河，它发源于瑞士境内的阿尔卑斯山北麓，西北流经列支敦士登、奥地利、法国、德国和荷兰，最后在鹿特丹附近注入北海，全长1 320千米。法国的湖泊主要有：日内瓦湖、阿讷西湖、贝尔瀉泻湖、布尔热湖等。

法国自然资源主要为铁矿，其次为铝矾土和钾盐矿。铁矿蕴藏量约10亿吨，但品位低、开采成本高，煤炭储量几近枯竭，所有铁矿、煤矿均已关闭，所需矿石完全依赖进口。有色金属储量很少，几乎全部依赖进口。能源主要依靠核能，约78%的电力靠核能提供。此外，水力和地热资源的开发利用比较充分。森林面积约1 556.5万公顷，覆盖率28.6%。

二、社会概况

1. 历史沿革

公元前1000年左右，克尔特人自中欧山区迁居于此。罗马人把该地称为高卢，把当地居民称为高卢人。公元前1世纪，罗马的高卢人总督恺撒占领了整个高卢，高卢从此由罗马统治达500多年。

5世纪，法兰克人征服高卢，于481年建立法兰克王国。8世纪后期查理曼大帝将其建成地域辽阔的强大帝国，他死后他的三个孙子争位，于843年签订《凡尔登条约》，将帝国一分为三，西法兰克王国大致上是现在的法国。

17世纪和18世纪上半叶是法国封建统治最强盛时期，路易十四是当时欧洲最强大的君主，号称太阳王。1789年7月14日巴黎人民攻占巴士底狱，标志着资产阶级大革命的开始。同年8月发表了《人权和公民权宣言》，1792年9月22日法国宣布共和建立法兰西第一共和国。1804年拿破仑·波拿巴称帝，建立法兰西第一帝国。1814年帝国解体，波旁王朝复辟。1848 年二月革命后建立第二共和国，1852 年路易·拿破仑·波拿巴三世建立第二帝国。1870 年皇帝在普法战争中被俘，帝国倾覆，随即建立法兰西第三共和国。

第二次世界大战中法国遭德国入侵，第三共和国覆灭。戴高乐将军在国外组织“自由法国”抵抗力量，国内各民主爱国力量开展游击战争。1944 年法国解放。1946 年建立第四共和国。1958 年 9 月通过新宪法，法兰西第五共和国诞生。

2. 国家象征

法国国旗三色旗是法国大革命时巴黎国民自卫队队旗。白色代表国王，蓝、红色代表巴黎市民，是王室和巴黎资产阶级联盟的象征。今天的法国人民也认为，三色旗上的蓝色是自由的象征，白色是平等的象征，而红色代表了博爱。

法国没有正式国徽，但传统上采用大革命时期的纹章作为国家的标志。纹章为椭圆形，上面绘有大革命时期流行的标志之一——束棒，这是古罗马高级执法官用的权标，是权威的象征。束棒两侧饰有橄榄枝和橡树枝叶，其间缠绕的饰带上用法文写着“自由、平等、博爱”。整个图案由带有古罗马军团勋章的环带饰品所环绕。

法国国旗

法国国家标志纹章

自由的赞歌——《马赛曲》，是法国的国歌，作于 1792 年奥地利、普鲁士武装干涉法国革命的危急时刻，表达了法国人民争取民主、反对暴政的坚强信心和大无畏精神。

3. 行政制度

总统是国家元首和武装部队统帅，任期 5 年（根据全民公决结果，2000 年 6 月改为 5 年，之前是 7 年），由选民直接选举产生。总统有权任免总理和批准总理提名的部长；主持内阁会议、最高国防会议和国防委员会；有权解散议会；可不经议会将某些重要法案直接提交公民投票表决；在非常时期，总统拥有“根据形势需要采取必要措施”的全权。在总统不能履行职务或空缺时，由参议院议长代行总统职权。

议会。实行国民议会和参议院两院制，拥有制定法律、监督政府、通过预算、批准宣战等权力。国民议会共有 577 名议员，任期 5 年，采用两轮多数投票制，由选民直接选举产生。参议院共 348 席，由国民议会和地方各级议会议员组成选举团间接选举产生，任期为 6 年，每 3 年改选一半。

政党。法国实行多党制，目前有 30 多个政党。主要政党有社会党、国民阵线、共和党、民族与独立派联盟、法国共产党、保卫法兰西运动、左翼共和联盟、全国共和运动、工人斗争党。

司法。分为两个相对独立的司法管辖体系，即负责审理民事和刑事案件的普通法院与负责公民与政府机关之间争议案件的行政法院。普通法院又有三类：专门法庭、民事法院、刑事法院。普通法院系统纵向上分为四级：初审法庭、大审法庭、上诉法院和终审法院。终审法院是最高一级司法机关，负责受理对35个上诉法院所做判决的上诉。行政法院是最高行政诉讼机关，下设行政法庭。行政法院对行政法令的合法性做最后裁决，并充当政府在制定法律草案方面的顾问。

法国的检察机关没有独立的组织系统，其职能由各级法院中配备的检察官行使。检察官的管理权属于司法部。

4. 经济结构

法国是世界主要发达国家之一，国内生产总值位居世界第五。法国是仅次于美国的世界第二大农产品出口国，第三产业在法国经济中所占比重逐年上升。

工业。法国是最发达的工业国家之一，在核电、航空、航天和铁路方面居世界领先地位。钢铁、汽车、建筑为其工业的三大支柱。核电设备能力、石油和石油加工技术居世界第二位，仅次于美国；航空和宇航工业仅次于美国和俄罗斯，居世界第三位。钢铁工业、纺织业占世界第六位。

农业。法国农业极度发达，是世界主要农业大国。主产小麦、大麦、玉米和水果蔬菜；葡萄酒产量居世界首位；有乳、肉用畜牧业和禽蛋业。法国是欧盟最大的农业生产国，也是世界主要农副产品出口国。欧洲前100家农业食品工业集团有24家在法国，世界前100家农业食品工业集团有7家在法国，法国的农副产品出口居世界第一，占世界市场的11%。

交通运输。法国的交通运输发达，水陆空运输均极为便利。法国的公路网是世界上最稠密、最多样化的公路网络之一。它早在罗马时期就已经建立完善起来了，到中世纪末又得到了大规模的整治和发展，四通八达，变化无穷。法国的公路又可以分为高速公路、国家公路、城镇公路、乡村公路等。

法国的铁路拥有160多年的悠久历史。它于1825年建立，总长度仅有约21千米。如今法国铁路在全国形成了一个放射状铁路网，所有重要的国内国际铁路线由放射网的中心起点巴黎发车。巴黎有6个规模宏大的现代化车站。

水路交通运输分为内河运输和海运两种。由于法国地势平坦、河道密布，内河通航有较早的历史，可通航的水域除塞纳河、罗纳河、卢瓦尔河、加隆河等自然水道，还有数以百计的人工河道。

法国是世界上最早建立国际航空业务的国家之一，素有“空中中转站”之美称。世界上仅与巴黎有空中往来的城市即达480多个，80多个国家的170多个航空公司均与巴黎机场有直接业务关系。法国航空公司（简称法航）是法国最大的航空公司，始建于1933年，现已发展成为欧洲第一大航空公司，位居世界第八。巴黎有一条由市区到南郊奥利机场和北郊戴高乐机场的公共直升机专线，是欧洲第一个拥有公共直升机专线的首都。

对外贸易。法国是世界贸易大国，外贸进出口总额排名世界第五；其中出口总额位列世界第六，进口总额位居世界第四。进口商品主要有能源和工业原料等，出口商品主要有机械、汽车、化工产品、钢铁、农产品、食品、服装、化妆品和军火等；另外，非产品化的技术出口增长较快，纯技术出口在整个出口贸易中的地位日益显要。

货币。法国现在流通的是欧元，从2012年2月17日午夜起法国本国货币法郎停止合法流通。

5. 人口、民族和信仰

法国全国总人口6 630万（2015年1月），其中法国本土约6 390万，主要是法兰西人，其余为布列塔尼人、巴斯克人、科西嘉人、日耳曼人、斯拉夫人等。在欧盟各国中，法国人口数量仅次于德国，排名第二位，但人口密度在西欧发达国家中是最低的。

法兰西民族是由多个民族混合构成的，除了主体法兰西民族外，边境地区还有阿尔萨斯、布列塔尼、巴斯克、科西嘉、佛兰芒等少数民族，大约占了总人口的7.9%。

全境通用法语。法语是国际语言、联合国的正式语言、国际会议的工作语言，使用人数超过9 000万。除法国外，瑞士、比利时、卢森堡、科特迪瓦、加拿大、海地等27个国家定法语为官方语言，在突尼斯、摩洛哥阿尔及利亚等国，法语是通用语言。

居民中64%信奉天主教，3%信奉伊斯兰教，3%信奉新教，1%信奉犹太教，28%自称无宗教信仰。

巴黎是法兰西共和国的首都，它是法国最大城市，欧洲第二大城市，法国的政治、经济、文化、商业中心。巴黎是世界四大国际化都市之一，其余分别为纽约、伦敦、东京。

巴黎位于法国北部巴黎盆地的中央，横跨塞纳河两岸。巴黎有小巴黎、大巴黎之分。小巴黎指大环城公路以内的巴黎城市内，面积105.4平方千米，人口200多万；大巴黎包括城区周围的上塞纳省、瓦勒德马恩省、塞纳－圣但尼省、伊夫林省、瓦勒德瓦兹省、塞纳－马恩省和埃松省七个省，共同组成巴黎大区，这片地区在古代就已经被称作“法兰西岛”，面积达12 000平方千米，人口约1 000万，几乎占全国人口的1/5。

法国巴黎夜景

巴黎不仅是法国，也是西欧的一个政治、经济和文化中心，巴黎香水有“梦幻工业”之称。巴黎是历史之城、美食之都和创作重镇。巴黎是著名的世界艺术之都、印象派美术发源地、芭蕾舞的诞生地、欧洲启蒙思想运动中心、电影的故乡、现代奥林匹克运动会创始地。巴黎又是世界公认的文化之都，大量的科学机构、研究院、图书馆、博物馆、电影院、剧院、音乐厅分布于全市的各个角落。

6. 文化教育

作为全球第五大经济体，法国视尖端技术为经济发展的命脉，其高科技在世界上也是遥遥领先的。它是欧洲第二大专利申请国和全世界诺贝尔奖得主第四多的国家，自1990年起，共有9位法国学者获得了诺贝尔奖。

法国的教育体制复杂多样。6～16岁为义务教育。公立小学和中学免收学费，免费提供小学和初中教材。高等学校除私立学校外，一般也只缴纳少量注册费。法著名高校有巴黎大学、斯特拉斯堡第一大学、里昂第一大学以及综合理工大学、国家行政学院、巴黎高等商业学院、巴黎高等师范学院等。巴黎大学是法国历史最悠久、规模最大的综合性大学，13 世纪初已具雏形，经多次改组和调整，现分为 13 所大学，约 30 万学生。因为索邦大厦是该校主要校址，因此索邦成为巴黎大学的代名词。

文学艺术。法国的文学艺术在世界上享有极高声誉，是世界文学艺术宝库中最重要的组成部分之一。法国的文学家艺术家群星灿烂，他们为世界人民留下了无数不朽作品，产生了莫里哀、司汤达、巴尔扎克、大仲马、维克多·雨果、福楼拜、小仲马、左拉、居伊·德·莫泊桑、罗曼·罗兰等文学巨匠。他们的许多作品成为世界文学的瑰宝。其中的《巴黎圣母院》《红与黑》《高老头》《基督山伯爵》《悲惨世界》和《约翰·克利斯朵夫》等，已被翻译成世界文学作品，在世界广为流传。自 1901 年颁发诺贝尔文学奖以来已有 12 位法国人获得此奖项。在绘画和雕塑领域法国人也做出了杰出贡献，出现了莫奈、马奈以及毕加索等世界级的绘画大师，还有罗丹、乌东等雕塑艺术大师。

三、节庆与习俗

1. 节庆

一年 365 天，天天都是纪念某一圣徒的日子。所以法国的节日以宗教节日为主。

三王来朝节（La Fête des Rois）：1 月 6 日。三王来朝节是一个宗教节日，关于此节日有个圣经故事：小基督诞生后，有三位东方贤者知道救世主降生，便去朝拜圣母子，献上礼物。这一天传统的糕饼店和超市会卖一种“国王饼”，以前饼里藏有一颗蚕豆，找到蚕豆的人就是当天的“国王”，国王可带上皇冠（一般为金色纸质），选出自己的节日“王后”，大家一起庆祝。后来饼里逐渐演变成现在的各种小瓷人。

圣蜡节（La Chandeleur）：2 月 2 日。圣蜡节也是一个宗教节日，孩子们喜欢这天，因为这个节日的习俗是吃煎得香香黄黄的鸡蛋薄饼。

情人节（Le Saint Valentin）：2 月 14 日。男女情人之间互赠玫瑰花和巧克力糖果示爱。

复活节（Les Pâques）：纪念耶稣复活的宗教节日。复活节每年节期不固定，为每年春分（3 月 20 日或 21 日）当月月圆之后的第一个星期天，介于 3 月 22 日及 4 月 25 日之间，次日星期一放假。彩色锡纸包裹的巧克力复活节彩蛋很受孩子们欢迎。传统通常是家长们把彩蛋藏在花园里，孩子们在复活节的早上到花园里到处找彩蛋。

劳动节（La Fête du Travail）：5 月 1 日。法国公假日。这一天法国的学校、公共场所和服务机构都放假。劳动节这天法国大街小巷到处可见洁白的铃兰花（muguet），甚至有人在衣服上，也会插上一束芳香的铃兰，街道到处弥漫着铃兰芬芳的花香。

第二次世界大战胜利纪念日（La Fête de la Victoire de 1945）：5 月 8 日。

5 月—6 月：耶稣升天节（L’Ascension）：宗教节日。复活节后第40 日（5 月 1 日和6 月 4 日之间）。

圣灵降临节（La Pentecôte）：宗教节日。复活节后第 50 日，即复活节后第七个星期日，犹太人又称“五旬节”。圣灵降临节周日后的第一个周一（Lundi de Pentecôte）通常会放假。

国庆节（La Fête Nationale）：纪念1789年7月14日法国人民攻占巴士底狱。国庆前夕，法国的城市通常会燃放烟火。到了傍晚，人们从四面八方汇集，举国欢庆，观赏焰火。而且每年14日这天都要在巴黎的香榭丽舍大街上举行大规模的阅兵仪式。

圣母升天节（L'Assomption）：宗教节日。天主教定于公历8月15日（东正教由于历法不同，相当于公历8月27日或28日）。通常放假一天。

诸圣节（Toussaint）：11月1日。也称“万灵节”，基督教节日之一。全国放假一天。法国的民间传统是这一天到墓地去献上鲜花，祭奠凭吊已故亲人，相当于中国的清明节。

停战节（L'Armistice de la guerre1914－18）：11月11日。纪念第一次世界大战停战，通常放假一天。

圣诞节（Le Noël）：圣诞节是法国最重要的宗教节日之一。纪念耶稣诞生。圣诞节在法国是一个家人团聚的日子，12月24日圣诞前夕，相当于中国的除夕之夜。圣诞节前一个月各大商场、超市，街上的店铺，都开始为圣诞节人们采购礼物大促销做准备。城市的街道和店铺橱窗也都装饰得美轮美奂，树上挂满五颜六色的彩灯，广场上和商场门口立起巨大的圣诞树，到处充满了浓浓的节日气氛。圣诞前夜，一家人围坐一堂，品尝妈妈精心准备的圣诞大餐，传统菜肴有火鸡、鹅肝、牡蛎、甜点等等，佐以香槟和葡萄酒。家里的圣诞树精心装饰，下面堆满了礼物。

值得一提的是，圣诞之前街上的集市商贩们也销售一些极具圣诞特色的装饰品和传统食材、食品。法国最著名的圣诞大集市在法国东部的阿尔萨斯（Alsace）大区斯特拉斯堡（Strasbourg）附近的小城科尔玛（Colmar），科尔玛离斯特拉斯堡很近，西南方向，乘车只需50分钟。阿尔萨斯那边的老房子外墙装饰非常有特色，足以让人过目不忘。

2. 习俗与禁忌

在人际交往中，法国人所采用的见面礼节，主要有握手礼、拥抱礼和吻面礼。就一般而言，法国人所行的吻面礼，不但使用的最多、最广泛，而且在其具体做法上也有一定的特点。

吻面礼意在表示亲切友好。他们往往要同交往对象彼此在对方的双颊上交替互吻三四次，而且还讲究亲吻时一定要发出响声。其实，他们这样做犹如表演，并非真的要亲在对方脸上，往往只是空响。在法国一定的社会阶层中“吻手礼”也颇为流行，不过不得吻少女的手。法国人在同客人谈话时总喜欢相互站得近一点，他们认为这样显得更为亲近。去法国人家里做客一定不要忘了带上一份小礼物。

在法国，公共场合不要围观和大声喧哗。不得随地吐痰、当众打嗝、打哈欠不用手遮挡、打喷嚏或擤鼻涕发出很大的声音，这些在法国都被当作是有些不文雅甚至不文明的行为。

法国的国花是鸢尾花。对于菊花、牡丹、玫瑰、杜鹃、水仙、金盏花和纸花，一般不宜随意送给法国人。法国人大多喜爱蓝色、白色与红色，他们所忌讳的色彩主要是黄色与墨绿色。所忌讳的数字是“13”与“星期五”。

在人际交往之中，法国人对礼物十分看重，但又有其特别的讲究。宜选具有艺术品位和纪念意义的物品，不宜以刀、剑、剪、餐具或是带有明显的广告标志的物品。男士向一般关系的女士赠送香水，也是不合适的。在接受礼品时若不当着送礼者的面打开其包装，则是一种无礼的表现。

3. 饮食文化

作为举世皆知的世界三大烹饪王国之一，法国人十分讲究饮食。在西餐之中，法国菜可以说是最讲究的。法国人爱吃面食，面包的种类很多；他们大都爱吃奶酪；在肉食方面，他们爱吃牛肉、猪肉、鸡肉、鱼子酱、鹅肝，不吃肥肉、宠物、肝脏之外的动物内脏、无鳞鱼和带刺骨的鱼。法国人特别善饮，他们几乎餐餐必喝，而且讲究在餐桌上要以不同品种的酒水搭配不同的菜肴；除酒水之外，法国人平时还爱喝生水和咖啡。法国人用餐时，两手允许放在餐桌上，但却不许将两肘支在桌子上，在放下刀叉时，他们习惯于将其一半放在碟子上，一半放在餐桌上。

四、旅游资源与主要旅游地

法国是世界第一的旅游接待国。法国的国际游客有 88% 来自其他欧洲国家，主要有德国、英国、荷兰、挪威、瑞典等国。法国的国内旅游主要是度假游，尤其是海滨度假，时间多数集中在 7—8 月，且多为自驾游。

法国阿尔卑斯山

1. 法国阿尔卑斯山

法国阿尔卑斯山属于阿尔卑斯山西南端。这部分山脉北高南低，北部的勃朗峰地近法国与意大利、瑞士边界，高达海拔 4 807 米，南部的下阿尔卑斯山高仅 2 000 余米。虽然夏季旅游人数超过冬季体育运动旅游人数，但法国阿尔卑斯山更以滑雪设施而著名。

2. 塞纳河

塞纳河发源于朗格勒高原，流经的巴黎盆地是法国最富饶的农业区。巴黎就是在塞纳河城岛及其两岸逐步发展起来的。塞纳河对巴黎的形成、发展、水运、工业、生活，乃至景色都起着特殊的作用。塞纳河自巴黎以下，曲折西流 370 千米，注入英吉利海峡，一般轮船和拖船都可以上溯到巴黎，使巴黎成为仅次于马赛和勒阿费尔的法国第三大港。

3. 罗亚河

罗亚河从里昂西南部的山脉发源，向西蜿蜒穿过法国中部，注入大西洋。这是法国最长的河流，视为法国优雅文化的源流之河。在巴黎西南 230 千米，以有 25 万人口的省府都尔为中心的罗亚河谷，素有“法国花园”的美誉，是 16 世纪法国文艺复兴的开花地。从弗朗西斯一世开始，众多的王公贵族竞相在此地打猎而建筑了壮丽的城堡。他们从意大利请来许多艺术家，施展艺术才华，包括文艺复兴的巨匠达·芬奇。沿着河谷地曾经散布着 3 000 余座浪漫的城堡，至今仍有近百座保存完好，依然矗立于如诗如画的田园、森林和清流之畔。

4. 卢瓦尔和布列塔尼沿海

在加龙河口到卢瓦尔河口之间，有许多沿海度假旅游胜地，既有时髦高档的，也有为家庭旅游服务的，沙滩质量相当高。但卢瓦尔河口以北，气候变凉，阳光也减少。整个卢瓦尔和布列塔尼沿海不能容纳像阿基坦或地中海沿岸那样规模的旅游。

布列塔尼是法国向大西洋伸出的一个半岛，其地质构造和自然环境与英格兰西南部类似。其核心区是贫瘠的花岗岩旷野，但海洋对海岸的侵蚀形成了壮观的、犬牙交错的海岸。海岸有陡崖和石质岬角，有海蚀穴、海石柱和崖壁，还散布着有掩蔽条件的小海湾，湾内有良好的沙滩和沙丘。

5. 英吉利海峡沿海

该地区全年天气多变，具有典型的温带大陆西岸海洋性气候特点，年降水量 770 ~ 1 025 毫米，平均最高气温在 18 ~ 20℃。沿海有一系列的休养度假旅游胜地，如敦刻尔克、加来、布洛涅、多维尔等。这些旅游地服务于巴黎地区的法国人和来自英格兰的一日游者。

6. 科西嘉岛

科西嘉岛在利古里亚海之南，距法国地中海海岸东段 170 多千米。在地中海所有岛屿中，科西嘉岛上山地最多，景观类型多样，从科西嘉松林、深切河谷到石质荒山一应俱全。其东部地势低缓，沿海为潟湖平原，而其余海岸既有红色断崖又有黄色沙滩。在气候上，由于四周临海，夏季虽干燥但气温并不很高。岛屿与大陆之间交通不便，在马赛、土伦、尼斯有渡口，船只可直达该岛，只有数量不多的旅游者往来其间，一般每年有二三十万人到岛上旅游。

7. 地中海岸西段

这段海岸在罗纳河三角洲以西，从尼姆向西南延伸到法、西边界，在法国也称郎格多克 - 鲁西永海岸。在 20 世纪 60 年代以前，这里几乎没有进行任何旅游开发。在这里，海水与大陆间被一系列的沼泽化低地及潟湖隔开。最大的湖泊托湖，面积 260 平方千米，水深达 25 米。提供的服务大部分是自助性的，包括野营、公寓和别墅。各个旅游中心之间分布有林地和自然保护区。

8. 巴黎凯旋门

巴黎凯旋门坐落在巴黎市中心星形广场，现称戴高乐将军广场的中央，是法国为纪念拿破仑 1806 年 2 月在奥斯特里茨战役中打败俄奥联军而建的，12 条大街以凯旋门为中心，向四周辐射，气势磅礴，形似星光四射。凯旋门由建筑师夏尔格兰设计，于 1836 年 7 月落成。凯旋门高 49. 54 米，宽 44. 82 米，厚 22. 21 米。它四面有门，中心拱门宽 14. 6 米，门楼以两座高墩为支柱，中间有电梯上下。在拱形圆顶之上有三层围廊，最高一层是陈列室，这里展示着有关凯旋门的各种历史文物以及拿破仑生平事迹的图片；第二层收藏着各种法国勋章、奖章；凯旋门最低一层则是凯旋门的警卫处。

巴黎凯旋门

9. 埃菲尔铁塔

埃菲尔铁塔在巴黎市中心塞纳河南岸，是世界上第一座钢铁结构的高塔，被视为巴黎的象征。因法国著名建筑师斯塔夫·埃菲尔设计建造而得名。建于1887—1889年，塔高300余米，塔身重达9 000吨，分三层。第一层平台距地面57米，设商店和餐厅；第二层平台高115米，设有咖啡馆；第三层平台高达276米，供游人远眺，底部面积1万平方米，在第三层处建筑结构猛然收缩，直指苍穹。从一侧望去，整个铁塔像倒写的字母“Y”。该塔由1.8万余个组成部件和250多万个铆钉构成，可以乘坐电梯或徒步登塔顶。

巴黎埃菲尔铁塔

10. 卢浮宫

卢浮宫是法国最大的王宫建筑之一，位于巴黎市中心塞纳河右畔、巴黎歌剧院广场南侧。原是一座中世纪城堡，16世纪后经多次改建、扩建，至18世纪成为现存规模，占地约45公顷。早在1546年，法王弗朗索瓦一世决定在原城堡的基础上建造新的王宫，此后经过9位君主不断扩建，历时300余年，形成一座呈U字形的宏伟辉煌的宫殿建筑群。卢浮宫建筑巍峨壮丽，其画廊长达900英尺，藏有大量17世纪以及欧洲文艺复兴时期许多艺术家的作品，馆藏品达40万件。卢浮宫美术博物馆分为6大部分：希腊和罗马艺术馆，东方艺术馆，埃及艺术馆，欧洲中世纪、文艺复兴时期和现代雕像馆，历代绘画馆。展览按不同流派、学派和时代划分。一层展出雕刻，二层展出油画，三层是素描和彩粉画。

11. 巴士底狱遗址

巴士底狱遗址位于巴黎市区东部、塞纳河右岸，这里曾是1369—1382年建立的一座军事堡垒。这座古城堡拥有8座巍峨坚固的炮台，兴建之初是用来抵抗英国入侵的。1380—1422年，这座城堡被改为王家监狱。在法国人民心目中，巴士底狱已成为法国封建专制统治的象征。1789年7月3日，巴黎人民奋然起义，7月14日，攻占了巴士底狱，揭开了法国大革命的序幕。1791年，巴黎人民拆毁了巴士底狱，在其旧址上建成了巴士底广场，并把拆下来的石头铺到塞纳河的协和桥上，供路人践踏。1830年，法国人民又在广场中心建立起一座纪念七月革命的烈士碑。这座烈士碑高52米，碑身是用青铜铸成的圆柱体，人称“7月圆柱”，在柱顶端是一尊右手高举火炬的金翅自由神像，神像左手提着被砸断的锁链象征着获得了自由。在监狱遗址前方立着一块牌子，上写：“大家在这里跳舞吧！”1880年6月，法国将7月14日巴黎人民攻占巴士底狱这一天定为法国国庆日。

12. 巴黎圣母院

巴黎圣母院是最著名的中世纪哥特式大教堂，以其规模、年代和在考古、建筑上的价值而著称。巴黎主教莫里斯·德绪利曾设想将两座较早的巴西利卡式教堂合成一座大型教堂，1163年由教皇亚历山大三世奠基，圣坛于1189年举行奉献仪式，1240年唱诗班席、西立面和中堂竣工，门廊、祈祷室和其他装修在其后的一百年中陆续建成，后堂的飞扶垛特别雄健优美。

巴黎圣母院

13. 先贤祠

先贤祠位于巴黎市中心塞纳河左岸的拉丁区，于1791年建成，是永久纪念法国历史名人的圣殿。它原是路易十五时代建成的圣·热内维耶瓦教堂，1791年被收归国有脱离宗教后，改为埋葬“伟人”的墓地。1814—1830年，它又归还教会。先贤祠中的艺术装饰非常美观，其穹顶上的大型壁画是名画家安托万·格罗特创作的。1830年“七月革命”之后，绘画的主题改变，先贤祠具有了“纯粹的爱国与民族”特性。先贤祠内安葬着伏尔泰、卢梭、维克多·雨果、爱弥尔·左拉、马塞兰·贝托洛、让·饶勒斯、柏辽兹、马尔罗、大仲马、居里夫妇等。至2002年11月，共有72位对法兰西做出非凡贡献的人享有这一殊荣。

14. 乔治·蓬皮杜国家艺术文化中心

乔治·蓬皮杜国家艺术文化中心坐落在巴黎拉丁区北侧，塞纳河右岸的博堡大街，当地人常也简称为“博堡”。文化中心的外部钢架林立、管道纵横，并且根据不同功能分别漆上红、黄、蓝、绿、白等颜色。因这座现代化的建筑外观极像一座工厂，故又有“炼油厂”和“文化工厂”之称。整座建筑共分为工业创造中心、大众知识图书馆、现代艺术馆以及音乐音响谐调与研究中心四大部分。

15. 协和广场

协和广场位于巴黎市中心、塞纳河北岸，是法国最著名的广场和世界上最美丽的广场之一。广场中央矗立着一尊23米高、有3 400多年历史的埃及方尖碑，这是路易·菲利普于1831年从埃及卢克索移来的著名文物，碑身的古文字记载着拉美西斯二世法老的事迹，石碑两侧各有一座喷水池，池中精致的雕刻也是希托弗的作品。广场四周放置了8座雕像，分别象征着8座在法国历史上起过重要作用的城市：里昂、马赛、波尔多、南特、鲁昂、布勒斯特、里尔和斯特拉斯堡。而今，协和广场是巴黎市民休息、游览的地方。生活在繁忙、喧嚣市区的人们，利用星期六和星期日到广场散步，或到对面公园的水池旁和草地上休憩，别有一番乐趣。

16. 香榭丽舍大街

香榭丽舍大街东起协和广场，西至星形广场，全长约1 800米，街道最宽处约120米，是横贯巴黎且最具特色、最繁华的街道之一。大街以南北走向的罗斯福大街为界，分成风格迥异的东西两段。幽静的东段体现了田园风光，长约700米，一排排梧桐苍翠欲滴，街心花园夹在万木丛中时隐时现；西段长1 100多米，西端的星形广场中央有巍峨雄伟、遐迩闻名的凯旋门。东端的协和广场南北两端有波旁宫、玛德琳娜大教堂。协和广场是巴黎的另一个交通要冲。香榭丽舍大街还有大、小展览宫和爱丽舍宫等名胜古迹。法国的一些重大节日，如7月14日国庆阅兵式、新年联欢都在这条著名的街道上举行。

案例回放

法国人姓名的排列与欧洲其他国家一样，都是名在前，姓在后。法国人的姓很多，有25万个左右，马丁、贝尔纳和托马斯是法国的三大姓。但法国人的名字少，且名字大都取自耶稣的门徒或基督教传说中天使、圣徒的名字，这些名字毕竟是有限的，所以法国重名者很多，法国人的名字有男女差别，同一姓名用在男女身上也有所不同，如男性使用的Jean，用在女性身上就成了Jeanne，法国人的姓名往往很长，有本名、祖辈名、教父教母所取名等构成。由于名字太长，因此法国人往往只使用为首的本名和姓。女子未婚时一般使用父姓，出嫁后使用夫姓，改嫁后要易姓。现在的法律规定，女子出嫁后也有权保留父姓。称呼时，正式的或严肃的场合称姓不称名，很随便的场称名不称姓，关系很亲密时则会互用昵称。

实训项目

学生自由组合，根据法国游客的生活习俗、性格、礼仪、饮食、禁忌、文化的特征开展入境旅游接待服务的不同角色扮演。

第四节　德　　国

导读：德意志联邦共和国（英文：The Federal Republic of Germany），简称德国，是位于中欧的联邦议会共和制国家，北临丹麦，西部与荷兰、比利时、卢森堡和法国接壤，南邻瑞士和奥地利，东部与捷克和波兰接壤，该国由16个联邦州组成，首都为柏林，领土面积357 167平方千米，以温带气候为主，人口约8 110万人，是欧洲联盟中人口最多的国家，以德意志民族为主体民族。

知识点：了解德国的自然环境、社会概况，熟悉德国节庆与习俗、旅游资源与主要旅游地。

技能点：能熟练介绍德国概况和著名旅游景点，向游客提供合理的出境游线路。

案例导入

德国是世界上最重要的旅游客源国之一。一家饭店即将接待一个德国旅游团，饭店非常重视，特意在每一间客房准备了核桃等食品，并摆放了蔷薇花。

问题：酒店在布置客房上存在什么问题吗？德国为什么能成为世界重要的旅游客源国？

一、自然环境

德意志联邦共和国位于欧洲中部，是东西欧之间和斯堪的纳维亚半岛与地中海之间的交通枢纽，被称为“欧洲走廊”。它东邻波兰、捷克，南接奥地利、瑞士，西接荷兰、比利时、卢森堡、法国，北接丹麦，濒临北海和波罗的海，是欧洲邻国最多的国家。德国陆地边界全长3 757千米，海岸线长2 389千米。南北直线距离876千米，东西直线距离640千米。德国国土面积约35.71万平方千米。

德国地形地貌复杂多样，从北向南可划分为三大地理区域：北德低地、中部山地、南部高地。地势从南德的阿尔卑斯山向北倾斜，直至北海和波罗的海沿岸。

德国地处温带，位于大西洋和东部大陆性气候之间的西风带，气候凉爽，空气湿润，全年均有降水，日照较少。冬季平均气温一般在1.5℃（德国北部）至-6℃（南部山地）；夏无酷暑，北部低地平均温度为18℃，南部山谷地域在20℃左右。巴伐利亚所处的阿尔卑斯山地区夏季凉爽，冬季多雪。

德国主要河流有莱茵河、多瑙河、易北河、威悉河、奥德河和埃姆斯河，除多瑙河外的其他主要河流均向北流淌，唯有多瑙河从西向东流经德国注入黑海，将德国与奥地利和东欧列国连接起来。德国主要湖泊有博登湖、阿默湖等。

玛利亚广场

二、社会概况

1. 历史沿革

德国人的祖先是古代居住在中欧的日耳曼人。10 世纪时日耳曼人建立神圣罗马帝国，后发生分裂。843 年德意志从法兰克帝国分裂出来，962 年建立神圣罗马帝国。

1254 年，帝国第一次开始使用头衔“神圣罗马帝国”，1512 年的科隆帝国会议后颁布敕令，使用“德意志民族的神圣罗马帝国”，此后作为官方名称沿用直至 1806 年。1806 年 8 月 6 日，已自称奥地利皇帝的弗朗茨一世（即神圣罗马帝国的弗朗茨二世）被迫宣布放弃神圣罗马帝国皇帝的称号，神圣罗马帝国灭亡。

18 世纪初普鲁士崛起，组成了德意志邦联。1848 年德国各地爆发革命，普鲁士首相俾斯麦领导了艰苦卓绝的内政、军事和外交斗争。1866 年的“七星期战争”中击败奥地利，次年建立北德意志邦联；1870 年发动普法战争，德国南部多个邦脱离法国统治，1871 年完成了德意志统一并建立了德意志帝国。

德意志帝国在 1914 年挑起第一次世界大战，1918 年因战败而宣告崩溃。1919 年 2 月德意志建立魏玛共和国。

1933 年希特勒上台实行独裁统治，建立了纳粹德国。德国于 1939 年发动第二次世界大战。在同盟国打击下，1945 年 5 月 8 日德国战败投降。第二次世界大战后，根据雅尔塔协定和波茨坦协定，德国分别由美、英、法、苏四国占领，并由四国组成盟国管制委员会接管德国最高权力。柏林市也划分成 4 个占领区，1961 年民主德国修建了柏林墙阻止东德居民向西流动。

1989 年民主德国局势发生了急剧变化。10 月 18 日，民主德国总统昂纳克宣布辞职。11 月 9 日，“柏林墙”开放。1990 年东德和西德终于达成两德统一。

2. 国家象征

国旗。德国国旗呈长方形，长与宽之比为5∶3。自上而下由黑、红、黄三个平行相等的横长方形相连而成。黑色代表勤勉与力量，红色象征国民的热情，金色则代表重视荣誉。

国徽。德国国徽以土黄色盾牌为背景，背景上是一只黑色的雄鹰，雄鹰的喙和两爪为红色。

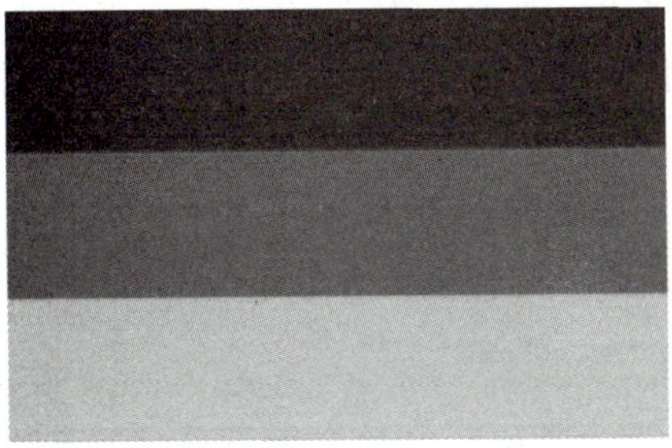
德国国旗

德国国徽

国歌是《德意志之歌》。

首都简介

柏林（Berlin），是德国首都、最大的城市，政治、经济中心，现有居民约350万人。柏林位于德国东北部，四面被勃兰登堡州环绕，施普雷河和哈维尔河流经该市。柏林无论是从文化、政治、传媒还是科学上讲都称得上是世界级城市。柏林扮演了一个欧洲大陆上航空与铁路交通枢纽的角色，同时它也是全球焦点城市之一，以崇尚自由生活方式和现代精神的年轻人和艺术家而闻名。

柏林夜景图

3. 行政制度

德国实行议会民主共和制下的总理负责制。国家事务由联邦政府、联邦总理和联邦总统负责。

总统。德国联邦总统，是德意志联邦共和国的国家元首，对内和对外均代表德国。德国不设副总统。联邦总统的最主要职责是：签署并公布由联邦议院和联邦参议院通过的由联邦总理和有关联邦政府部长部署的法律法令，但对其没有否决权；根据联邦议院的决定任免联邦总理，根据联邦总理的提名任免联邦政府各部部长；主持国家礼仪性活动等。联邦总统只是国家元首，但并不直接领导联邦政府，不享有实际的行政权。而联邦总理为政府首脑，决定国家大政方针。总理由议会根据总统提名选举产生。

议会。由联邦议院和联邦参议院组成。每届任期 4 年。联邦参议院共 69 席，由各联邦州代表组成，每州按人口比例拥有 3 至 6 个席位。

政党。德国实行多党制，主要政党有基督教民主联盟、基督教社会联盟、德国社会民主党、自由民主党、左翼党、民社党等。

司法。联邦宪法法院是最高司法机构，主要负责解释宪法，监督宪法的执行，有 16 名法官，由联邦议院和联邦参议院各推选一半，由总统任命，任期 12 年。

4. 经济结构

德国是欧洲最大经济体，经济总量位居欧洲首位，以美元汇率计算是世界第四大经济体，以购买力平价计算为世界第五大经济体。

工业。德国工业现代化程度高，而且偏重于重工业，鲁尔区是德国的传统煤钢工业区。慕尼黑（宝马汽车总部所在地）、汉堡（空客公司的三个客机总装中心之一）、斯图加特（奔驰和保时捷总部所在地）、沃尔夫斯堡（大众汽车总部所在地）、柏林、莱比锡、德累斯顿则是德国东部的工业重镇。新兴工业集中在慕尼黑一带，德国的主要工业部门有电子、航天、汽车、精密机械、装备制造、军工等。德国的工业品在世界享有盛誉，而德国也是西欧最大汽车生产国。

农牧业。德国农业发达，机械化程度很高。2013 年共有农业用地 1 669. 9 万公顷，约占德国土面积的一半，其中农田面积 1 187. 6 万公顷。2013 年农林渔业就业人口 63. 7 万，占国内总就业人数的 1. 5%。

交通运输。德国有着发达的交通运输业。德国公路密度居世界前列，铁路密度居欧洲前列。德国还是最早研制成功磁悬浮铁路技术的国家。

德国是世界上内河航运最发达的国家之一，主要海运港口为汉堡、不来梅和罗斯托克等。杜伊斯堡的内河港口是欧洲最大的内河港。

德国航空也高度发达。共有各类民航企业 336 家，汉莎航空公司是世界上经营最好的航空公司之一，以安全、准点以及价格昂贵闻名于世。

对外贸易。德国是世界贸易大国，同 230 多个国家和地区保持贸易关系。德国产品以品质精良著称，技术领先，做工细腻，但成本较高。德国出口业以质量高、服务周到、交货准时而享誉世界。主要出口产品有汽车、机械产品、化学品、通信技术、供配电设备和医学及化学设备。

货币。德国原来的货币是马克，2002 年 2 月 28 日 24 时，德国马克正式停止流通，欧元成为德国法定货币。

5. 人口、民族与信仰

截至2015年，德国总人口8 110万，是欧盟人口最多的国家，每平方千米人口密度为226人，是欧洲人口最稠密的国家之一。主要是德国人（德意志人），还有少数丹麦人、索布人、弗里斯人和吉普赛人。另外有721.4万名外籍人，占人口总数的8.9%，其中最多的是土耳其人，共161万。

德国全境通用德语，另有少数人讲丹麦语、索布语和弗里斯兰语。

德国居民中约有5 300万人信奉基督教，其中约有2 389.6万人信奉新教，2 465.1万人信奉罗马天主教，90万人信奉东正教。此外，还有一部分德国人信奉伊斯兰教、犹太教和佛教。

6. 文化教育

德国在历史上就是科技强国，科学方面的成就相当显著，有103位德国人获颁诺贝尔奖，尤其是在物理、化学、生理学或医学等科学领域更为突出。

德国的教育事业主要由各州负责，联邦政府主要负责教育规划和职业教育，并协调全国的教育工作。德国的小学学制四到六年，中学学制五到九年，德国实行12年制的义务教育，公立学校学费全免，教科书等学习用品部分减免。职业教育实行职业学校理论学习和企业中的实践相结合。

德国著名的高等学校主要有科隆大学、慕尼黑大学、明斯特大学、法兰克福大学、柏林自由大学、柏林洪堡大学、柏林工业大学、海德堡大学等。

德国在历史上被称作“诗人与思想家的国家”。德语文学的历史可追溯到中世纪，受意大利文艺复兴的影响，18世纪德国的文学走向顶峰。歌德、海涅、席勒、莱辛和格林兄弟都是杰出的代表。

三、节庆与习俗

1. 节庆

德国的节庆主要有圣诞节、劳动节、德国统一日、狂欢节、啤酒节、复活节、耶稣圣体节、耶稣受难戏剧节、兰兹胡特君主的婚礼戏剧节、乡村节等。其中有宗教性节日，也有传统群众娱乐性节日。

德国统一日：德语为Der Tag der Deutschen Einheit，即德国的国庆节，全国法定假日，是为纪念1990年10月3日原德意志联邦共和国（原西德）和原德意志民主共和国（原东德）正式宣布统一的国家性节日。同时，这一天也是德国五个新联邦州的成立日。

葡萄酒节：每年的5月至11月，德国葡萄种植区的许多地方都举行葡萄酒与葡萄农节（Wein - und Winzerfeste）。特别是在莱茵河畔、摩泽尔河畔、巴登地区、普法尔茨地区和美因河畔，葡萄农合作社（Winzergenossenschaft）和葡萄园主（Weingter）的代表在一些公共场所架起货摊，零售自家酿造的葡萄酒，此外也卖些地方特产。在葡萄酒节上，人们还举办现场音乐会，许多地方还推选葡萄酒女王（Weinknigin），并为其举行加冕仪式。

狂欢节与嘉年华：每年11月11日开始。“狂欢节（Fasching）”“谢肉节（Fasnacht）”或“嘉年华（Karneval）”是一种古老的风俗习惯，主要盛行于德国莱茵地区和天主教徒聚居的地区。狂欢节的主要举办地是美因兹、科隆、杜塞尔多夫和波恩。德国南部举办传统的阿雷曼人狂欢节（Fasnet）。狂欢节是当地民众的“第五季”，11 月 11 日开始，到圣灰星期三（Aschermittwoch）结束，狂欢活动的高潮是从“肮脏的星期四（Schmutziger Donnerstag）”到圣灰星期三这一个星期。玫瑰星期一（Rosenmontag）举行盛大的沿街大游行，人们身着奇装异服或传统服饰，头戴各式面具，走上街头，加入到游行队伍中。狂欢节这个传统起源于过去德国农民驱逐严冬、迎来春天的风俗习惯。

十月节（10 月）：德国最大最著名的民间节日是慕尼黑十月节（Mnchener Oktoberfest），也叫“维森（Wiesn）”节，源于公元 1810 年 10 月，是闻名国内外的德国民间节日。每年有 600 多万游客涌入特蕾西亚草坪广场（Theresienwiese），一边喝着大杯的啤酒，一边啃着猪肉香肠和“8”字形面包。宽广的庆祝会场上临时搭起旋转木马和云霄飞车，各种各样的表演活动随处可见，文艺汇演有 100 多个，其中包括波恩的国际贝多芬节、奥格斯堡的莫札特之夏、慕尼黑歌剧文艺节、法兰克福文艺节、斯图加特欧洲音乐节以及为了纪念韦伯、亨德尔、施特劳斯和瓦格纳等音乐家的汇演。此外，庆祝活动还包括东道主店家和啤酒厂的入场游行、古装与乐队游行（Trachten - und Schtzenzug）以及所有维森小型乐队的音乐会。许多当地人，也包括年轻人，纷纷身着传统民族服装参加十月节。

教堂落成典礼纪念日与年市：全德国每年自春至秋都举办许多民间节日，持续时间为一个周末或整个一周，地点是在庆祝场所或市中心。节日活动的内容包括游艺靶场、射击棚、旋转木马、云霄飞车、观光大转轮以及幽灵列车等。露天舞台或节日帐篷里经常举行现场音乐会。教堂落成典礼纪念日（Kirchweih 或 Kirmes，或 Kerb、Kirb、Kier、Kerwe、Kerwa 以及 Kerms 等写法）起源于基督教教堂落成典礼之际举行的宗教节日。在德国乡村地区，教堂落成典礼纪念日还是一个重要的乡村传统。每当此时，人们就会举行节日游行，并由当地的年轻人架起教堂落成典礼纪念树（Kirchweihbaum）。

圣诞市场（11 月底开始）：每年从 11 月底至圣诞节，德国许多城市都会举行圣诞集市（Weihnachtsmarkt）。集市所特有的节日气氛也预示着圣诞节的来临。人们可以在集市的货摊上采购圣诞装饰品、蜡烛、首饰、玩具等很多东西。商贩们还出售温热的葡萄酒（Glhwein）、香料面包（Gewrzbrot）、蜂蜜果脯饼（Lebkuchen）、栗子和糖炒杏仁等特产。

2. 习俗与禁忌

德国人的姓名一般由名和姓两部分组成，书写时名在前，姓在后。有的姓名由本名、教名、姓三部分组成。姓的起源与职业、地名、动植物名称等有关，常见的姓有米勒、施密斯特等，女子出嫁后一般随夫姓。

德国人普遍讲究公共道德。在公共场所遵守秩序、互相谦让、尊重老人和妇女儿童已经成为传统美德。在机场、火车站、银行等需要排队等候时，人们会自觉遵守秩序。在城市街道上无信号灯的人行横道处，机动车在遇有行人过路时会自动停车让行人先行。

德国人在社交场合与人见面时一般行握手礼，告别时也是如此；与亲朋好友见面时一般行拥抱礼；情侣或夫妻见面时一般行拥抱和亲吻礼。即使不认识对方，德国人也会相互打招呼，说声“您好”。大多数情况下，以“您”或姓氏前冠以先生或女士称呼。

德国人生活中会注意不影响他人。晚上 8：00 至第二天早晨 8：00 不准演奏乐器、不大声喧哗，如果晚上搞聚会活动，会先向邻居讲明情况，请他们谅解并尽可能安排在周末，尽可能不大声喧闹。德国人重视宴会的地点选择、设备的豪华和现代程度，喜欢在优美、卫生的餐厅里用餐。德国奉行女士优先的传统，女士在许多场合都会受到特殊照顾。

德国人忌讳13和星期五，认为核桃是不祥之物，不喜欢红色、红黑相间色以及褐色，尤其是墨绿色。德国法律禁用纳粹或其军团的符号图案，人们讨厌蝙蝠图案；忌讳把蔷薇和菊花送人，认为这些花是追悼会上所用的；忌讳随便赠予带有浪漫色彩的玫瑰花；鲜花不用纸包扎，忌送13枝与偶数枝的花；禁止送太个人化的物品。礼品包装纸不用黑色、白色和棕色，也不能用彩带包扎。德国人禁忌用目光盯视他人；禁忌四人交叉握手；禁忌在公共场合窃窃私语和交叉式谈话，认为这是不礼貌的；禁忌过分赞美，德国人不太喜欢听恭维话，认为这是对人的侮辱；禁忌谈论他人隐私，别人买的东西即使喜欢也不要问题价格；德国人认为路遇烟囱清扫工预示着会交好运，遇到有人生病，除知道原因的常见病外，不问病情及病因，否则会有窥视别人秘密之嫌；生日不提前祝福。

3. 饮食文化

德国由于身处欧洲大陆之中心，饮食文化与内陆地区之物产分布息息相关。整体上德国人较为爱好肉类和啤酒（大致上德国啤酒可以分为白啤酒、清啤酒、黑啤酒、科什啤酒、出口啤酒、无酒精啤酒六大类）。其中德国人尤其爱吃猪肉，大部分有名的德国菜都是猪肉制品，例如香肠。相较于欧洲中南部的精致饮食，德国的传统饮食普遍较粗犷，但仍具特色，其特点是食用生菜较多，很多菜都带酸味。德国人喜欢用啤酒做菜的调味品，不喜欢过于浓的菜肴，不爱吃辣。传统菜肴如烤猪肘、烤猪膝，常佐以马铃薯泥、酸甜甘蓝食用。德国人最讲究的是早餐，面包、香肠、火腿、奶油、干酪、果酱、牛奶、咖啡、果汁、茶都是常见的早餐食品。德国人还习惯于在下午3：00到4：00喝一份午后咖啡。

面包是德国人不可缺少的最重要的主食。德国人认为面包是营养丰富、最利于健康的天然食品，德国人的面包消费量也因此高居世界第一，平均每年每人要吃掉80千克面包。但德国人从不单独食用面包，而是要抹上奶油配上干酪和果酱，加上香肠、火腿一起食用。

德国人爱喝酒，各种酒的年消耗量居世界第二，尤其爱喝葡萄酒和啤酒。德国的啤酒产量居世界第二，仅次于美国，但销量居世界首位。喝啤酒是德国人最大的嗜好和乐趣之一。啤酒店总数量比饭店、商店、旅店的总和还要多。在啤酒店里喝酒、聚会、打牌、看球赛是德国人主要的社交方式。德国啤酒的三大产地是慕尼黑、汉堡和多特蒙德，其中慕尼黑又被称为“啤酒城”。

四、旅游资源与主要旅游地

德国旅游业发达。每年有大量国内外游客在德国旅游。德国有38处世界文化和自然遗产，数量仅次于意大利、中国和西班牙，与法国并列世界第四，其中36个是文化遗产，仅有2处是自然遗产。著名景点有科隆大教堂、柏林国会大厦、罗滕堡、慕尼黑德意志博物馆、海德堡老城、新天鹅堡、黑森林、国王湖、德累斯顿画廊等。德国旅行，不局限于城市游，小镇也别有一番景致。

1. 勃兰登堡门

勃兰登堡门位于柏林市中心，东侧是巴黎广场和菩提树下大街的尽头，西侧是三月十八日广场和六月十七大街的起点，是柏林的象征，也是德国的国家象征标志，它见证了柏林、德国、欧洲乃至世界的许多重要历史事件。1788 年，普鲁士国王弗里德利希·威廉二世统一德意志帝国后建造。当时德国著名建筑学家卡尔·歌德哈尔·阆汉斯受命承担设计与建筑工作，他以雅典古希腊柱廊式城门为蓝本，设计了这座凯旋门式的城门，并于 1791 年竣工，曾被命名为“和平之门”，战车上的女神被称为“和平女神”。

德国柏林勃兰登堡门

2. 无忧宫

无忧宫位于德意志联邦共和国东部勃兰登堡州首府波茨坦市北郊。宫名取自法文原意“无忧”（或“莫愁”）。无忧宫及其周围的园林是普鲁士国王腓特烈二世（1745—1757 年）时期建造的。整个园林占地 290 公顷，坐落在一座沙丘上，故也有“沙丘上的宫殿”之称。

3. 科隆大教堂

科隆大教堂是世界上最完美的哥特式教堂，位于德国科隆市中心的莱茵河畔。厅高 42 米，顶柱高 109 米，中央是两座与门墙连砌在一起的双尖塔，这两座 157.38 米的尖塔像两把锋利的宝剑，直插苍穹，是世界上最高的双塔式建筑。教堂内的摆钟直径 3.21 米，重 2.4 吨，是世界最大的摆钟。第二次世界大战中，教堂曾被数发炮弹直接命中，但未造成巨大损害。

德国科隆大教堂

4. 柏林墙遗址

柏林墙墙高3.5米，水泥板结构，墙上部为水泥管。1961年被筑起后作为德意志民族分裂和冷战的见证，而在1989年民族即将统一的时候又被拆除作为友好象征，促进了东西德国的统一。

5. 新天鹅堡

全名新天鹅石城堡，是座白墙蓝顶的神话城堡，位于德州Fussen小镇上，在阿尔卑斯山脉中，是巴伐利亚国王路德维希二世的行宫之一，也是德国境内被拍照最多的建筑物，是最受欢迎的旅游景点之一。

德国新天鹅堡

6. 其他旅游胜地

黑海和波罗的海沿岸。德国北部濒临北海和波罗的海，其中北海是北大西洋的内海，近海海滩露出大小不一的海岛，其中许尔特岛、诺尔德奈岛和赫尔戈兰岛为旅游胜地。波罗的海沿岸沙滩平坦，山崖陡峭嶙峋。著名的吕根岛上到处是白垩岩石，悬崖峭壁、茂密的森林、飞泻而下的瀑布、建于16世纪的古堡、精巧别致的渔村房舍以及冬季来此越冬的大天鹅，共同构成了优美的画卷。

莱茵河。莱茵河是德国的黄金水道和最大河流，全长1 320千米，德国境内长867千米。科隆至美因茨200千米河段内河道曲折，两岸随处可见葡萄园，出产的葡萄酒世界闻名。两侧山顶上古堡、宫殿、纪念塔连绵不断，保留有古罗马建筑的断垣残壁，主要景点包括七风岭、鼠塔、猫塔、艾斯曼斯豪森景区、尼德林战争纪念塔等。

案例回放

德国人认为核桃是不祥之物，并且忌讳把蔷薇和菊花送人，认为这些花是追悼会上所用的。

德国之所以能成为世界最重要的旅游客源国之一，主要有下列原因：

1. 德国经济实力雄厚，居民收入高。

2. 旅游时间充足。德国人一般每年享有六周的带薪假期，是世界上享有假期最长的国家。教师和学生一般有长达五个月的假期，此外德国还有各种公共假日。

3. 旅游愿望强烈。德国人热爱旅游，把旅游当成生活的一部分。其旅游费用支出仅次于衣、食支出，占家庭支出的1/5以上。

4. 德国人受教育程度高。多数德国人都受过良好的教育，素质较高，这些人更愿意出门旅游。既是放松，也是学习。

5. 地理位置优越。德国位于欧洲中部，交通便利，出境旅游非常方便。交通发达，德国的海、陆、空交通都很便捷，私人交通工具已得到普及，这也为旅游提供了便利。每年的7月和8月是德国人的休假时间，每到这时，行驶在德国高速公路上的房车络绎不绝。

6. 奖励旅游盛行。德国企业把奖励旅游作为激励员工的方式之一，这也极大地刺激了德国的旅游市场。

实训项目

学生分组设计出满足不同游客需求的去德国旅游的线路。

第五节 意大利

导读：意大利共和国（意大利语：Repubblica Italiana），简称“意大利”（意大利语：Italia，英文：ltaly），主要由南欧的亚平宁半岛及两个位于地中海中的岛屿西西里岛与撒丁岛所组成。北方的阿尔卑斯山地区与法国、瑞士、奥地利以及斯洛文尼亚接壤，其领土还包围着两个微型国家——圣马力诺与梵蒂冈。

意大利是欧洲民族及文化的摇篮，曾孕育出罗马文化及伊特拉斯坎文明，而意大利的首都罗马，几个世纪以来都是西方世界的政治中心，也曾经是罗马帝国的首都。13 世纪末的意大利更是成为欧洲文艺复兴发源地。

意大利是一个高度发达的资本主义国家，欧洲四大经济体之一，也是欧盟和北约的创始会员国，还是申根公约、八国集团和联合国等重要国际组织的成员。意大利共拥有 48 个联合国教科文组织世界遗产，是全球拥有世界遗产最多的国家，意大利在艺术和时尚领域也处于世界领导地位，米兰是意大利的经济及工业中心，也是世界时尚之都。

米兰大教堂

知识点：了解意大利的基本概况和历史，掌握意大利的民俗风情，掌握意大利的主要旅游资源。

技能点：能根据所学知识向游客提供合理优质的接待服务，能根据印度尼西亚的旅游资源设计合理的出境游线路。

案例导入

意大利中部的托斯卡纳区，以自然风景、世界遗产、文化和美味佳肴而著称。这里是文艺复兴和著名作曲家普契尼的故乡，也是世上首家银行的创建地，这里有拥有百座教堂的中世纪小城，欧洲最著名的中世纪广场和到处遍布着的古老的建筑和绘画雕塑杰作。托斯卡纳是艺术家、学者、科学家和音乐家的土地，它拥有意大利超过 50% 的艺术遗产。如此之多的文化遗产对于任何一个学者来说都是独一无二的体验。

托斯卡纳每年都要举行 63 个节庆：其中 8 个为音乐节（爵士、蓝调、宗教音乐、民间音乐、古典音乐等）、12 个戏剧节庆、7 个舞蹈节、36 个从音乐到戏剧到夜总会等各类娱乐节目表演。当然不容错过还有各个城镇组织的盛大节庆（如利沃诺的“威尼斯映像”节和马萨－卡拉拉的“Lunalica”节）。更重要的是在于它拥有 900 个海滨度假胜地，分布在该区大大小小的自然文化景观之中，据此每年都有数以百万计的游客都会选择托斯卡纳作为他们假期的目的地之一。

此外，完善的旅游咨询销售体系和创新的宣传方式，是该地区旅游产业振兴的“制胜法宝”。不管在大城市，还是小城镇，每一条街道上都有旅游小店。这些旅游小店专门为游客提供旅游信息咨询、旅游产品设计和购买等旅游需求业务。从区到市、再到镇，托斯卡纳建立了一套全覆盖的、完善的旅游咨询销售体系。

问题：意大利托斯卡纳是如何利用文化影响力吸引旅客的？

一、自然环境

意大利位于欧洲南部的亚平宁半岛上，领土包括地中海的西西里岛、撒丁岛等岛屿，面积约 30.127 9 万平方千米。亚平宁半岛宛如一只巨大的靴子斜伸入地中海中，东、南、西三面被地中海的属海亚得里亚海、爱奥尼亚海、第勒尼安海所环绕，海岸线长达 7 200 多千米。意大利正处于地中海区域东、西之间的海路要道，扼守欧洲的南大门，旅游交通位置十分重要。其境内还有两个主权袖珍国——梵蒂冈教皇国和圣马力诺共和国。

意大利的地形以山地为主，全境 4/5 为山地，北部“靴口”处以雄伟的阿尔卑斯山为屏障与法国、瑞士、奥地利和斯洛文尼亚为邻。意、法边境的勃朗峰（MonteBianco, MontBlanc）海拔 4 810 米，是欧洲第二高峰。亚平宁半岛上亚平宁山脉纵贯半岛，地震频繁，火山众多且非常活跃，近 150 年中，发生的规模较大的地震就达 19 次之多。位于西西里岛的埃特纳火山是欧洲最高最活跃的火山，南部的维苏威火山也是著名的活火山。

意大利大部分地区属于亚热带地中海气候，全年气温变化不大，冬季温暖多雨，夏季炎热干燥。

意大利河流众多，最大的水系是波河，长 652 千米；另外，中部有台伯河、阿迪杰河、阿尔若河等主要大河流。意大利的湖泊星罗棋布，以北部最为集中、最为著名；较大的湖泊有加尔达湖、马乔列湖、特拉西梅若湖和科莫湖，其中科莫湖因风景秀美而成为意大利和欧洲著名的旅游和度假胜地。

意大利自然资源贫乏。意大利仅有水力、地热、天然气等能源和大理石、黏土、汞、硫黄以及少量铅、铝、锌和铝矾土等矿产资源。石油和天然气产量只能满足一小部分国内市场需求，75%的能源供给和主要工业原料依赖国外进口。

二、社会概况

1. 历史沿革

意大利是一个文明古国，公元前753年，罗马人建成罗马城，经过几百年的扩张，发展成为一个地跨欧、亚、非三洲的大帝国。中世纪长期处于分裂状态。14、15世纪意大利一些城市出现了资本主义萌芽，成为欧洲文艺复兴运动的发源地。从16世纪起，意大利遭受法国、西班牙等国占领。在法国资产阶级大革命的影响下，意大利人为民族解放进行了几十年的斗争，最终在1870年完成了统一。意大利国家统一之后就走上了对外扩张的资本主义殖民道路并且以强国的姿态出现在欧洲的政治外交中，在19世纪60到80年代成功蚕食了东非红海沿岸的交通要地厄立特里亚和南索马里；1912年夺取了北非的利比亚和爱琴海罗德诸岛；1921年，墨索里尼（Mussolini）的法西斯党掌握了国家大权，与德国、日本相继签订了“钢铁同盟”和“反共产协定”等一系列条约，成立了轴心国集团，发动并参与了第二次世界大战，企图重新瓜分世界。第二次世界大战前夕在欧洲占领了阿尔巴尼亚，在非洲占领了埃塞俄比亚，1940年意大利势力范围遍及地中海、北非、东非达到鼎盛。1945年意大利人民起义，消灭了德国法西斯军。1946年6月18日，意大利共和国正式宣布成立。

2. 国家象征

意大利共和国的国旗为三色旗，由同样宽度的绿、白、红三色长条纵列组成。意大利国徽呈圆形。中心图案是一个带红边的五角星，象征意大利共和国；五角星背后是一个大齿轮，象征劳动者；齿轮周围由橄榄（olives）枝叶和橡树叶环绕，象征和平与强盛，底部的红色绶带上写着“意大利共和国”（Repubblica Italiana）。

意大利国旗

意大利国徽

意大利国歌是《马梅利之歌》。

意大利国花是雏菊（margherita），这也是一种由奶酪、番茄酱和罗勒制成的比萨饼的名字。

3. 行政制度

宪法规定意大利是一个建立在劳动基础上的民主国家。总统对外代表国家，由参、众两院联席会议选出。议会是最高立法和监督机构，由参议院和众议院组成。两院具有同等权力，各自可通过决议，但两院决议相互关联。除少数终身参议员外，参、众议员均由普选产生。议会的主要职能是：制定和修改宪法和法律，选举总统，审议和通过对政府的信任或不信任案，监督政府工作，讨论和批准国家预算、决算，对总统、总理、部长有弹劾权，决定战争状态和授予政府必要的政治决定权力等。意大利实行内阁负责制，内阁由总理和若干部长组成。总理由总统任命，对议会负责。

意大利党派林立，主要政党有意大利力量党、意大利左翼民主党、雏菊联盟、民族联盟、意大利重建共产党、北方联盟、白花联盟等。

4. 经济结构

意大利是发达工业国家。私有经济为主体，占国内生产总值的80%以上。服务业约占国内生产总值的2/3。国内各大区经济差距较大，南北差距明显。中小企业占企业总数的98%以上，堪称“中小企业王国”。

工业。意大利工业发达，与德国、法国和英国同属西欧四大强国，工业主要以加工工业为主，所需能源和原料依赖外国进口，工业产品的1/3以上供出口。中小企业在经济中占有重要地位。在制革、制鞋、纺织、家具、首饰、酿酒、机械、大理石开采及电子工业等部门均占优势，具有专业化程度高、适应能力强、劳动力安排富于伸缩性和产品出口比例大等优点。

意大利是世界著名的汽车跑车生产国，相关品牌包括法拉利、兰博基尼、玛莎拉蒂、布加迪（现法国）、阿尔法·罗密欧等。意大利著名企业有菲亚特集团（Gruppo Fiat）、国家碳化氢公司（Ente Nazionale Idrokarburi，ENI）。

农业。意大利是个农业发达的国家，农业产值占国内生产总值的3.5%左右，主要粮食作物有小麦、玉米、水稻、甜草、葡萄、油橄榄、柑橘、柠檬等，产量高，大量用于出口。意大利南北地区贫富悬殊。南部意大利，包括西西里岛和撒丁岛的工农业都远不如北方，人均年收入南方只占北方的60%。

旅游业。意大利享有“欧洲的天堂和花园”之美誉，旅游业起步早、发展快。20世纪50年代意大利成为世界第二旅游接待大国。现在既是世界重要的旅游接待国，又是重要的客源输出国。意大利人视出国旅游为时髦和事业成功的标志。意大利旅游基础设施完备，拥有大小旅馆3 000多家，旅行社5 436家，有餐馆、咖啡馆、酒吧和各类小吃店23万多家，遍布全国城乡。

贸易。对外贸易是意大利经济的主要支柱，外贸总金额相当于国民生产总值的40%~45%。主要贸易伙伴是欧盟诸国，以及中东石油国家。

意大利产品在世界有较强竞争力，出口商品种类非常齐全。主要以机械仪器、汽车、农产品加工、钢铁、化工化学、制药、家用电器、服装、制鞋、贵重金属等工业制成品为主。意大利国外市场主要为欧盟国家，对其出口量占总量一半以上。

意大利通行的货币是欧元。

5. 人口、民族和信仰

意大利人口为6 013.64万（2014年）。94%的居民为意大利人，少数民族有法兰西人、拉丁人、加泰隆人、弗留里人等。

官方语言是意大利语，个别地区讲法语和德语。意大利语同时还是圣马力诺和梵蒂冈的官方语言，是瑞士的四种正式语言之一。

意大利宪法规定，一切宗教在法律面前完全平等，只要不违反法律，都有权按自己的教规建立其组织并开展活动。意大利人90%以上信仰天主教，其余信仰新教、东正教、犹太教、伊斯兰教和耶和华见证人会及佛教。各种宗教组织达440多个，成员60多万，加上同情和支持者超过100万。天主教在意大利的势力和影响巨大，全国有281个教区，大主教和主教440多名，神甫63 000多名，修女14万多名，各种修士人数众多，领薪金的神职人员21万多人。全国大小城市村镇均有教堂，各地还有不少修道院。教会办有很多医院和学校，对意大利的政治、文化等影响很大。

6. 文化教育

罗马（Rome）为意大利首都，也是国家政治、经济、文化和交通中心。罗马也是古罗马和世界灿烂文化的发祥地，已有2 500余年历史，是世界著名的历史文化名城，古罗马帝国的发祥地，因建城历史悠久而被昵称为“永恒之城”。城市位于意大利半岛中西部、台伯河下游平原地的七座小山丘上，市中心面积有1 200多平方千米。是意大利占地面积最广、人口最多的城市，也是世界最著名的游览地之一。罗马是全世界天主教会的中心，有700多座教堂与修道院，7所天主教大学，市内的梵蒂冈是天主教教皇和教廷的驻地。罗马与佛罗伦萨同为意大利文艺复兴中心，现今仍保存有相当丰富的文艺复兴与巴洛克时期的建筑。

提起文明古国意大利，人们立刻会联想到历史上显赫一时的古罗马帝国、于公元79年毁于维苏威火山大爆发的庞贝古城、闻名于世的比萨斜塔、文艺复兴的发祥地佛罗伦萨、风光旖旎的水城威尼斯、被誉为世界第八大奇迹的古罗马竞技场。其中，庞贝古城遗址是由联合国教科文组织批准的世界遗产之一。公元79年，庞贝古城被附近的维苏威火山喷发后淹没，后来经过意大利考古学家挖掘，人们从庞贝古城遗址可以看出古罗马时代的社会生活。

意大利的文学艺术在世界艺术宝库中占有相当重要的地位。13世纪末至16世纪欧洲文艺复兴的起源和中心就在意大利，是意大利文学艺术的黄金时代。意大利最伟大的诗人但丁与英国的莎士比亚和德国的歌德并称为西欧文学史上的三大天才巨匠。但丁的代表作《神曲》显现出文艺复兴时代人文主义思想的曙光，也是世界文学史上最为重要的文学作品之一。薄伽丘的代表作短篇小说集《十日谈》，是欧洲文学史上第一部现实主义名作。

意大利的雕塑和绘画在世界上享有极高的声誉。意大利文艺复兴时期最重要的代表是被称为“文艺复兴三杰”的达·芬奇、拉斐尔和米开朗琪罗。达·芬奇多才多艺，壁画《最后的晚餐》和《蒙娜丽莎》是誉满全球的杰作。拉斐尔是罗马画派的杰出代表，他为梵蒂冈画了以《教权的建立和巩固》为总题目的壁画。米开朗琪罗在雕刻、绘画和建筑方面都取得了杰出的成就，代表作为雕塑《大卫》《被缚的奴隶》等。提香是威尼斯画派的代表。

意大利是歌剧的故乡。19世纪上半叶最著名的歌剧艺术家是罗西尼和威尔第。罗西尼有两部代表作：《塞维利亚的理发师》和《威廉·退尔》。威尔第的作品《茶花女》《阿伊达》《假面舞会》和《奥赛罗》等在意大利歌剧上有特殊地位。意大利还拥有许多著名的歌剧院，例如：米兰的斯卡拉大歌剧院、那不勒斯的圣卡洛歌剧院、罗马的罗马歌剧院、威尼斯的凤凰歌剧院等。

三、节庆与习俗

1. 节日

意大利的城镇经常有节庆，节庆的题材多是宗教纪念日，节庆的内容主要是游行、音乐、美食、饮酒和狂欢等。比较著名的节日有以下几个。

狂欢节：复活节前40多天。节日高潮时，要举办各种游艺活动和文体表演，最受欢迎的是化装游行。海滨城市维亚雷焦与法国的尼斯并称为欧洲狂欢节的两大中心。

八月节：8月15日。八月节是仅次于圣诞节的重要节日，这一天全国放假，人们纷纷前往海滨、山区和乡村游玩。

国庆节：6月2日。1946年这一天，意大利举行全国公民投票，决定废除君主制，建立共和国，后定此日为国庆节。

威尼斯船节：9月的第一个星期日。节日当天，运河两侧舟船云集，人山人海，赛船活动场面非常壮观。

2. 习俗与禁忌

意大利人见面时行握手礼或用手示意。在意大利，女士受到尊重，特别是在各种社交场合，女士处处优先。宴会时，要让女士先吃，只有女士先动刀叉进餐，先生们才可用餐。进出电梯时，要让女士先行。称呼女性可由戒指判断，意大利女子对“太太”“小姐”的称呼颇为计较。

意大利人时间观念不强，特别是出席宴会、招待会等活动时，经常迟到。他们晚到16或20分钟是司空见惯的事，如果迟到时间过长，他们常常会说：“交通太拥挤了，真是对不起！”

在意大利的商店门口有插葡萄枝的习惯。意大利是盛产葡萄酒的国家，许多小城镇甚至乡村农户也会酿酒。过去，有些农民家里酿了许多酒，自给有余，便打算出售一些，他们将葡萄枝挂在自家门口，过路人一看便知这家有酒卖。一旦酒已售完，葡萄枝就被取下。这一风俗一直延续至今，有些商店门口依然挂起葡萄枝。

意大利人忌数字“13”，凡住房号、剧院座位号等都不准有13的字样，无论男士、女士都不得穿短裤、短裙或无袖衬衫到教堂或天主教博物馆参观。

意大利是一个天主教势力很大的国家，婚礼要按天主教的传统在教堂举行，也可以去市政厅登记结婚。他们喜爱听音乐和看歌剧。到歌剧院看歌剧大都比较讲究穿着和举止，尤其是男士，要穿晚礼服或至少穿西装打领带，在看歌剧期间不能发出任何怪声和大声评论，对演员的精湛演出应报以热烈的掌声。

意大利人性情开朗、性格鲜明。赴家宴要携带礼物送给主人，礼不在贵重，但讲究包装。按西方习惯，主人会当面打开礼物表示赞赏之情。送鲜花要送单数，不送13朵，不送菊花。赠送纪念品时，切忌送手帕，认为手帕是亲人离别时擦眼泪用的不祥之物。

和意大利人谈话要注意分寸，一般谈论工作、新闻、足球；不要谈论政治和美式橄榄球。

意大利人完全以家庭为中心，祖母非常受人尊重，每年甚至还有一个“最酷奶奶”的评选。

3. 饮食文化

意大利菜的特点是味醇、香浓，以原汁原味闻名，烹饪技艺可与法国媲美，而面食则在法国之上，如源于那不勒斯的比萨饼、通心粉等。精美可口的面食、奶酪、火腿和葡萄酒使意大利成为世界各国美食家向往的天堂。

意大利人喜欢喝酒，饭前要喝开胃酒，主食搭配葡萄酒，饭后饮少量烈性酒加冰块。意大利人年均喝葡萄酒达 120 升之多，居世界第一位。

意大利面（spaghetti）：是西餐品种中国人最容易接受的。作为意大利面的法定原料，杜兰小麦是最硬质的小麦品种，具有高密度、高蛋白质、高筋度等特点，其制成的意大利面通体呈黄色，耐煮、口感好。它的形状也不同，除了普通的直身粉外还有螺丝型的、弯管型的、蝴蝶型的、贝壳型的林林总总数百种。所以，正宗的原料是意大利面具有上好口感的重要条件。除此之外，拌意大利面的酱也是比较重要的。一般情况下，意大利面酱分为红酱（Tomato Sauce）、青酱（Pesto Sauce）、白酱（Kleam Sauce）和黑酱（Squid - Ink Sauce）。红酱是主要以番茄为主制成的酱汁，是目前见得最多的；青酱以罗勒、松子粒、橄榄油等制成的酱汁，其口味较为特殊与浓郁；白酱以无盐奶油为主制成的酱汁，主要用于焗面、千层面及海鲜类的意大利面；黑酱是以墨鱼汁所制成的酱汁，其主要佐于墨鱼等海鲜意大利面（墨鱼面）。

甜点（Dolce）：意大利最著名的甜点是冰激凌（Gelato），其中奶油冰激凌和威士忌冰激凌是最为普遍的口味。除此之外，当属提拉米苏（Tiramisu）。

咖啡（Coffe）：意大利的泡沫咖啡卡普奇诺（Cappuccino）与浓缩咖啡（Espresso）是意大利特有的餐桌上的精品饮料。此外，薄咖啡、牛奶咖啡以及用柠檬或小茴香增添口感的现煮咖啡和冰咖啡也都是意大利人喜爱的咖啡。

四、旅游资源与主要旅游地

意大利是个多山的国家，北部阿尔卑斯山是开展登山旅游、避暑消夏和冬季滑雪运动的胜地。亚平宁山脉山体由石灰岩构成，千姿百态的溶洞令人神往。境内多火山，埃特纳火山和维苏威火山世界闻名。

1. 罗马

罗马是意大利首都。全国最大的城市和政治、文化、交通中心，同时也是一座文艺复兴时代的艺术宝库，以其雕塑多、教堂多和喷泉多而闻名世界。著名的景点有世界八大古建筑之一的斗兽场、真理之口、许愿池、威尼斯广场、万神庙、特雷维喷泉、圣天使城堡、新宫、卡拉卡拉古浴场、地下墓穴等。

（1）古罗马斗兽场。古罗马斗兽场是古罗马的象征。这座高 57 米，最大直径 188 米，周长 527 米的椭圆形竞技场，中间是竞技表演舞台，在古罗马时代是专门用于人同野兽或奴隶之间相互搏斗的地方，四周为观众席，可容纳6万多人。经历了近2 000年风霜雨雪的侵蚀，虽只剩下断墙残壁，但每年都吸引着近500万旅游者。斗兽场南面是卡拉卡拉古浴场，为罗马帝国时代最大的交际场所。现在每年都在此表演歌剧或举办音乐会。

古罗马斗兽场

（2）特雷维喷泉。罗马素有“喷泉之城”的美称，其中历史最久、名气最大的，还要数特雷维喷泉。这座喷泉宽20米，高26米，布局严谨，气势恢宏。喷泉中间是威严的海王神，两旁是两座象征富饶、安乐的女神。人们喜爱在此背向喷泉往后抛掷硬币，以求吉祥。

2. 佛罗伦萨

佛罗伦萨位于意大利的中部，是欧洲文艺复兴运动的发源地。全市有40多座博物馆、美术馆，60多座宫殿，还有许多教堂，藏有大量的艺术珍品和珍贵文物，被誉为“西方雅典”。佛罗伦萨还是但丁、达·芬奇、米开朗琪罗的故乡。主要景点有乌菲兹美术馆、西尼约里亚宫、老桥、波蒂宫等。乌菲兹美术馆，在佛罗伦萨市政广场附近，是意大利最大的美术馆，收藏有文艺复兴时期最大数量的绘画作品以及荷兰、德国和法国的绘画精品、古代文物、雕刻和10万余件素描、版画等，珍藏艺术品之丰富可与法国的卢浮宫媲美。而且它还是世界第一座现代博物馆，在艺术史中享有特殊地位。

3. 比萨

比萨是意大利中部的大学城，这个只有10万多人口的小城，由于保存着许多中世纪的古迹，成为意大利著名的旅游胜地。比萨最著名的古迹是斜塔，比萨斜塔由大理石砌成，是兼有罗马式和哥特式建筑风格的钟楼。南高54.5米，北高55.22米。塔因造基不慎，建至第三层时，塔身倾斜，被迫停工一个世纪之久，直至1350年才竣工。现塔顶中心点偏离垂直中心线4.4米，已岌岌可危。但这种斜而不倾的现象，是比萨斜塔闻名遐迩的

比萨斜塔

原因。1590年意大利物理学家伽利略在塔上做了著名的自由落体实验，推翻了希腊学者亚里士多德的理论，比萨斜塔因此更加扬名。

4. 威尼斯

威尼斯位于亚得里亚海滨。市内177条大小水道把全市分割成120余个岛屿，又名“百岛之城”。岛与岛之间由400余座桥梁相连，是世界上唯一没有汽车的“水城”。威尼斯风光独特，古迹丰富，是一座文化艺术名城。全城有教堂、钟楼、修道院、宫殿、博物馆等艺术及历史名胜450多处。拿破仑称威尼斯为“举世罕见之奇城”。威尼斯在歌剧艺术发展史上也有突出地位，威尔第创作的《茶花女》等世界著名歌剧就是在这里取得首演成功的。每年8、9月份举办的“威尼斯电影节”是具有重要影响力的国际电影节。著名的景点有圣马可广场、圣马可大教堂、叹息桥、里阿尔托桥、拿破仑王宫等。

（1）圣马可广场。圣马可大教堂具有强烈的拜占庭风格，相传是用来供奉福音作者圣马可的教堂。圣马可是威尼斯的守护神，标志物是狮子，因此，狮子也是威尼斯的标志物。圣马可大教堂两旁的新旧行政官邸，一楼大多用作咖啡馆。最著名的是弗洛里安咖啡馆，据说海明威、拜伦经常在这里流连。当然，这里的咖啡也是全意大利最昂贵的。

（2）总督府。总督府是威尼斯共和国时期的最高权力机关，粉红色的大理石外墙，连续的尖型拱门和四瓣花型圆窗，属于典型的哥特式风格。

（3）叹息桥。叹息桥连接的两座建筑物分别是法院和监狱。叹息桥因桥上死囚的叹息而得名。一般来讲，进入监狱的人都不会活着出去的，而叹息桥就成为他们最后唯一可以看见阳光的地方。因此，囚犯们经过这里的时候都会情不自禁地发出一声叹息。

（4）贡多拉。相传以前的船夫都是又年轻又帅气的小伙子，边划船还边唱着情歌；另外，贡多拉是威尼斯最贵的交通工具。

5. 米兰

米兰是现代化的国际大都市，意大利北部伦巴第大区首府，米兰省省会，前西罗马帝国首都，位于波河平原北岸，市内人口130万，都会区人口755万，涵盖9个省，272个市，是意大利最大的大都市和欧洲及世界最大的都会区之一，是意大利的经济引擎，经济首都。

6. 都灵

都灵是意大利第三大城市，大工业中心之一，皮埃蒙特区首府。位于波河上游谷地，海拔243米。人口约103.5万。冬温夏热，年降水量1 000毫米左右，冬春降水较多，且多山谷风。都灵在第二次世界大战后工业发展迅速，尤以汽车制造业闻名于世。现为意大利最大的工业中心之一，有许多大型的现代化企业。都灵也是欧洲的电力炼钢和电子加工中心之一。在阿尔卑斯山脉廉价水电基础上，重点发展技术密集型产业，有发动机、机床、电子、电器、化学、轴承、飞机、精密仪器、仪表以及军火工业等。

案例回放

托斯卡纳每年都要举行63个节庆，包括从音乐到戏剧到夜总会等各类娱乐节目表演来吸引世界各地的游客。同时，该地区还有完善的旅游咨询销售体系和创新的宣传方式。

实训项目

分析意大利旅游资源的特点，并设计意大利旅游线路。

第六节 荷 兰

导读：荷兰（英文：Holland），本称尼德兰王国，因其荷兰省最为出名，故尼德兰（尼德兰文：Nederland，英文：Netherland）多被世界称为荷兰。位于欧洲西偏北部，是著名的亚欧大陆桥的欧洲始发点。荷兰是世界有名的低地之国。国土总面积41 864平方千米，与德国、比利时接壤。欧盟和北约创始国之一，也是申根公约、联合国、世界贸易组织等国际组织的成员。是由荷兰、阿鲁巴、库拉索和荷属圣马丁4个构成国组成的君主立宪制的复合国，是一个以荷兰本土为核心的主权国家。

在17世纪，荷兰是当时世界上最强大的海上霸主，曾被誉为海上马车夫。2014年荷兰本土设12个省，下设443个市镇。2013年人口数为16 803 700，人口密度407.5人/平方千米。荷兰首都设在阿姆斯特丹，但是其中央政府、国王居住办公地、所有的政府机关与外国使馆、最高法院和许多组织都在海牙。

荷兰是一个高度发达的资本主义国家，以海堤、风车、郁金香和宽容的社会风气而闻名，在对待毒品、性交易和堕胎方面的法律在全世界是最为自由化的。荷兰是全球第一个同性婚姻与安乐死合法化的国家。

斯德哥尔摩市政厅

知识点：了解荷兰的基本概况和历史；掌握荷兰的民俗风情；掌握荷兰的主要旅游资源。

技能点：能根据所学知识向游客提供合理优质的接待服务；能根据荷兰的旅游资源设计合理的出境游线路。

案例导入

一座最美丽的春季花园

当和煦的微风再次吹拂整个欧洲大陆，当郁金香的花茎再次破土而出，当屹立几百年的风车再次徐徐转动，这一切的一切都告诉我们春天来了，欧洲春天的脚步从荷兰迈出，从这片“海平面下的国度”迈出。每年3月至5月，荷兰大地被鲜花“淹没”，花田如彩带般五颜六色，纵横的花田，交错的河道，巍然的风车组成了荷兰这道世上独一无二的美丽春天。

问题：了解荷兰旅游的代表性元素有哪些。

一、自然环境

荷兰位于欧洲西部，东面与德国为邻，南接比利时。西、北濒临北海，地处莱茵河、马斯河和斯凯尔特河三角洲。位于东经3°21′至7°13′、北纬50°45′至53°52′。荷兰国土南北最远端相距约300千米，东西最远端距离约200千米，总面积为41 864平方千米。位于欧洲西偏北部，是著名的亚欧大陆桥的欧洲始发点。沿海有1 800多千米长的海坝和岸堤，海岸线长1 075千米。13世纪以来共围垦约7 100多平方千米的土地，相当于荷兰陆地面积的1/5，如今荷兰国土的18%是人工填海造出来的。

除本土外，荷兰管辖着两个海外领地：阿鲁巴和安的列斯群岛，面积为980平方千米。阿鲁巴（Aruba）是一个位于加勒比海地区的岛屿，位于南美洲国家委内瑞拉北方的委内瑞拉湾外海，距离巴拉瓜纳半岛（Paraguana Peninsula）约25千米。荷属安的列斯群岛（The Netherlands Antilles）由加勒比海中相距800多千米的南北两组岛屿组成。

“荷兰”在日耳曼语中叫尼德兰，意为“低地之国”，因其国土有一半以上低于或几乎水平于海平面而得名。全境1/4的土地海拔不到1米，1/4的土地低于海面，除南部和东部有一些丘陵外，绝大部分地势都很低。部分地区甚至是由围海造地形成的，比如弗莱沃兰省的大部分地区。荷兰的最高点是位于南部林堡省东南角的瓦尔斯堡山（Vaalserberg），海拔321米。荷兰地势最低点在鹿特丹附近，为海平面以下6.7米。

荷兰受大西洋暖流影响，属温带海洋性气候，冬暖夏凉。荷兰年降雨量约为760毫米。降雨基本均匀分布于四季。

境内河流纵横，主要有莱茵河、马斯河。西北濒海处有艾瑟尔湖。

荷兰自然资源比较贫乏，仅天然气和石油储量比较丰富，还有一定数量的煤炭。荷兰天然气开发仅次于俄罗斯、美国和加拿大，居世界第四位。

二、社会概况

1. 历史沿革

16世纪前荷兰长期处于封建割据状态。16世纪初受西班牙统治，在此之前，无统一历史。到了16世纪初，因为复杂的王室联姻，他们在神圣罗马帝国哈布斯堡王朝之下统一起来。1568年，因反抗西班牙国王的中央集权和对新教加尔文派的迫害，爆发北方省反抗西班牙的八十年战争。1579 年北方省中的七省（荷兰、比利时和卢森堡的区域）成立了乌得勒支联盟，共同反对西班牙统治。这被认为是现代荷兰的开始。

17 世纪荷兰发展成为航海和贸易强国。荷兰的商船数目超过欧洲所有国家商船数目总和，被誉为“海上马车夫”。荷兰在世界各地建立殖民地和贸易据点。这段时期在荷兰被称为“黄金年代”。

17 世纪后期，荷兰先后与英国、法国交战，在海上荷兰败于英国（英荷战争），在陆地荷兰败于法国（法荷战争），从而衰落下来。1795 年荷兰被法国占领，荷兰共和国灭亡，建立了法兰西第一共和国的傀儡政府巴达维亚共和国。18 世纪后，荷兰殖民体系逐渐瓦解。

1806 年，拿破仑之弟路易·波拿巴任荷兰国王，荷兰被封为王国。1810 年并入法国。1814 年脱离法国，翌年，荷兰和比利时、卢森堡成立荷兰王国（1830 年比利时脱离荷兰独立）。1848 年成为君主立宪国。第一次世界大战期间保持中立。第二次世界大战初期宣布中立。1940 年 5 月被德国军队侵占，王室和政府迁至英国，成立流亡政府。

第二次世界大战后 1945 年恢复独立，放弃中立政策，加入北约和欧共体及后来的欧盟。1954 年 12 月 15 日，荷兰通过《荷兰王国章程》（Het Statuut），使荷兰的原殖民地和属地在王国内与荷兰本土享有同等地位。自此荷兰王国专指由荷兰本土及其前殖民地组成部分的王国，而“荷兰”则专指欧洲大陆荷兰。现时荷兰王国包括三个部分，分别是欧洲大陆荷兰、荷属安的列斯和阿鲁巴。

2. 国家象征

荷兰国旗呈长方形，长与宽之比为 3:2。自上而下由红、白、蓝三个平行相等的横长方形相连而成。蓝色表示国家面临海洋，象征人民的幸福；白色象征自由、平等、民主，还代表人民纯朴的性格特征；红色代表革命胜利。

荷兰国徽是一顶红色貂皮懈（Je Maintiendrai）的蓝色饰带，两只跨立的金狮翘着尾巴，口吐红舌护着一面蓝色盾徽。盾徽顶部是威廉一世御玺上所用的王冠；后面中央绘有一只头戴王冠的金狮，右前肢挥舞着一把出鞘的利剑，左前肢挥动一束金色箭翎，它们象征着国王权力。华盖如开启的幕布，下部嵌有一蓝色条带，上面写着威廉亲王的誓言“坚持不懈”。

荷兰国旗

荷兰国徽

荷兰国歌是《威廉颂》，这也是世界上第一首国歌。

荷兰国花郁金香

荷兰国花——郁金香。荷兰郁金香的历史是从一位名叫克卢修斯的园艺学家开始的。16世纪，在维也纳皇家花园当园丁的克卢修斯，千方百计从出使土耳其的奥地利大使手中得到了原产亚洲的、美丽的郁金香，并带着郁金香来到了荷兰，使这种花很快地遍及荷兰各地，一度掀起了郁金香热。

荷兰国鸟是琵鹭。琵鹭因嘴极像琵琶，故得名。分布在欧洲南部到亚洲，少数分布于非洲。但在欧洲的繁殖地，仅限于荷兰和西班牙。

3. 行政制度

荷兰是一个议会制君主立宪国。荷兰的国家元首是国王。荷兰最高行政机关是内阁，并以总理为内阁首长统辖各部会。

荷兰最高立法机关是两院制的国会，上议院有参议员 75 名，由各省推选，下议院则有 150 名议员，由人民直接选举，任期为四年。

荷兰由于没有任何一个政党规模大到能单独在国会取得过半席次，因此小党联合组阁的现象相当常见，也因此使得政府政策能够长期保持一贯性。

荷兰是世袭君主立宪王国。立法权属国王和议会，行政权属国王和内阁。内阁总理和部长由议会选举产生。

荷兰主要政党有 8 个：自由民主人民党、基督教民主联盟、工党、社会党、新自由党、基督教联盟、绿色左翼联盟、六六民主党。荷兰政党实行领导人负责制，党主席负责日常党务工作。

国际法院设在荷兰。

4. 经济结构

荷兰是发达的资本主义国家，西方十大经济体之一。荷兰自然资源相对贫乏，但天然气储量丰富，年开采天然气约 743 亿立方米，自给有余，还能出口。荷兰工业发达，主要工业部门有半成品加工、石油化工、冶金、机械制造、电子、钢铁、造船、印刷、钻石加工等，原料和销售市场主要依靠国外。荷兰重视发展空间、微电子、生物工程等高技术产业，传统工业主要是造船、冶金等。鹿特丹是欧洲最大的炼油中心。荷兰是世界主要造船国家之一。

荷兰有许多著名的跨国公司，2011 年共有 12 家荷兰企业进入“世界 500 强”。例如：荷兰皇家壳牌集团，雄踞世界 500 强企业第二名，其成品石油和石化燃料的生产和销售能力居世界第二位，为世界第二大石油公司；飞利浦电子公司，居世界 500 强企业第 277 位，在全球电子电器企业中排前十名；联合利华公司，在世界 500 强企业中排第 136 名，是全球最大的日用品和食品生产企业之一；阿克苏·诺贝尔公司，世界著名化工和医药企业，1994 年由荷兰阿克苏公司和瑞典诺贝尔公司合并而成，列世界 500 强企业第

479 位。

荷兰农业产值占国内生产总值的 2%，是世界上最主要的农产品出口国之一。农业构成中，畜牧业占 50%，园艺业占 38%，种植业占 12%。荷兰人利用不适于耕种的土地因地制宜发展畜牧业，现已达人均一头牛、一头猪，跻身于世界畜牧业最发达国家的行列，畜牧业仅次于丹麦。荷兰面积仅约 41 864 平方千米，但却有 110 平方千米用于种植鲜花和果蔬的温室，因而享有“欧洲花园”的美誉。花卉是荷兰的支柱性产业，年出口额达 100 亿欧元，出口量占国际市场的 60%。荷兰还是世界上奶酪产量最大的国家，世界上成立最早的豪达奶酪交易中心久负盛名，其运营时间已有 300 多年之久。此外，荷兰也是马铃薯种薯最主要的生产国之一。他们在沙质地上种植马铃薯，并发展薯类加工，世界种薯贸易量的一半以上从这里输出。

自 20 世纪 80 年代以来，荷兰服务业迅速发展，成为国民经济的支柱。主要产业为运输、银行、保险、股市、旅游及餐饮等。

荷兰旅游业较为发达，拦海造陆工程、郁金香种植区（荷兰有“郁金香王国”之称，郁金香是其国花）、奶酪小城豪达（拥有世界第一家奶酪交易中心）、大型风车群（荷兰是风车最多的国家）都是旅游观光的好去处。

荷兰在对外贸易方面处于世界领先地位，是仅次于美国的第二大农产品出口国。

荷兰的货币是欧元。

5. 人口、民族和信仰

荷兰是世界上人口密度最高的国家之一，它的人口密度超过 407.5 人/平方千米。根据 2013 统计，荷兰总人口 16 803 700 人。80.9% 以上为荷兰族，此外还有弗里斯族、印度尼西亚人、土耳其人、苏里南人、摩洛哥人等。

荷兰官方语言是荷兰语，和英语很像，英、德、荷兰语同属印欧语系日耳曼语族西支。

荷兰宪法规定宗教信仰自由。对荷兰社会影响最大的是罗马天主教和荷兰新教，荷兰还拥有一些印度教徒。

荷兰首都虽然设在阿姆斯特丹，但是中央政府、贝娅特丽克丝女王居住办公地、所有的政府机关与外国使馆、最高法院和许多组织都在海牙。

三、节庆与习俗

1. 节庆

荷兰重要节日及假期有：圣诞节、新年、复活节、女王日、死难纪念日、解放日、耶稣升天日、圣灵降临日、圣尼古拉斯前夜等。

1 月 1 日新年（Nieuwjaarsdag）：元旦。

3 月/4 月（Pasen）：复活节放假两天。

4 月 30 日女王日（Koninginnedag）：女王日就是女王的生日。女王日是已故朱莉安娜女王的生日，也是已故上任女王让位与其长女贝娅特丽克丝的日子。

5 月 4 日死难纪念日（Dodenherdenking）：纪念“二战”死难者。

5月5日解放日（Bevrijdingsdag）：庆祝第二次世界大战中从德国占领中解放。

复活节后第40天耶稣升天日。

复活节后第7周圣灵降临日：放假两天。

12月5日圣尼古拉斯前夜（Sinterklaas）：给孩子带来礼物。

12月25日、12月26日圣诞节：放假两天。

2. 习俗与禁忌

荷兰文化的多元化体现在了不同地区文化的差异以及外国文化所带来的影响。荷兰以社会风气宽容开放著称。通常，荷兰的形象与郁金香、风车、木鞋、奶酪和白蓝彩釉瓷器等相联系。荷兰在对待麻醉剂、性交易、同性婚姻和安乐死等问题上的开放政策，引起世人关注。荷兰人时间观念强，讲究准时。

大部分荷兰人的穿着打扮和欧洲大陆的其他国家大同小异。在正式社交场合，如参加集会，宴会，男子穿着都较庄重。女士衣着典雅秀丽。最富特色的是荷兰马根岛上居民的服饰，该岛女孩的衬衣都是红绿间隔的条子。

在官方场合，荷兰人与客人会面时，通常行握手礼。而在日常生活中，朋友相见时，大多施拥抱礼。与亲密的好友相见时，也有施吻礼的，他们不喜欢交叉着握手，认为这是不吉利的行为。

荷兰商人喜爱相互招待宴请，往往早餐丰富，上午10时休息吃茶点，中午大吃一顿，下午四时又休息吃茶点，晚上7时正式吃晚餐，睡前还有一次消夜。如果荷兰人邀请你到他家坐坐，大多只请你喝几杯酒，然后出去上饭馆吃饭，记得带花送给他太太——务必是单数，5朵或7朵最好。

荷兰知识分子中很多对中国传统文化（汉学）知之颇深。荷兰人在饮食上习惯吃西餐，但对中餐也颇兴趣。当地中国菜馆之多居欧洲前列。荷兰人倒咖啡有特别的讲究，只能倒到杯子的2/3处。倒满是失礼的行为，被视为缺乏教养。

荷兰出租汽车司机不收小费。荷兰人的家具、室内装饰闻名于世，所以荷兰人喜欢别人恭维他们的家具、艺术品、地毯和家中摆设。谈话时避免谈论美国政治、德国纳粹、钱和物价，比较受欢迎的谈话内容包括政治、旅行和体育。

荷兰人时间观念强，讲究准时。荷兰流行女士优先的礼仪，所以不管在什么场合，男士都要处处为女士提供方便。

荷兰人忌讳13和星期五。

3. 饮食文化

荷兰人早午餐多吃冷餐。早餐只吃面包涂奶油或奶酪，喝些牛奶或咖啡。荷兰人不太喜欢喝茶，平常以喝牛奶解渴。荷兰人的正餐是晚餐。

荷兰人吃鲱鱼的方式相当特殊，不是用煎或烘焙的，而是直接搭配碎洋葱或者涂点蛋黄沙拉酱生吃，在各地的旅游景点以及闹市的贩摊都有销售。在荷兰的鱼摊前，可以随时看到衣冠楚楚的当地人就用拇指和食指捏住刚刚斩头去肠的生鲱鱼尾巴，把鲱鱼倒提起来，蘸了蘸洋葱粒，抬起头，鱼头的方向冲着嘴，然后张大嘴巴，“啊唔”一口，就把那条生鲱鱼吞进嘴里大嚼起来，整套动作一气呵成，很是享受。厨内做法：

生鲱鱼洗净，用盐水将其浸泡2～3 天，然后拿出将鱼头、鱼骨去掉，最后配点洋葱，美味即成。

荷兰人把胡萝卜、土豆和洋葱混合烹调而成的菜叫“国菜”，每年的 10 月出去上饭馆吃饭，家家户户都要吃这种“国菜”。

四、旅游资源与主要旅游地

1. 荷兰四宝

风车、郁金香、木鞋、奶酪，合称“荷兰四宝”。

(1) 风车。风车原为荷兰人首创，适应着水力利用和磨坊工业的需要。如今虽然仍为荷兰的“国家商标”，实际运用上却不多见了。

荷兰四宝之一：风车

荷兰坐落在地球的西风带，一年四季盛吹西风。同时它濒临大西洋，又是典型的海洋性气候国家，海陆风长年不息。这就给缺乏水力、动力资源的荷兰，提供了利用风力的优厚补偿。荷兰的风车，最早从德国引进。开始时，风车仅用于磨粉之类。到了 16、17 世纪，风车对荷兰的经济有着特别重大的意义，有造纸等作用，荷兰被誉为“风车之国”。而保存风车较多的地方，则是“小孩堤防”。如今，在这个地方还保留了 19 部风车，并且还能见到穿着传统服饰的荷兰妇女。每逢星期六，小孩堤防的风车将一起转动，有的还开放内部，让游人参观。

荷兰桑斯安斯风车村（Zaanse Schans）是有居民居住、开放式的保留区和博物馆，位于阿姆斯特丹北方 15 千米。古老的建筑生动描绘了 17、18 世纪的荷兰生活。真实的房子，古老的造船厂，制作木鞋的表演，还有风车，每年吸引着成千上万的游客。桑河（Zaan）沿岸，在这片狭小的土地上，矗立着 800 多座风车，它们承担着各种工业任务。在桑河上泛舟游览，能够从另一个角度欣赏这些美丽的风车。

(2) 郁金香。郁金香闻名于世，与荷兰关系密切。郁金香是荷兰的国花，荷兰人也非常爱郁金香，在他们的生活中郁金香已经是必不可少的东西，每逢集市、花展，他似乎总是可以充当主角。如果你觉得鲜花携带不方便，你可以选择购买一下鲜花制作的干花，作为你的摆设一样不失体面。

荷兰四宝之二：郁金香

（3）奶酪。荷兰人有各种各样的奶酪，也像红酒一样分开等级。假如有人问起荷兰有什么好吃的，十有八九人们都会认为是奶酪。荷兰人有各种各样的奶酪，多得可以让你无法想象。奶酪也像红酒一样分开等级，最贵的会让你瞠目结舌。你可以接受这种食品的话不妨去买上一些，购买时还可以先品尝一下，微微的酸与甜很好地结合在一起，味道非常醇正。

荷兰四宝之三：奶酪

（4）木鞋。木鞋成为荷兰的特产，和光照期短、地势低洼有关。荷兰全年晴好天气不足70天，也使他们不得不穿上敦实的木鞋对付潮湿的地面。下地干活、庭院劳作乃至室内打扫都穿不同样式的白杨木鞋。后来，精明的荷兰人把木鞋制作发展成一门半机械操作的工艺，木鞋也就成为特色产品和旅游纪念物。

荷兰四宝之四：木屐

2. 考斯特钻石厂

荷兰的钻石世界驰名，考斯特钻石厂则是世界上最著名的钻石厂，维多利亚女王皇冠上的钻石便是在这里切割打磨出来的。这里可以免费参观，同时提供中文讲解。

3. 水坝广场

水坝广场原本建筑于12世纪末，位于阿姆斯托河上。水坝广场是阿姆斯特丹市中心的起点，也是整个城市最有活力的地方。水坝广场几个世纪以来一直就是整个城市的政治中心与商业中心，以前的市政厅、计量所曾驻扎于此，而各种理由的政治骚动也都在这里举行过。

4. 阿姆斯特丹

阿姆斯特丹是荷兰的首都，也是荷兰最大的城市，黄金时代的原貌多有保留，几乎是一座活的博物馆。美丽的运河交织出“水都”风光，林立的博物馆囊括荷兰所有知名画家的作品。城区大部分低于海平面1~5米，称得上是一座“水下城市”，全靠坚固的堤坝和抽水机，才使得城市免遭海水淹没。过去的建筑物几乎都以木桩打基，全城有几百万根涂着黑色柏油的木桩打入地下14~16米的深处，如王宫就建在13 659根木桩上。市内上百条大小水道纵横交错，有1 000多座桥梁在河上，多数是人行的石拱桥。阿姆斯特丹市中心的达姆广场经常是一些庆典仪式的举办地。

5. 和平宫

和平宫（荷兰文：Vredespaleis）位于荷兰海牙。海牙被认为是国际法之都，国际法院、国际常设仲裁庭和海牙国际法学院均坐落此处。和平宫还有藏书极为丰富的和平宫图书馆。

和平宫兴建的起因是1899年海牙举行了第一次世界和平大会，会议决定在这里成立常设的国际仲裁法庭，以调停和仲裁各国之间的纠纷。和平宫主体建筑采用了法国设计师设计、荷兰建筑师修改的建筑方案，由各国政府出资捐造，象征协力缔造和平之意。而资金主要来自美国“钢铁大王”安德鲁·卡内基（Andrew Carnegie）捐资的150万美元。

和平宫

6. 鹿特丹

鹿特丹（Rotterdam）位于荷兰西南部莱茵河口地区新马斯河两岸，距北海28里，是世界最大的港口和荷兰第二大城市。现代化的桥梁、摩登的建筑，以及往来于水面上的巨型船只，是鹿特丹给人的第一印象。鹿特丹不但是个现代化的港口，也是迷人且具历史性的城市。现代建筑的爱好者最能恣意地游览鹿特丹，这里被认为是现代建筑的实验场。

由于优越的地理位置，加上第二次世界大战后欧洲经济复兴和共同市场的建立，鹿特丹逐渐发展成为世界第一大港，有“欧洲的门户”之称。

案例回放

荷兰旅游四宝：风车、郁金香、奶酪和木鞋。

实训项目

分析荷兰旅游资源的特点，并设计荷兰旅游线路。

第七节 瑞　　典

导读：瑞典王国简称“瑞典”（瑞典语：Sverige，英文：Sweden），位于斯堪的纳维亚半岛，首都为斯德哥尔摩。瑞典被誉为具有社会自由主义倾向以及极力追求平等的国家，设立许多社会福利制度，且在联合国开发规划署的人类发展指数中通常名列前茅。瑞典风景名胜主要有诺贝尔纪念馆和瑞典王宫。别称：“森林王国”“湖泊王国”“欧洲锯木场”“北欧雪国”“禁酒王国”。

知识点：了解瑞典的基本概况和历史，掌握瑞典的民俗风情，掌握瑞典的主要旅游资源。

技能点：能根据所学知识向游客提供合理优质的接待服务，能根据瑞典的旅游资源设计合理的出境游线路。

阿姆斯特丹王宫

案例导入

瑞典，位于欧洲北部，诺贝尔奖创立者——诺贝尔的故乡，被誉为“北欧明珠”。这里春秋短暂，冬夏分明。夏天可看到午夜的太阳，亲睹神奇迷人的北极光。冬天是一片白雪皑皑的景象，是溜冰、滑雪运动的天堂。也许这里少了其他欧洲国家的浪漫气质和文化艺术，但这里是另一番奇特的世外桃源，北方茂密的树林像海洋那么深邃无垠，还有那午夜的太阳，奇妙的北极光，引人遐想。南部郁郁葱葱的鲜花像图画一般炫目，片片的青草地和无尽的湖光山色，令人心旷神怡。夏日里，驱车行进在寂籁、宁静的田园乡村，典型的北国自然风光一定让你流连忘返。

问题：分析瑞典的地理环境和季节特点。

一、自然环境

瑞典位于北欧斯堪的纳维亚半岛的东部，东北部与芬兰接壤，西部与挪威为邻，东临波的尼亚湾和波罗的海与俄罗斯隔海相望，西南临北海，并与丹麦和英国隔海相望。领土面积为 449 964 平方千米，约 15% 的土地在北极圈内，是北欧最大的国家。

地势自西北向东南倾斜。北部为诺尔兰高原，全国最高峰克布讷凯塞峰海拔 2 123 米，南部及沿海多为平原或丘陵。主要河流有约塔河、达尔河、翁厄曼河。瑞典境内湖泊众多，约 9.2 万个。最大的维纳恩湖面积 5 585 平方千米，居欧洲第三。

瑞典靠近海洋地区受大西洋暖流影响，冬季温和多雨。大部分地区属温带针叶林气候，最南边很少一部分地区属温带阔叶林气候。

铁矿、森林和水力是瑞典三大资源。此外，北部和中部地区有硫、铜、铅、锌、砷等矿，储量不大。

二、社会概况

1. 历史沿革

1100 年前后，瑞典开始形成国家。1157 年兼并芬兰。1397 年与丹麦、挪威组成卡尔马联盟，受丹麦统治。1523 年脱离联盟独立。同年，古斯塔夫・瓦萨被推举为国王。

1654 至 1719 年为瑞典的强盛时期，领土包括现芬兰、爱沙尼亚、拉脱维亚、立陶宛以及俄国、波兰和德国的波罗的海沿岸地区。

17 世纪时瑞典在三十年战争中跃升成为欧洲强国。1718 年对俄国、丹麦和波兰作战失败后逐步走向衰落。1805 年参加拿破仑战争，1809 年败于俄国后被迫割让芬兰，1814 年从丹麦取得挪威，并与挪威结成瑞挪联盟。1905 年挪威脱离联盟独立。瑞典在两次世界大战中均守中立。

20 世纪，瑞典在国际中保持中立，本土相对和平稳定，有完善的福利保障制度，具有“高工资、高税收、高福利”的特点，在 20 世纪 60 年代到 90 年代，瑞典经济飞速发展，人民生活水平得以大大提高。

2. 国家象征

瑞典国旗于 1906 年 6 月 22 日正式制定。在 1157 年，瑞典国王埃里克九世于远征芬兰前向神祷告，突然看到如同金色十字架的光芒横越青空。根据这个传说，蓝底金十字与蓝底金王冠的图案成了瑞典的国家象征。也有认为金十字是来自瑞典福尔孔王朝中的金色十字架，并以蓝底为本而设计的。

瑞典国徽分为大小两种。瑞典国徽（大）图案带有中世纪色彩。一面绘有国旗图案的盾徽配置在华美高贵的大帐篷里。后面的图案分为两组：一组是蓝地上浮出三顶美丽王冠。自 1364 年之后，瑞典王国就以此作为国家的标志，它代表着至今仍保留的君主体制；另一组图案是蓝、白条相间的背景上，上面站立着一只金色雄狮，它象征古老的福尔孔王朝。国徽图案中心镶嵌着一枚小国徽图案：红底银色宽带上托着一把金壶；一只金色雄鹰飞翔在星光灿烂的夜空中；蓝天下，一座银白色双塔城堡巍然矗立。它们分别代表了瓦萨王朝及其继承人伯纳道家族。盾徽两侧侍立着一头戴着金色王冠的雄狮，顶部的皇家冠冕由六翼天使勋章的链条环绕，链条上装饰着生动的天使形象。

瑞典国旗

瑞典国徽

瑞典国歌是《你古老的光荣的北国山乡》（Du gamla，Du fria）。

瑞典国鸟是乌鸫，顾名思义，乌鸫全身羽毛乌黑色，鸣声婉转动听，还能模仿其他鸟类的叫声，有“百舌”的美名。

瑞典国石是水晶，因为水晶美丽晶莹、硬度较高，瑞典人将其作为国石。

3. 行政制度

瑞典宪法规定瑞典实行君主立宪制。国王是国家元首和武装部队统帅，作为国家象征仅履行代表性或礼仪性职责，不能干预议会和政府工作。议会是国家唯一的立法机构，由普选产生。

瑞典现行宪法由政府法典、王位继承法和新闻自由法三个基本法组成，此外还有议会组织法。

政党主要有温和联合党、中间党、基督教民主党、人民党、社会民主工党、左翼党、环境党。

4. 经济结构

瑞典实行发达的私营工商业与比较完善的国营公共服务部门相结合的“混合经济”，以高工资、高税收、高福利著称。

瑞典主要工业部门有矿业、机械制造业、森林及造纸工业、电力设备、汽车、化工、电信、食品加工等。工业产值占国内生产总值的 26.9%。瑞典拥有自己的航空业、核工业、汽车制造业、先进的军事工业，以及全球领先的电信业和医药研究能力。在软件开发、微电子、远程通信和光子领域，瑞典也居世界领先地位。

瑞典全国耕地面积共 264.83 万公顷，占国土面积的 6%，农产品自给率达 80% 以上，粮食、肉类、蛋和奶制品自给有余，蔬菜、水果主要靠进口。

瑞典林木资源丰富，林业在国民经济中地位重要，除木材原料出口外，还建立了庞大的纸浆、造纸、家具、林产化工等配套深度加工工业部门，其产量和出口量均居世界最前列。其中针叶树木产品的出口额居世界第二，纸浆出口居世界第三，纸业出口居世界第四。同时政府注重环境保护，每年的采伐量不超过自然生长量，使得瑞典森林覆盖率长期保持稳定。

瑞典服务业从业者占总人口 70.7%，主要分布在医疗护理、商业、运输通信、金融、企业服务、教育、科研、公共行政部门、个体、文化服务及家庭服务等领域。服务业产值约占国内生产总值的 71.3%。

瑞典一直支持世界贸易自由化，是经济高度外向型的国家，对外贸易依存度为 80% 左右，出口利润占 GDP 的 45% 左右。

5. 人口、民族与信仰

瑞典总人口为 990 万（2016 年）。外国移民及其后裔近百万（其中半数为外籍侨民）。截至 2014 年，共有 108 万瑞典人定居于美国、加拿大、芬兰和丹麦，外来移民约占瑞典人口的 15%。

瑞典全国各地人口分布极不均匀，全国 90% 的人口集中在南部和中部地区，马尔默胡斯省人口密度每平方千米达 151 人，而耶姆特兰省每平方千米只有 3 人。导致人口分布不均的主要原因一是人口的城市化；二是受自然地理条件的影响，在高海拔和高纬度地区，人烟稀少。瑞典来自南欧、中东、亚洲和中美洲的难民占的比例越来越大，外来移民数已超过瑞典向外移民数。外来移民多来自斯堪的纳维亚国家，其中又以芬兰人最多。

瑞典是民族成分比较单纯的国家，主体民族（瑞典人）占90%。北部有芬兰族约3万人，拉普族近2万人。此外，还有少量丹麦人、挪威人、德意志人、犹太人等。

瑞典语为瑞典的官方语言。瑞典南北距离很长，所以在各地都有各自的方言，以斯德哥尔摩地区的语言为瑞典的标准语言。瑞典学校中英语是必修课，大多数20世纪40年代以后出生的瑞典人都会讲英语。英语和瑞典语为通用语言。

瑞典的国教是基督教路德宗。国王信奉国教。法律规定非信奉国教公民不得担任首相。教会分为13个主教区，2 365个堂区，有3 249个牧师。瑞典教会在国家享有特权，国王是教会的最高首脑，国家征收教会税，由瑞典教会用于民事支出。

除了路德宗教会外，瑞典拥有相当多的独立教会，最主要的有瑞典礼会联盟、卫理公会教会、瑞典宣教契约教会等。瑞典五旬节运动是当前瑞典最大的新教教派。1870年，犹太教获得合法权，斯德哥尔摩、哥德堡和马尔默都建有犹太教会堂。瑞典有1.5万至2万名犹太人，其中绝大部分居住在斯德哥尔摩。瑞典约有73 000名伊斯兰教徒。另外瑞典还有几个佛教组织。在瑞典迄今为止有14个藏传、南传佛教“寺庙”。

6. 文化教育

提到瑞典，就一定要提到诺贝尔。阿尔弗雷德·贝恩哈德·诺贝尔（1833年10月21日—1896年12月10日），瑞典著名化学家、硝化甘油炸药发明人。1833年生于瑞典的斯德哥尔摩，他一生致力于炸药的研究，在硝化甘油的研究方面取得了重大成就。1896年12月10日，诺贝尔在意大利逝世。逝世的前一年，他在遗嘱中提出：将其部分遗产（920万美元）作为基金，以其利息分设物理、化学、生理或医学、文学及和平5种奖金，授予世界各国在这些领域对人类做出重大贡献的学者。1900年6月瑞典政府批准成立诺贝尔基金会，并于次年诺贝尔逝世5周年纪念日，即1901年12月10日首次颁发诺贝尔奖。1968年瑞典中央银行于建行300周年之际，提供资金增设诺贝尔经济奖（全称为“瑞典中央银行纪念阿尔弗雷德·伯恩德·诺贝尔经济科学奖金”，亦称“纪念诺贝尔经济学奖”），并于1969年开始与其他5项奖同时颁发。

三、节庆与习俗

1. 节庆

狂欢节：瑞典有许多传统的节日，在其重大的节日当中，第一个是在4月30日到5月2日举行的狂欢节。

五朔节：五朔节之夜，即5月1日的前一天晚上，是瑞典人庆祝冬去春来的一个节日。

仲夏节：每年6月底庆祝的仲夏节之夜是瑞典最美好的时光。这时候，瑞典北方太阳昼夜不落，而在南方也只有几个小时的灰暗。过仲夏节是古老的传统，其源头可追溯到史前的夏至庆祝活动。

国庆节：每年6月6日。

露西亚女神节：每年12月13日，瑞典传统的，瑞典人传称露西亚女神在每年12月13日夜晚降临人间，给人们带来光明；在首都斯德哥尔摩，这一天，太阳直到上午9点钟才迟迟升起，而到下午3点钟便早早落下，但从此以后，漫漫长夜便日见缩短，而光明的白昼则一天长似一天。

2. 习俗与禁忌

瑞典的民俗色彩纷呈，广及吃、穿、戴和礼仪各个方面。瑞典是一个南北反差很大的国家：在北方，森林逐渐消失为冰冻的土地，在这里，传统和民俗有很深的影响；而在气候比较温和、土壤更加肥沃的南方，基本上流行的是欧洲大陆的风俗习惯。

瑞典的传统民族服装是：男子上身穿短上衣和背心，下身穿紧身裤子；少女一般不戴帽子，已婚的妇女则戴式样不一的包头帽。在正式礼仪场合，男子一般是西装革履，加上一件长外套；女子一般是西服上衣配短裙或穿低胸露肩的长裙。

瑞典人在与客人交谈时，一般保持1.2米左右的距离，他们不习惯靠得太近。他们喜欢在交谈时直视对方，认为这是尊重对方的表示。

在瑞典，熟人见面时都会主动打招呼，并互相问候。与外国客人相见时，通常以握手为礼，有时也行接吻礼，在一般情况下，互不相识的人初次交往时要做介绍。其介绍的原则是把男子介绍给女子，把年幼者介绍给年长者。瑞典的拉普人见面以互相擦鼻子为礼节；萨摩亚人则以鼻子彼此嗅闻为礼。瑞典的因纽特人熟人间见面，喜欢用拳头捶对方的头和肩，以示礼貌。

瑞典人婚礼有宗教婚礼和非宗教婚礼两种形式。宗教婚礼一般按福音路德教的礼仪进行，非宗教婚礼则由法官或其他有权主持婚礼的人主持，同时要有两位证婚人。

在瑞典，人们的日常生活中有许多传说。比如，狩猎的传说就讲述了魔法如何把人变成野兽的故事，人们认为一大早看到野兔是会倒霉的，但如果碰到狼或熊则是一个好兆头，因为它将预示着狩猎的顺利。

关于孩子的出生，瑞典人也有一些古老的习俗。孩子出生后，这家的女人们必须抱着他，绕父母的壁炉转三圈，然后检查他的胎记。如果孩子的身上带有膜状的东西，那就意味着，守护神将会一直伴随其左右。人们担心，没有守护神保护的孩子有可能会被女巫偷走，变成游魂。

3. 饮食文化

瑞典人以西餐为主，面包和马铃薯是他们的主食，他们特别喜欢黑面包。一般人的早餐是夹果酱和奶油的面包、咖啡、红茶；午餐有面包、肉、蔬菜、马铃薯和色拉等；晚餐与早餐的食物相仿，只加一份汤。瑞典人也喜欢吃中餐，如各种凉菜、花生仁、火腿扒白菜、红烧鱼、香酥鸭、酸辣海参、肉丝榨菜汤、烧卖、蒸饺、花卷、酥饼等，对广东菜尤其感兴趣。瑞典人的口味偏清淡，对清鲜、嫩滑、焦香的菜肴非常喜欢。爱吃瘦嫩肉和新鲜蔬菜，喜欢喝浓汤。其菜肴基本上以鱼为主，其中又以鲱鱼、鲭鱼为主，也吃鸡、鸡蛋、牛肉、猪肉、野味和其他水产品。

瑞典人在饮食上有一种独特的习惯，就是每天要吃固定的菜品。如星期四的菜品是“艾他鲁、米德、佛拉斯克”，这种菜以豆类和猪肉为主要原料。“西鲁布拉”则是星期一的菜品，以牛肉和鲱鱼为主要材料。他们还有一种代表性的吃法，即在一张大桌上摆上几十种菜，按自己的爱好分取，菜的烹调质量仅为中等，称之为“海盗席”。

四、旅游资源与主要旅游地

1. 斯德哥尔摩

斯德哥尔摩地处波罗的海和梅拉伦湖交汇处，因此被称为“北方威尼斯”。1463 年，斯德哥尔摩被定为瑞典的都城，并逐渐发展成为瑞典的第一大城市。斯德哥尔摩城市的规划井然有序，分为老城区和新城区两部分。在老城区，大街小巷都采用石头建筑，最宽处不过5～6 米。瑞典王宫、皇家歌剧院、皇家话剧院、议会大厦以及斯德哥尔摩市政厅等中世纪的建筑都聚集在这里。而在新城区，则是高楼林立、街道整齐，临湖一带的景色尤其优美。

斯德哥尔摩全景

2. 哥德堡

哥德堡是北欧第一大港，也是北欧的工业中心。位于西海岸卡特加特海峡，与丹麦北端相望。哥德堡港口终年不冻，是瑞典和西欧通商的主要港埠。哥德堡也是瑞典旅游胜地之一。17 世纪建造的皇家住宅，1699 年建造的旧市政府，18 世纪中叶建造的瑞典东印度公司以及 1815 年建造的大教堂等名胜之地，每年都吸引着数十万国内外观光旅客。

哥德堡大教堂

3. 马尔默

马尔默是瑞典第三大城、海军基地和交通枢纽。该城坐落在瑞典最南端。隔厄勒海峡同丹麦首都哥本哈根相望。两城相距仅26千米。马尔默市区分为两部分。一部分濒临海洋，为运河环绕的老区；另一部分是向腹地延伸的现代化新区。城市建筑颇具特色，市政府是一幢荷兰文艺复兴式样的建筑。圣彼得大教堂是哥特式的建筑。城中还有许多16世纪时的精美建筑物。这里造船、化学、纺织、制糖、水泥、橡胶等行业尤为发达，经常对外输出谷物、糖、水泥和黏土矿等。

4. 诺贝尔故居

诺贝尔故居坐落在瑞典中部卡尔斯库加市的白桦山庄，离斯德哥尔摩200多千米。这是一座乳白色的二层楼房，楼房前的绿草坪和四周的白桦林交相辉映、环境清幽。1894年阿尔弗雷德·诺贝尔结束了海外漂泊生涯回到祖国定居，在这里度过了他生命最后两年中的大部分时光。由于他当年在斯德哥尔摩出生的旧居如今已经矗立起高楼大厦，白桦山庄就成了今天唯一保存完整的诺贝尔故居。自1975年建立起纪念馆之后，这里已成为游览胜地和诺贝尔学术活动的中心。每年一度在这里举行诺贝尔学术讨论会，来自世界各地的著名科学家济济一堂，共同探讨科学领域新课题和诺贝尔“造福于人类”的学术思想。纪念馆里保留着诺贝尔生前活动的照片、他获得的各种技术发明专利证书、金质奖章和遗嘱。

案例回放

瑞典全境总体来说，春秋略短，冬夏极长。瑞典作为一个北欧国家，有15%的土地，位于寒冷的北极圈中。所以，这就造就了这个国家南北两个地方在同样的时间，温度是绝对不一样的。北部受寒流影响，在冬季异常寒冷；而中部与南部，因受到了海洋暖流的影响，所以这里即使到了冬天，天气也不会太冷。

实训项目

分析瑞典旅游资源的特点，并设计瑞典旅游线路。

第八节　西班牙

导读：西班牙（España），全称西班牙王国（西班牙语：Reino de España，英文：The Kingdom of Spain），是一个位于欧洲西南部的君主立宪制国家。地处欧洲与非洲的交界。西班牙自史前时代以来就一直受外来影响，中世纪时有多个国家并立，至15世纪始建立单一国家。近代史上，西班牙是一个重要的文化发源地，在文艺复兴时期是欧洲最强大的国家，于15世纪中期至16世纪末期时成为影响全球的日不落帝国。现今全球有5亿人口使用西班牙语，为世界上总使用人数第3多的语言。

西班牙是一个高度发达的资本主义国家，是欧盟和北约成员国，国内生产总值（GDP）居欧洲国家第6名，世界排名第13。也是世界上最大的汽车生产国之一。

知识点：了解西班牙的基本概况和历史，掌握西班牙的民俗风情，掌握西班牙的主要旅游资源。

技能点：能根据所学知识向游客提供合理优质的接待服务，能根据西班牙的旅游资源设计合理的出境游线路。

案例导入

北欧五国（丹麦、瑞典、挪威、芬兰和冰岛）地处高纬度地带，一年中有好几个月气候寒冷，日照短，阳光少，人们喜欢出国到阳光明媚、有海水、沙滩的地中海沿岸的国家旅游，再加上北欧五国均属世界高收入国家，使之成为欧洲乃至世界重要的客源市场。

天空塔

欧洲西、中部的一些国家，如英国、爱尔兰、比利时和德国，因冬季气候较为寒冷，且多阴雨天气，这些国家的居民大多喜欢到气候温暖、阳光明媚的地中海沿岸国家度假。

地中海地区旅游业发达，是世界著名的海滨度假、高山滑雪、矿泉疗养和观光旅游胜地，也是世界最大的海上游船活动中心。地中海海滨的优质沙滩和地中海式气候相结合，成为世界最大的海滨旅游接待地之一。

地中海沿岸的西班牙是欧洲阳光最充沛的地区之一，南部是全球典型的地中海式气候，年平均气温在18℃，少云雾而多晴天，一年内大都阳光明媚。绵延的海滩、蔚蓝的海水，加上充足的阳光、清新的空气，风光极其优美，这对于常年多云雾阴雨天、少阳光的西欧国家来说，具有特别大的吸引力。

问题：请分析欧洲旅游客流移动的基本趋势并谈一谈这个趋势的成因。

一、自然环境

西班牙位于欧洲西南部伊比利亚半岛上，还包括位于地中海的巴里阿利群岛、非洲西北大西洋上的加那利群岛以及北非摩洛哥境内的休达、梅利亚两座城市，其大陆部分约占伊比利亚半岛面积的85%。北濒比斯开湾，东和东南临地中海，东北与法国、安道尔接壤，西临葡萄牙，南隔直布罗陀海峡与非洲的摩洛哥相望。西班牙扼大西洋和地中海航路的咽喉，被称为通往欧洲、非洲、中东和拉丁美洲的“桥梁”。国土面积约50.5万平方千米，是西欧第二大国，仅小于法国。

西班牙地处半岛，境内多山，是欧洲高山国家之一，平原仅占11%。中部梅塞塔高原约占全国面积的65%，平均海拔高度为600米。北部和南部近海地区为山地，沿海平原狭窄。北部沿海一带为林业资源主要集中地，故有“绿色西班牙”之称。东西绵亘的是坎塔布里亚山脉和比利牛斯山脉。比利牛斯山脉是西班牙与法国的界山，长430多千米，有海拔3 000米以上的高峰。西班牙的最高点在南部的内华达山，主峰穆拉森山海拔3 478米，是伊比利亚半岛的屋脊。

由于山脉逼近海岸，平原很少而且狭窄，比较宽广的只有东北部的埃布罗河谷地和西南部的安达卢西亚平原。

西班牙三面临海，气候上多种多样。北部大西洋地区冬季寒冷，夏季温和，雨量十分充足，东部和南部地中海地区是典型的地中海式亚热带气候，冬季温和，夏季干热，雨量少，全年大部分时间阳光普照。内地冬季气温在0℃以下，夏季干热，气温有时在20℃以上，海拔1 200多米的地区为高山气候。加那利群岛为亚热带气候。西班牙每年晴天日数居欧洲首位。

西班牙主要河流有埃布罗河、杜罗河、塔霍河、瓜迪亚纳河和瓜达尔基维尔河。最长的是塔霍河，长1 007千米，下游在葡萄牙境内。埃布罗河长910千米，全程在境内，有时被看作西班牙第一大河。

西班牙主要矿产储藏量：煤88亿吨，铁19亿吨，黄铁矿5亿吨，铜400万吨，锌190万吨，汞70万吨。

森林总面积1 500万公顷，森林覆盖率30%，软木产量和出口量居世界第二。

二、社会概况

1. 历史沿革

西班牙历史文化悠久，早在公元前50万年，伊比利亚半岛就有人居住。公元前9世纪凯尔特人从中欧迁入半岛。公元前8世纪起先后遭外族入侵，长期受罗马人、西哥特人和北非摩尔人的统治。西班牙人民为反对外族侵略，从8世纪至15世纪末开展了长达800年的“光复运动”，最终在1492年取得胜利，建立了欧洲最早的统一中央王权国家。同年10月，哥伦布发现西印度群岛。此后西班牙逐渐成为海上强国，在欧、美、非、亚均有殖民地。1588年西班牙的“无敌舰队”被英国击溃，从此开始逐渐衰落。1807年拿破仑入侵占领西班牙，19世纪西班牙共经历了五次资产阶级革命，终于在1873年2月建立第一共和国。1874年12月王朝复辟。在1898年的美西战争中，西班牙惨遭失败，失去了在美洲和亚太的最后几块殖民地——古巴、波多黎各、关岛和菲律宾。1931年4月，西班牙封建王朝被推翻，建立了第二共和国。1936年2月成立了有社会党和共产党参加的联合政府。同年7月，佛朗哥发动叛乱，经过三年内战，于1939年4月夺取政权，此后佛朗哥实行独裁统治达36年之久。第二次世界大战中与德国缔结军事同盟，参加侵苏战争。1947年7月，佛朗哥宣布西班牙为君主国，自任终身国家元首。1966年7月，末代国王阿方索十三世之孙胡安·卡洛斯为继承人。1975年11月，佛朗哥病逝，胡安·卡洛斯一世登基。1976年7月，国王任命阿·苏亚雷斯为首相，西班牙开始向西方议会民主政治过渡，结束了佛朗哥时期的一党制，承认各政党和工会的合法地位，举行议会普选，制定新宪法。

2. 国家象征

西班牙国旗自上而下由红、黄、红三个平行长方形构成。上下方为红色，各占旗地的1/4。旗的左侧绘有国徽。红、黄两色是西班牙人民喜爱的传统颜色，象征着人民对祖国的一片赤诚忠心。

西班牙国徽中心图案为盾徽。盾面上有六组图案：左上角是红地上黄色城堡，右上角为白地上头戴王冠的红狮，城堡和狮子是古老西班牙的标志，分别象征卡斯蒂利亚和莱昂；左下角为黄、红相间的竖条，象征东北部的阿拉贡；右下角为红地上金色链网，象征位于北部的纳瓦拉；底部是白地上绿叶红石榴，象征南部的格拉纳达；盾面中心的蓝色椭圆形中有三朵百合花，象征国家富强、人民幸福、民族团结。盾徽上端有一顶大王冠，这是国家权力的象征。盾徽两旁各有一根海格立斯柱子。也称大力神银柱，左、右柱顶端分别是王冠和帝国冠冕，缠绕着立柱的饰带上写着“海外还有大陆”。

西班牙国旗

西班牙国徽

国歌是《皇家进行曲》，无歌词。

国花是石榴花，象征吉祥富贵，繁荣昌盛。

3. 行政制度

1978年宪法规定，西班牙是社会与民主的法治国家，实行议会君主制。在政治制度上实行三权分立和多党制原则。

西班牙的地方政权实行全部自治，这在世界上是独一无二的。王位由胡安·卡洛斯一世及其直系后代世袭，国王为国家元首和武装部队最高统帅，代表国家。议会由参、众两院组成，行使国家立法权，审批财政预算，监督政府工作。政府负责治理国家并向议会报告工作。

西班牙是多党制国家，主要政党有：人民党——执政党、工人社会党——主要反对党、西班牙共产党、巴斯克民族主义党。

4. 经济结构

西班牙是中等发达的资本主义工业国，经济总量居欧盟第五位。国民经济各部门中，第一产业占3%，第二产业占36%，第三产业占61%。

工业。汽车工业是西班牙支柱产业之一，世界上最大的6家汽车跨国集团都在西班牙设有工厂。西班牙风力资源丰富。西班牙可利用的陆地和海洋风能为4万兆瓦。西班牙共有

35 家造船厂和 16 家修船厂，如包括配套工厂则总共达到 250 家，职工 4 万人，年销售额共计 15 亿美元。西班牙的 Izar 集团为世界第九大造船集团，造船产量占西班牙的 80%。

农牧业。西班牙农、林、渔业产值占国内生产总值的 2.5%，就业人口为 75.32 万。可用农业占地面积是国土面积的 13.8%，居欧盟第二位。农作物种植种类繁多，主要农作物有大麦、水稻、小麦、玉米、酸性水果、葡萄、橄榄、柑橘等。由于西班牙农作物成熟期比欧洲中部早 1 个月左右，在欧盟内贸易中有较强竞争力，果蔬出口约占欧盟内果蔬出口的三成。

服务业。西班牙的服务业是国民经济的重要支柱之一，包括文教、卫生、商业、旅游、社会保险、运输业、金融业等，其中尤以旅游和金融业较为发达。西班牙旅游业发达，是国民经济的重要支柱之一。旅游入境人数和收入均位居世界第二，联合国世界旅游组织总部设在马德里。

对外贸易。西班牙主要进口石油、工业原料、机械设备和消费品。主要出口汽车、钢材、化工产品、皮革制品、纺织品、葡萄酒和橄榄油等。主要贸易伙伴是欧盟、亚洲、拉美和美国。

西班牙货币是欧元。

5. 人口、民族与信仰

西班牙是一个多民族的国家，现有人口 4 740.3 万（截至 2014 年），居欧洲第五位。其中 2/3 居民为卡斯提利亚族，1/3 居民为少数民族，有加泰罗尼亚族、巴斯克族和加利西亚族。此外，西班牙还有少量吉卜赛人。

官方语言和全国通用语言为卡斯提利亚语，即西班牙语。它与葡萄牙语、意大利语和法语相近，同属拉丁语系。少数民族语言在本地区亦为官方语言。

西班牙 96% 的居民信奉天主教。其余也有新教徒、犹太教徒和伊斯兰教徒。

马德里（Madrid）是西班牙首都，全国第一大城市，全国经济、交通中心，也是马德里省的首府。

6. 文化教育

西班牙现有 100 多所大学及 300 多所闻名世界的专业高校、研究中心，可以提供各种专业和各种程度的教学。其中，萨拉曼卡大学和格拉纳达大学是欧洲最古老的大学之一。西班牙高等教育特色是欧洲式的办学标准，高质量的文化氛围。西班牙高等教育学费低廉，国立大学的教育经费大部分由国家承担，私立大学也由国家提供部分资助。教育费用占国内生产总值的 4.35%。其教学质量有保证，外国留学生与本国学生享受同等的待遇，文凭也得到国际公认。

西班牙人爱好广泛，喜欢旅游，酷爱户外活动，对足球、登山及自行车等运动情有独钟。西班牙的斗牛、弗拉门戈舞闻名于世。

斗牛。西班牙有“斗牛王国”之称，斗牛是西班牙的“国粹”。在全国各种节日活动中，斗牛是重要内容。斗牛一直是西班牙贵族显示勇猛剽悍的专利项目。它之所以经久不衰，不仅在于它需要高超的技艺，更在于它代表了西班牙的民族精神。西班牙斗牛选用的是生性暴烈的北非公牛，由特殊的驯养场负责牛种的纯正，一般驯养四五年后即可使用。斗牛表演通常在下午进行，每场由三个斗牛士分别斗六头牛。

弗拉门戈舞。弗拉门戈舞与斗牛并称为西班牙两大国粹。弗拉门戈舞是西班牙的一种综合性艺术，它融舞蹈、歌唱、器乐于一体，源于传统吉普卜人居住的地方。如今，弗拉门戈舞俨然成为具有西班牙特色和代表性的艺术之一。秉持了吉卜赛人的自由随性、融合了欧洲的高贵华丽以及美洲的奔放热情的弗拉门戈舞早已享誉世界舞台，被越来越多的人接受和喜爱。

三、节庆与习俗

1. 节庆

西班牙美洲日（10 月 12 日）：即国庆日。是纪念哥伦布 1492 年发现美洲大陆的航行。史载，1492 年 10 月 12 日哥伦布的船队登上了所见到的第一块陆地——巴哈马群岛的华特林岛。

三五节（1 月 6 日）：起源于基督教《圣经》中所载的圣婴耶稣诞生后东方三王朝拜耶稣并献礼的传说，这一天也是儿童节日。1 月 5 日夜各城市举行盛大彩车游行，第二天早晨父母要给孩子赠送礼品。

奔牛节（7 月 7 日开始）：是潘普洛纳市的传统节日，始于 1591 年，每年都吸引数万名来自世界各地的奔牛爱好者，在为期 9 天的人与牛之间奔跑的危险游戏中尽情享受欢乐与刺激。西班牙的奔牛节的正式名称叫“圣费尔明节”，圣费尔明是西班牙东北部富裕的纳瓦拉省省会潘普洛纳市的保护神。奔牛节的起源与西班牙斗牛传统有直接关联。据说当初对潘普洛纳人来说，要将 6 头高大的公牛从城郊的牛棚赶进城里的斗牛场是件非常困难的事情。17 世纪时，某些旁观者突发奇想，斗胆跑到公牛前，将牛激怒，诱使其冲入斗牛场。后来，这种习俗就演变成了奔牛节。

西班牙节日众多，除了全国性的节日外，每个自治区、省、城镇都有自己的守护神节。全国性节日主要有：

元旦节：1 月 1 日。西班牙人在元旦前夕，所有家庭成员都团聚在一起，以音乐和游戏相庆贺。午夜来临，十二点的钟声刚开始敲第一响，大家便争着吃葡萄。如果能按钟声吃下 12 颗，便象征着新年的每个月都一切如意。元旦这天，最忌孩子们骂人、打架和啼哭，认为 这些现象是不祥之兆。所以，元旦之日大人总是尽量满足孩子们的一切要求。同时，这天人们身上必携一枚金币或铜币以示吉祥。

圣诞节：在西班牙是长长的一串公假日，从 12 月 25 日直到 1 月 6 日。

复活节：又称复活节周或圣周，是春分后第一次月圆之后的第一个星期。在这一周内要举行很多个活动，都带有浓厚的宗教色彩。

万圣节：11 月 1 日。这一天，西班牙人习惯去墓地祭扫已故的亲人，献上一个花圈，点上几盏灯，寄托哀思。晚上，各村镇丧钟齐鸣。按西班牙传统，这一天各个剧院上演何塞·索里雅的名剧《堂璜·提诺里奥》。

法耶节：这是西班牙最盛大的节日之一。每年 3 月 12 日至 19 日在西班牙古城巴伦西亚举行。

情人节：西班牙多数地方与全世界一样，在 2 月 14 日度过温馨的“情人节”。但在西班牙东部“卡他隆尼亚”地区，有另一个情人节。每年 4 月 23 日，按当地的传统，有情人要互送礼物：男方送女方一支玫瑰花，女方送男方一本书。

2. 习俗与禁忌

西班牙人的性格是典型的南欧人的性格，热情奔放，乐观向上，无拘无束，讲求实际。无论你走到哪里，只要遇上熟人或朋友，甚至有时是素不相识的过路人，他们总会向你打招呼："Hola！"（即你好！）

西班牙人的见面礼节一般采取握手、亲吻和拥抱三种方式。两人初次相识边握手边问候。熟人之间、朋友之间、同事之间、亲属之间，大多以亲吻、拥抱为主。最常见的是男女相互施亲吻礼。拥抱也是在西班牙人相处时常见的礼节。拥抱一般分贴身拥抱和搂肩拥抱。

在西班牙做客，哪怕是熟人、朋友、亲属之间，都须事先约定，如不经事先打招呼就贸然到主人家里或办公室是一种失礼行为，将被看作不速之客。西班牙人有一种晚睡晚起的习惯，客人最好在上午10：00后和14：00后拜访为宜。做客时服装要整洁，凡出席晚间的家宴、宴会、招待会和婚礼等，女士一般着裙子，颜色不一，可艳可素，完全由自己的爱好来定。西班牙人在正式社交场合通常穿保守式样的西装，内穿白衬衫，打领带。他们喜欢黑色，因此一般穿黑色的皮鞋。西班牙妇女外出有戴耳环的习俗。否则会被视为没有穿衣服一般被人嘲笑。但男士就不一样了，一般着深色的西装，白色或红色的衬衫，并须配一条高档的领带。皮鞋一般为黑色，尤其在落日之后，更要穿黑色皮鞋，因为黑色皮革代表庄重。客人一般都带些礼品。礼品很普通，一般如一瓶葡萄酒、一盒点心之类，也有给女主人送一束鲜花的。在赠送礼物方面，西班牙人喜欢给孩子们带些东西，如书、巧克力、糖果等。当然，彼此之间很熟悉的朋友、同事也有不带礼品的，而且认为这很自然。

西班牙人做客一般都不会准时到达，大多是晚10到15分钟，如迟到太多，是一种失礼行为，如去得太早也不好，会使主人措手不及。客人到达后，主人会在门口迎接，会替客人放置礼帽、外套等物。客人对此欣然接受，落落大方。在交谈时，他们很少谈及个人隐私，也不问对方的薪金多少或收入如何，没有得到主人的允许，客人不会去随便翻阅主人桌上的书籍和文件，也不会摆弄主人家的古玩之类。

在比较正式的情况下，吃饭时西班牙人有安排座次的习惯，一般是主人夫妇面对面坐桌子的两头，其余客人坐其两旁。也有不排座次随便坐的，这主要看主人是否讲究。就餐后，主人会适当用糖果或咖啡招待客人。饭后立刻离开是失礼的，如有急事也需同主人事先打招呼，征得主人同意后方可走人。但在主人家待得太久也是失礼的。

付小费是西班牙人的一种习惯，尽管在很多地方已加收服务费，但顾客往往在被服务后留下一些小费作为酬谢。

3. 饮食文化

西班牙资源丰富，是葡萄、油橄榄和柑橘的大产区，其沿海盛产沙丁鱼。西班牙人的主食以面食为主，也吃米饭，喜食酸辣味的食品，一般不吃过分油腻和咸味太重的菜。早餐习惯吃酸牛奶、水果；午餐和晚餐通常要喝啤酒、葡萄酒或白兰地酒，饭后则喝咖啡及吃水果。爱喝葡萄酒、雪利酒、啤酒等。主要美食有派勒利、鳕鱼、伊比利亚火腿、葡萄酒、虾、牡蛎、马德里肉汤等。

四、旅游资源与主要旅游地

西班牙素有“旅游王国”之称，拥有十分优越的旅游资源，其王牌项目是“3S”，即Sun（太阳）、Shore（海滩）、Sea（海洋）。“3S”是绝大多数游客去西班牙的目的。西班牙的旅游口号为“阳光普照西班牙”。其地中海海滩享誉欧洲，有闻名遐迩的三大海滨旅游区：太阳海岸旅游区、加那利群岛旅游区、巴利阿里群岛旅游区。

西班牙拥有许多王宫、教堂和城堡。有10多个古迹被联合国教科文组织列为重点保护的文化遗产。包括圣地亚哥·德·孔波斯特拉市（即圣地亚哥市）的圣马丁·皮纳里奥大教堂、马德里附近的耶斯科略修道院、阿维拉的古城墙、塞哥维亚古老的水道桥、科尔多瓦的大清真寺、格拉纳达的阿尔罕布拉宫、巴塞罗那的格尔公园和艺术家朱拉之家等，这些都是代表西班牙古文明的遗产。

西班牙还有许多古老的、独特的民族文化传统和别具一格的民族文化娱乐活动，其中包括闻名于世的西班牙斗牛、热情奔放的西班牙舞蹈，以及各种各样的风俗习惯、民族节日，都能使来自异国他乡的客人们感受到西班牙特有的情趣。

1. 马德里

西班牙首都，欧洲著名历史古城。著名的景点有太阳门、普拉多博物馆、西班牙皇宫、哥伦布广场、瑞内索菲亚美术馆、大广场等。

（1）西班牙皇宫。西班牙皇宫是欧洲第三大皇宫，仅次于凡尔赛宫和维也纳皇宫，建在曼萨莱斯河左岸的山冈上，是世界上保存最完整且最精美的宫殿之一。皇宫建于1738年，26年后才完工。其外观具有卢浮宫的建筑美，内部装潢是意大利式的，整个宫殿豪华绝伦。里面藏有无数的金银器皿和珍宝级的绘画、瓷器、皮货、壁毯、乐器及其他皇室用品。现在西班牙皇宫已被辟为博物院，专供游人参观。皇宫的对面是西班牙广场，正中央竖立着文艺复兴时期著名的西班牙文学大师《堂·吉诃德》作者塞万提斯的纪念碑。

西班牙皇宫

（2）普拉多博物馆。普拉多博物馆建于1758年，是典型的新古典风格。原为自然科学博物馆，1819年改为绘画博物馆，收藏绘画、雕塑佳作约5 000件，生动地记载了西班牙数百年来艺术风格的演变发展，许多珍品被誉为欧洲绘画史上的瑰宝。它是收藏西班牙绘画作品最全面、最具权威性的美术馆，尤其以西班牙画家戈雅的作品最为丰富。

2. 巴塞罗那

巴塞罗那位于地中海西岸，是全国第二大城市，最大的工业中心。这里气候宜人，古迹遍布，是西班牙最著名的旅游胜地，素有“伊比利亚半岛的明珠”之称。并因成功举办 1992 年第 25 届奥运会而闻名全球。著名景点有毕加索博物馆、巴塞罗那大教堂、神圣家族大教堂、蒙锥克古城堡、巴特洛宫、奥运中心等。

(1) 神圣家族大教堂。神圣家族大教堂是西班牙最伟大的建筑师安东尼奥 · 高迪设计的。这是一座象征主义建筑，分为三组，描绘出东方的基督诞生、基督受难及西方的死亡，南方则象征上帝的荣耀。它的四座尖塔代表了 12 位基督圣徒。圆顶覆盖的后半部则象征圣母玛利亚。整个建筑华美异常，是建筑史上的奇迹。登上塔顶，可以鸟瞰全市风貌。

(2) 奥运中心。奥运中心设在蒙锥克山上。蒙锥克山奥林匹克体育场和与其毗邻的圣乔尔迪体育馆为 1992 年奥运会的主要比赛场。

案例回放

欧洲旅游客流流向的一个基本趋势是旅游者从气候寒冷的北方地区向温暖的南方地区移动，向地中海沿岸国家移动。其主要原因是由于自然气候条件差异所形成的，旅游者喜欢到气候温暖、阳光充足并具有“3S”(阳光、海洋、沙滩) 环境的地区度假。

实训项目

分析西班牙旅游资源的特点，并设计西班牙旅游线路。

第四章

美洲客源国概况

本学习章节介绍了美国、加拿大这两个国家的自然环境、社会概况、节庆与习俗、旅游资源与主要旅游地。

第一节　美　　国

导读：美利坚合众国（United States of America），简称美国，是由华盛顿哥伦比亚特区、50个州和关岛等众多海外领土组成的联邦共和立宪制国家。其主体部分位于北美洲中部，美国总面积为963万平方千米，人口3.2亿，通用英语，是一个移民国家。

自由女神像

知识点：了解美国的自然环境、社会概况，掌握美国的节庆与习俗和旅游资源与主要旅游地。

技能点：能熟练介绍美国概况和著名旅游景点，并利用所学知识向美国游客提供合理优质的接待服务。

案例导入

某饭店接待一批美国客人，经理安排小李整理一些与美国有关的资料，以便为饭店员工上一堂培训课。下面是小李收集的资料的一部分：一是美国人讲的是和英国人一样的英语；二是美国旅游业发达，每年出境游人数和入境游人数都居世界第一；三是美国人口味清淡，喜欢吃清淡食品；四是美国人热情，喜欢结交朋友，且距离越近越表示亲密。

问题：你觉得小李收集的资料有错误吗？

一、自然环境

美国位于北美洲中部，领土还包括北美洲西北部的阿拉斯加和太平洋中部的夏威夷群岛。美国北与加拿大相邻，南接墨西哥和墨西哥湾，西濒太平洋，东临大西洋。美国国土面积963万平方千米，本土东西长4 500千米，南北宽2 700千米，海岸线长22 680千米。

地势东西高，中央低，主要山脉为南北走向。境内地形从东到西大致可分为大西洋沿岸平原、阿巴拉契亚山脉、内地平原、西部山系、西部山间高原五个地理区。全国最高点为阿拉斯加州的麦金利山，海拔6 193米。落基山脉为太平洋水系和大西洋水系的分水岭。

美国河流主要分为太平洋水系和大西洋水系。太平洋水系的主要河流有科罗拉多河、哥伦比亚河、育空河。大西洋水系的主要河流有密西西比河、康涅狄格河、赫德森河。东北部的苏必利尔湖、休伦湖、密歇根湖、伊利湖和安大略湖5大湖是世界最大的淡水湖群。大盆地的著名大盐湖是北美洲面积最大、盐分最高的咸水湖。

美国自然资源丰富，矿产资源总探明储量居世界首位。煤、石油、天然气、铁矿石、钾盐、磷酸盐、硫黄等矿物储量均居世界前列。其他矿物有铜、铅、钼、铀、铝矾土、金、汞、镍、碳酸钾、银、钨、锌、铝、铋等。已探明煤储量4 910亿吨，居世界第一。森林面积约44亿亩，覆盖率达33%。

二、社会概况

1. 历史沿革

北美洲原为印第安人聚居地。15世纪末，西班牙、荷兰、法国、英国等国开始向北美洲移民，美洲成为西方诸国的殖民地。到达殖民地的大多数是西欧贫苦的劳动人民，也有贵族、地主、资产阶级，以英国人、爱尔兰人、德意志人和荷兰人最多。移民中有逃避战祸和宗教迫害者，有自愿和非自愿的“契约奴”以及乞丐和罪犯。1606年英国在北美建起第一个城市——詹姆斯，后发展为弗吉尼亚殖民地。17世纪和18世纪上半叶，英国殖民者先后在东起大西洋沿岸，西至阿巴拉契亚山脉之间建立了13个殖民地，并从非洲掠来大批黑人充当奴隶。

1775 年，波士顿人民武装起义，打响了北美人民反抗英国殖民统治的独立战争的第一枪。

1776 年第二次大陆会议在费城召开，会议决定组成大陆军，由乔治·华盛顿任总司令，并通过《独立宣言》，正式宣布建立美利坚合众国。

1783 年英国被迫承认美国独立。1787 年通过联邦宪法，次年年底举行第一次选举，华盛顿当选第一任总统。1789 年联邦政府成立。1812—1814 年第二次美英战争后，美国完全摆脱了英国的统治。从此，美国北部的资本主义获得迅速发展，但南部仍保持着使用黑人奴隶劳动的农业经济。19 世纪 30 年代初兴起美国农奴运动。1860 年林肯当选总统。次年南部奴隶主发动叛乱，南北战争爆发。1862 年 9 月，林肯颁布《解放黑奴宣言》。1865 年战争以北方获胜结束，为资本主义在全美国的发展扫清了道路。

19 世纪初，随着资本主义的迅速发展，美国统治阶级开始对外扩张。1803 年美国利用拿破仑在海地战败之机，购买了法国在北美的殖民地路易斯安那；1812 年美国向西扩展，侵占印第安人的土地；1818 年和 1819 年，美国分别向英国和西班牙购买了北达科他州的部分土地和佛罗里达；1845 年美国侵占了墨西哥的得克萨斯；翌年，美国以边界事件为借口，向墨西哥宣战，墨西哥被迫于 1848 年将其北部 230 万平方千米的土地（即今加利福尼亚、亚利桑那、内华达、犹他、新墨西哥、科罗拉多等州）“出售”给美国。

19 世纪中后期，美国又将其侵略扩张伸向海外。1867 年美国用 720 万美元向沙俄购买了阿拉斯加和阿留申群岛；1898 年兼并夏威夷，又通过对西班牙的战争控制了古巴，并夺取了西属波多黎各、关岛和菲律宾；1903 年占领了中途岛，霸占了巴拿马运河；1917 年迫使丹麦“出让”维尔京群岛。在 1776 年后的 100 余年内，美国领土几乎扩张了 10 倍。

第一次世界大战至今，美国经历了战争、经济危机、资本垄断、经济复苏等，美国经济、军事力量得以快速发展，经济保持了强劲的发展势头，以信息技术为代表的高科技产业迅速发展。

2. 国家象征

国旗。美国国旗别称“星条旗”（The Stars and Stripes）、“古老的光荣”，呈横长方形，长与宽之比为 19:10。主体由 13 道红、白相间的宽条组成，7 道红条，6 道白条；旗面左上角为蓝色长方形。其中分 9 排横列着 50 颗白色五角星。红色象征勇气，白色象征自由，蓝色则象征正义。13 道宽条代表最早发动独立战争并取得胜利的 13 个州，50 颗五角星代表美利坚合众国的州数。

美国国旗

美国国徽

国徽。主体为一只胸前带有盾形图案的白头海雕（秃鹰）。白头海雕是美国的国鸟，它是力量、勇气、自由和不朽的象征。

国歌。《星光灿烂的旗帜》（The Star – Spangled Banner）。1931 年被美国国会正式定为美国国歌。

国花。为玫瑰花，象征着美丽、芬芳、热忱和爱情。1985 年经参议院通过定为国花。美国也是世界上最先确定国鸟的国家。白头雕最早出现于美国的旗帜上是在独立战争期间。1776 年 7 月 4 日第二次大陆会议发表了《独立宣言》并决定新生的美国必须有一个特殊的国徽。1782 年 6 月 20 日，美国国会通过决议，把北美洲特有的白头海雕作为美国的国鸟，并把这种鸟作为国徽图案的主体。

3. 行政制度

美国实行总统内阁制。同时采取三权分立的原则，将行政、立法、司法下放给总统、议会、联邦法院。

总统是国家元首、政府首脑兼武装部队总司令。总统通过间接选举产生，任期四年。美国现任元首为唐纳德·特朗普，美国第 45 任总统，2016 年 11 月 9 日在美国大选中胜出。

国会是最高立法机构，由参、众两院组成。两院议员由各州选民直接选举产生。参议员每州 2 名，共 100 名，任期 6 年，每两年改选 1/3。众议员按各州的人口比例分配名额选出，共 435 名，任期两年，期满全部改选。两院议员均可连任，任期不限。参众议员均系专职，不得兼任政府职务。

政党。美国有多个党派，但在国内政治及社会生活中起重大作用的只有共和党和民主党。

司法。设联邦最高法院、联邦法院、州法院及一些特别法院。联邦最高法院由首席大法官和 8 名大法官组成，终身任职。联邦最高法院有权裁定联邦和各州的任何法律违宪而使其不被采用。

4. 经济结构

美国有高度发达的现代市场经济，其国内生产总值和对外贸易额均居世界首位，是世界第一经济强国。20 世纪 90 年代，以信息、生物技术产业为代表的新经济蓬勃发展，受此推动，美国经济经历了长达十年的增长期。

工业。近年来，美国着力优化产业结构，实施“再工业化”战略，推动制造业回流，美国工业生产保持稳定增长。工业就业人数约占全部就业人口的 20.2%，是美国经济的重要基础支柱。美国主要工业产品有汽车、航空设备、计算机、电子和通信设备、钢铁、石油产品、化肥、水泥、塑料及新闻纸、机械等。

农业。美国的耕地面积约占国土总面积的 20%，人均接近 0.6 公顷。美国拥有巨大的粮食储备，谷物的库存占世界第一，近年来大致接近世界库存总量的 1/3。美国的畜牧业和种植业并重，在美国的农业总产值中，种植业占 52%，畜牧业占 48%。美国农业高度发达，机械化程度高。

对外贸易。美国是世界上第一大进口国和第三大出口国。美国主要出口商品为：化工产品、机械、汽车、飞机、电子信息设备、武器、食品、药品、饮料等。主要进口商品是：食品、服装、电子器材、机械、钢材、纺织品、石油、天然橡胶以及锡、铬等金属。美国前五大货物贸易伙伴为加拿大、中国、墨西哥、日本和德国。

货币。美元既是美国的官方货币，同时也作为储备货币在美国以外的国家广泛使用，现在美元已经是国际交易中使用最多的货币。

5. 人口、民族和信仰

美国是移民国家，所以美国有世界上最多的民族。美国通用英语。有些民族仍讲本族语言，如部分印第安人讲印第安语，墨西哥人讲西班牙语，华人讲汉语等，各国移民后裔也有少数人讲其祖先的语言。

美国有 50% 的居民信奉基督教新教，23.9% 信奉天主教，1.7% 信奉犹太教，1.7% 信奉摩门教，1.6% 信奉其他基督教，不属于任何教派的占 4%。

6. 文化教育

美国是全球创新的中心。根据巴特尔纪念研究所估算，2010 年美国研发支出为 3 958 亿美元，高居全球第一。另据诺贝尔基金会统计，自 2000 年以来，美国在科学领域获得的诺贝尔奖数量超过了其他所有国家的总和，约 45% 的诺贝尔化学、医学、物理奖得主在美国从事其获奖领域的研究工作。美国是世界上专利申请数量最多的国家之一。

在美国，教育管理是州或地方政府的责任，而非联邦政府。但是，联邦政府教育部可以通过控制教育基金来施加一定程度的影响。学生有法定义务在公立学校接受从幼儿园到 12 年级的教育。

在美国，学生 18 岁高中毕业后不需要通过大学入学考试就能升入高等院校学习，成绩优秀的学生可以优先进入好的大学学习。美国有大学 3 600 余所（其中私立大学 2 000 余所），知名高校有哈佛大学、麻省理工学院、哥伦比亚大学、加利福尼亚大学伯克利分校、斯坦福大学、芝加哥大学、乔治·华盛顿大学、耶鲁大学、加州理工学院、约翰斯·霍普金斯大学、普林斯顿大学、乔治敦大学等。

美国文学自其殖民地时期初具雏形，至今已经历了两百多年的发展历程，变得日趋成熟。著名的文学大师主要有马克·吐温、杰克·伦敦、海明威等。

三、节庆与习俗

1. 节庆

美国的节庆和西方国家基本相同。5 月第二个星期日为母亲节，6 月第三个星期日为父亲节，是美国的法定节日。美国国庆节日期为 7 月 4 日，以纪念 1776 年 7 月 4 日大陆会议通过《独立宣言》。11 月第四个星期四是感恩节，也叫火鸡节，是北美洲特有的节日。这一天也是家人团聚、亲朋欢聚的日子。12 月 25 日为圣诞节，是美国最盛大的节日，全城通宵欢庆，教徒们跟随教堂唱诗班挨户唱圣诞颂歌，装饰圣诞树，吃圣诞蛋糕。

2. 习俗与禁忌

美国人平常交往中都喜欢彼此互相以名字相称，不带姓、不带先生、小姐或太太等客套的称谓。不但邻居、朋友、同学、亲戚之间如此，在办公室里同事之间，即使是上司与部属之间，亦均以名字相称。

美国人从小就养成说话要有礼貌的习惯，在每天的日常生活中即使与家中父母、兄弟姐妹说话，也都会使用“Hi”（你好），“Please”（请），及“I am sorry”（对不起）等客套话。见面时，互相问安。与美国朋友握手，用力不能太小，否则有不礼貌之嫌，要面带笑容，身体微微向前倾。男士与女士握手时，要待到女士伸出手时方可与对方握手。美国人的手势语言丰富，有时会用手搭在你的肩膀上，表示肯定与鼓励。见面结束时，要把有关计划或反馈意见告诉他们。美国人不流行送厚礼，但应邀去美国家庭吃饭做客时，如能选购一份小礼物，如一棵小植物盆景（有根的植物或花卉）带去给女主人，是非常受欢迎的。

尊重个人隐私。美国是一个特别重视个人隐私的国家，美国人不会问新结识的朋友任何有关个人经济、宗教及政治等方面的问题，比如：“你每个月赚多少钱”“你家里都有些什么人，令尊在哪工作”“你这房子是多少钱买的”“这次总统大选你会选谁”。

礼让妇女。美国人通常不会问妇女（特别是中年妇女）的年龄。有教养的男士通常都会抢先一步去为女士开门，请妇女先行上下车或进出电梯。若与妇女在街上同行时，男士都会走在靠近有车辆行驶的那边，以保护同行妇女的安全。

守法与公德。在美国开车，人人都得遵守交通规则，绝对不能闯红灯、乱按喇叭，也不应过度超速驾车，而且一定要礼让行人穿越马路。美国人有事得排队办理时，都是以到达的先后次序站队等候，如果有人不守规矩插队时，只需说句“对不起，我在这儿排队呢！”（Sorry，I think that I am the next in the line.）对方便会很不好意思地说“Oh，I am sorry”（对不起）并且去大队伍后头排队。

看场合穿衣服。美国人穿衣服是因场合而异，与身份无关。达官贵人去参加野餐或爬山等聚会时，一定也是着便装、球鞋，相反的即使是清洁工人去参加正式的宴会时，也都会穿西装打领带的。所以，美国人在应邀参加应酬时，事先一定都要问清楚这个场合应该穿什么衣服。

付小费表谢意。美国人在餐馆吃完饭付账时，一定会给侍应生至少 15% 的小费（即账单金额的 15%）。如果服务特别好的话，则付 20% 的小费，同样地美国人去美容院或理发厅烫发、剪发，付账时，也会付至少 15% 的小费。美国人也会给在旅馆替他搬运行李的服务员及在停车场为他停放车辆的服务生两三块钱小费表示谢意。花店派人来送花或比萨店来送比萨时，也会支付两三块的小费。

乐捐与义工。美国社会贫富悬殊很大，有很多贫困无依的美国家庭及个人急需救助，所幸美国很盛行乐捐及做义工。有钱的人或公司常会捐款供医学研究，设立奖、助学金及资助贫困家庭等，普通的老百姓也都喜欢出钱、出力，做些量力而为的捐献或定时到学校、医院、养老院或慈善机构做义工服务。美国的高中学生也会定时参与各种的社区义务服务工作。政府为鼓励人民乐善好施，无论是捐给公私机构或个人的任何慈善性的捐款，每年在报税的时候都可以获得宽减额的优待。

美国人忌讳数字 13 和星期五；教徒忌讳轻慢地谈论上帝；忌讳一根火柴和为三个人点烟；忌讳黑色，认为黑色象征着死亡，不喜欢红色；忌讳走路时拖地啪啪响，认为是在诅咒自己的母亲；忌讳蝙蝠图案，认为它是吸血鬼的象征；黑猫被看成不吉利的动物，忌讳黑猫图案；忌讳打破镜子，认为这预示着疾病或死亡；忌讳别人说白和胖，因为美国流行“富黑瘦”“穷白胖”。

3. 饮食文化

美国人口味清淡，喜欢凉拌菜、豆制品，还喜欢吃嫩牛排，不爱吃蒜和过辣的食品。不喜欢吃肥肉、清蒸食品和红烧食品，也不吃动物的内脏和蛇一类异常食物。美国人不太追求菜的精细，但求快速和方便。美国人最爱的饮料是咖啡，可乐、果汁和茶也是美国人喜欢的饮料。对于餐具的使用，美国人、欧洲人不一样。欧洲人喜欢把刀叉一直拿在手中，而美国人习惯用一只手轮换使用餐具。另一只手放在膝盖上。就餐时身体应坐正，不要把两臂横放在桌上，不要用餐巾擦餐具，而应该把餐巾铺在膝盖上，不要越过他人面前去取食物。吃面包时要用手把面包掰成小块放入口中。鱼刺、肉骨等不要直接吐入盘中，而应用叉子接住再放入盘中。喝水前要先将口中的食物咽下。

美国人在家里请人吃饭时，特别重视宴会的气氛，餐桌上的刀叉、盘子及餐巾等都会排列得非常漂亮，当客人抵达时，女主人早已万事俱备，菜饭全已准备妥当了。此时，女主人的主要任务便是要周旋在众宾客之间与大家寒暄、话家常，如果这时还得在厨房里忙得团团转的话，依照美国人的规矩这是很失礼的。正因为如此，所以，应邀去美国人家里做客吃饭时，最好能故意晚到十分钟左右，如此可以多给女主人一点儿时间做准备工作。

用完餐后不宜马上就走，而应与主人谈一会儿再告辞。告辞时应感谢主人的热情款待。

四、旅游资源与主要旅游地

美国作为世界上最重要的发达国家，同时也是一个旅游大国、强国。美国旅游资源极其丰富，其幅员辽阔，地貌多彩多姿，气象万千，是集森林、湿地、湖泊、河流、草原、沙漠、高山、火山、峡谷、冰雪、海洋于一体的国家，风光旖旎，美不胜收。

1. 国家公园

美国现有国家公园 388 个，占地 8 400 万英亩，共有 28 000 名工作人员，每年接待游客 2. 8 亿人次。每年另有 2 万名志愿者参加国家公园系统的保护和维护工作。中国人比较熟悉的国家公园主要有黄石公园、科罗拉多大峡谷、尼亚加拉大瀑布等。

美国地质公园

2. 国家森林公园和草原

全美共有 155 个国家森林公园和 20 个国家草原，是美国最大的户外休憩场所。国家森林公园系统管理的土地分布在 44 个州和波多黎各以及未开发的土地，共有 19 100 万英亩，占美国国土面积的 8. 5%。

3. 博物馆

美国是世界上博物馆最多的国家，比较大型的有 16 000 多个，博物馆每年要接待 9 亿多游客（也有人说全美各类公立、私立博物馆加起来大约有 10 万座），其接待的游客比观看专业棒球、橄榄球和篮球比赛的观众加起来的总数还多。

每年美国的博物馆要投入50多亿美元用于教育项目、展出、收藏品保护以及研究等核心项目上。如纽约的自然历史博物馆占地10公顷，由22座大楼组成的大型花岗岩建筑群，设有39个大型展厅，收藏植物、动物和矿物地质标本3 600万件。

4. 国家步道系统

所谓的步道系统是指一条可以是专门建设的，也可以是人走出来的，可供至少一人或多人（包括但不仅仅局限于徒步旅行、骑自行车、滑冰、滑雪、轮椅等，还包括越野娱乐交通工作如摩托车、雪地汽车、能行驶于各种地形的越野四轮驱动汽车等）通过的步道线路。这些步道系统是根据美国国家步道系统法而建立起来的，主要有三种类型：

国家风景步道。是指100英里或更长的、连续的主要用于非机动车辆的著名步道，这样的步道系统需要国会立法确定。如美国最长的步道：阿巴拉契亚国家风景步道，是1968年确定的，全长3 453千米，南北纵贯6个州，由国家公园管理局管理。

国家历史遗迹步道。是指历史上或史前的线路，这些线路对美国具有重大的历史意义，由国会立法确定。如刘易斯和克拉克国家历史遗迹步道，是为纪念刘易斯和克拉克带领探险队响应美国第三任总统杰弗逊的号召，于1803年12月11日出发寻找一条横跨大陆通向太平洋的水路而向西部行进的道路。实际上，这也是美国向西部拓展疆土的一条路线。

国家休闲步道。根据国家步道系统法的授权，由美国农业部或内务部部长发布的目前已经存在的地区性步道。

现有的40条国家风景步道和国家历史遗迹步道以及1200条国家休闲步道分别由美国内务部的国家公园管理局和土地管理局以及美国农业部的森林管理局来管理。

5. 主题公园

美国的主题公园是世界主题公园的鼻祖，这与美国人的追求刺激、喜欢冒险、乐于参与的天性有关。从1955年，第一个迪士尼主题公园在洛杉矶建成开放后，主题公园已经成为美国大众，尤其是年轻人最喜爱的娱乐目的地。迪士尼公司除了主题公园外现在还拥有电影、电视、房地产等多元化产业，而主题公园及度假区所占公司的经济份额并不高，但其形象、品牌价值极大，我们一般所称迪士尼均指其主题公园和度假区。

2005年，迪士尼在四个国家（美国、法国、日本和中国）、五个地方（美国有奥兰多和洛杉矶二处）有11个主题公园。

其中1971年10月1日开始开业的奥兰多迪士尼项目含六个主题公园，占地面积有17万亩，为迪士尼最大的一个项目。现在当地政府对每位住宿的游客收3美元/天作为地方旅游基础设施建设专项资金。

迪士尼在美国聘有员工17.5万人，每年的经济效益达90亿美元。迪士尼还有一条世界顶级的豪华游轮线路，有35个度假酒店（3.2万个宾馆客房）。7个度假俱乐部有会员9万多人。

其实美国除了迪士尼这个世界最著名的主题公园外，还有一个地区性的主题公园“六面旗”（Six Flags）也是一个非常有影响的主题公园，它也是世界最大的地区性主题公园公司。

6. 高尔夫球场

美国是高尔夫最大的市场，有近17 000家球场和4 000万左右的高尔夫球友。该项运动及相关联的产业占国内生产总值的6%，比博彩、电影以及矿产等行业在国内经济中所占的比重还大。如南卡罗莱纳州（面积8.3万平方千米，列全美第40位，人口425万，列全美第26位）就有380个高尔夫球场，其中5个球场排名在世界前100名之内，1999年该州就共接待了3.5万名海外高尔夫球迷，仅高尔夫球场入场费就为该州贡献了1亿多美元的税收收入。

案例回放

美国的英语不同于英国的英语。美国的英语又称为美式英语，其单词的拼写和发音、句子的语调和重音等与英式英语都不尽相同。与英式英语相比，美式英语简化了语法，丰富了词意，增强了幽默感。

实训项目

学生分组，课堂模拟前往美国的出境旅游团在出发前的出境说明会，重点强调前往美国旅游的禁忌和特殊事项。

第二节 加拿大

导读：加拿大（Canada），为北美洲最北的国家，西抵太平洋，东达大西洋，北至北冰洋，东北部和丹麦领地格陵兰岛相望，东部和法属圣皮埃尔和密克隆群岛相望，南方与美国本土接壤，西北方与美国阿拉斯加州为邻。加拿大素有“枫叶之国”的美誉，首都是渥太华。加拿大政治体制为联邦制、君主立宪制及议会制，是英联邦国家之一，英王伊丽莎白二世为国家元首及国家象征，但无实际权力。加拿大是典型的英法双语国家。

CN塔

知识点：了解加拿大的自然环境、社会概况，掌握加拿大的节庆与习俗和旅游资源与主要旅游地。

技能点：熟悉加拿大的基本概况，掌握加拿大的民俗习惯，在实际接待服务工作中能灵活运用这些知识点。

案例导入

中国旅行社准备接待一批来自加拿大的游客，经理要求导游员小王做好接待准备工作。小王在与饭店沟通协调时，特意要求饭店将早餐和午餐制作丰盛一些，晚餐制作简单一些，餐饮的口味适当咸和辣点，不要甜口味的甜品。同时，为加拿大的客人准备百合花以示欢迎。

问题：你觉得小王这样准备对吗？

一、自然环境

加拿大，是北美洲最北的一个国家，西抵太平洋，东至大西洋，北到北冰洋，领土主张直到北极。加拿大东北方和丹麦领地格陵兰相望，东部和法属圣皮埃尔和密克隆群岛相望，南方及西北方与美国接壤，边界长达 8 892 千米，为全世界最长不设防疆界。国土面积为 998.476 万平方千米，是西半球面积最大、全球面积第二大的国家。加拿大国土的 92% 为陆地，8% 为内陆江湖水面，可耕地占陆地面积的 12% 。加拿大由 10 个省和 3 个地区组成，首都为渥太华。

加拿大位于北半球的高纬度地带，约有 1/5 的领土位于北极圈内，将近有一半面积的国土为冻土。加拿大东部为丘陵地带，南部与美国接壤的圣劳伦斯地区，地势平坦，多盆地。西部为科迪勒拉山区，是加拿大最高的地区，许多山峰在海拔 4 000 米以上。北部为北极群岛，多系丘陵低山。中部为平原区。最高山为洛根峰，位于西部的落基山脉，海拔为 5 951 米。

加拿大国土辽阔，各地气温差异较大。中西部最高气温达 40℃ 以上，北部最低气温低至 -60℃。加拿大东部气温稍低，南部气候适中，西海岸由于受太平洋温暖潮湿的气候影响，夏季凉爽、干燥，冬季温和潮湿；中部草原三省冬天寒冷，夏天炎热，降水较少；北部为寒带苔原气候，北极群岛终年严寒。

加拿大绝大部分河流多急流和瀑布。马更些河是加拿大最长的河流，其他大河还有育空河、圣劳伦斯河等。大熊湖、大奴湖、温尼伯湖和美加交界处的五大湖中的四大湖是加拿大的著名湖泊，哈得孙湾是加拿大最大的海湾。

加拿大幅员辽阔，矿产资源十分丰富，加拿大共有 70 多种矿物，矿产种类居世界第一。其中矿产储量居世界第 1 位的有铟、钾盐、硫；居第 2 位的有石油、铌、钨、石棉；居第 3 位的有铀、镉、硒、石膏；列第 4 位的有镍、铅、铂族金属、钼、钽；列第 6 位的有金刚石、锌、金；列第 7 位的有银、钛；排第 10 位的有煤；排第 12 位的有铜；排第 13 位的有铁矿石。有色金属也十分发达，其铀产量居世界第一，钴产量居世界第二，镍、铜、锌、铝、镉、钛精矿、铂族金属和钼等金属产量均居世界前列。

加拿大森林覆盖面积占全国总面积的44%，居世界第六。

二、社会概况

1. 历史沿革

印第安人和因纽特人是加拿大最早的居民。1603 年法国人在加拿大建立了第一个殖民地，后来又建立了魁北克城，逐渐控制了加拿大。17 世纪，英国开始大规模向北美地区移民，并同荷兰、法国开始了争夺殖民地的战争。1756—1763 年英法之间爆发“七年战争”，法国战败，将殖民地割让给英国。1848 年英属北美殖民地成立了自治政府。1867 年 7 月 1 日英国议会通过《不列颠北美方案》，将加拿大省、新不伦瑞克省和新斯科舍省合必为一个联邦，成为英国最早的自治领，之后其他省也陆续加入联邦。1982 年 3 月英国女王签署《加拿大宪法法案》，加拿大从此获得了立法和修宪的全部权力。1982 年 4 月 17 日，加拿大国会通过新宪法，并得到英国国会通过废止旧宪，加拿大事实上从英国独立。联邦成立时，将新国家定名为加拿大。

2. 国家象征

国旗：长方形，长宽之比为 2:1。旗面自左至右由红、白、红色组成，两边的红色竖长方形代表太平洋和大西洋，白色正方形象征加拿大的广阔国土。中央绘有一片 11 个角的红色枫树叶。枫树是加拿大的国树，也是加拿大民族的象征。

国徽：中心图案为盾徽。盾面下部有一枝三片枫叶，上部的四组图案分别为：三头金狮，一头红狮，一把竖琴和三朵百合花，分别象征加拿大历史上与英格兰、苏格兰、爱尔兰和法国之间的联系。盾徽之上的狮子举着一片红枫叶，表示对第一次世界大战期间加拿大的牺牲者的悼念。狮子之上的金色王冠象征英国女王是加拿大的国家元首。左边的狮子举着英国国旗；右边的独角兽举着原法国的百合花旗。绶带上用拉丁文写着“从海洋到海洋”，表示加拿大西濒太平洋，东临大西洋。

加拿大国旗

加拿大国徽

国歌：《哦！加拿大》。

3. 行政制度

加拿大至今没有一部完整的宪法，主要由在各个不同历史时期通过的宪法法案构成，其中包括1867年英国议会通过的《不列颠北美法案》。宪法规定，加拿大实行联邦议会制。

议会。由参议院和众议院组成，参众两院通过的法案由总督签署后成为法律。总督有权召集和解散议会。参议院共105席，名额按各省人口比例和历史惯例分配。参议员由联邦总理提名，总督任命。1965年6月2日前任命的为终身制，此后任命的到75岁退休。

政府。加拿大实行内阁制，由众议院中占多数席位的政党领袖出任总理并组阁。其领袖任总理。

政党。保守党，执政党，加右翼政党；新民主党，正式反对党；自由党，反对党；魁北克党，反对党。其他政党还有：绿党、社会信用党、加拿大党和加拿大共产党等。

司法。设联邦、省和地方（一般指市）三级法院。联邦最高法院由1名大法官和8名陪审法官组成，主要仲裁联邦和各省上诉的重大政治、法律、有关宪法问题以及重大民事和刑事案件。地方法院一般审理民事案件。

4. 经济结构

加拿大是西方七大工业化国家之一。加拿大以贸易立国，对外贸依赖较大，经济上受美国影响较深。加拿大的制造业和高科技产业发达，制造业、建筑、矿业构成国民产业经济的三大支柱。

工业。加拿大工业是以石油、金属冶炼、造纸为主。加拿大制造业和高科技产业发达。资源工业和初级制造业是国民经济的主要支柱。

农业。加拿大农业发达，农业的机械化和商业化程度高，主要种植小麦、大麦、燕麦、玉米等作物。加拿大的粮食产量居世界前列，按人口平均计算则居世界首位。加拿大渔业发达，75%的渔产品用于出口，是世界上最大的渔产品出口国。

对外贸易。加拿大经济对外贸依赖严重，主要出口汽车及零配件、其他工业制品、林产品、金属和能源产品；主要进口机械设备、汽车及零配件、工业材料、其他消费品及食品。主要贸易对象是美国、中国、日本、欧盟国家。

货币。货币为加拿大元，1加币等于100分。

5. 人口、民族和信仰

加拿大是典型的移民国家，而且由于人口稀少，人口数和民族构成每一年都在不断变化中。2013年总人口为3 531万人。城市人口占总人口的69.1%。而在多伦多、蒙特利尔和温哥华这三个加拿大最大的城市居住的人口占总人口的35%。加拿大人口主要为英、法和其他欧洲国家后裔，土著居民（印第安人、米提人和因纽特人）约占3%，其余为亚洲、拉美、非洲裔等。来自印度、巴基斯坦和斯里兰卡的南亚移民人口达到130万，超过华裔成为加拿大最大的少数族裔。华裔人口中25%的人是在加拿大本土出生的。

官方语言为英语（加拿大使用的最广泛的语言）、法语（主要分布在魁北克省）。其他主要语言有汉语、意大利语、德语、旁遮普语。

加拿大居民普遍信仰宗教，全国宗教教派林立。主要宗教派别多达30个。加拿大居民中以信仰天主教和基督教新教的人数最多。信奉天主教的居民占45%，信仰基督教新教的居民占36%。

6. 文化教育

依据加拿大宪法规定，教育由各省负责，教育经费基本依靠自筹。加拿大的名校有：多伦多大学（2013QS 世界大学最新排名第 19 位）、麦吉尔大学（加拿大的哈佛）、滑铁卢大学（电脑工业的宠儿）、皇后大学（加拿大的普林斯顿）、英属哥伦比亚大学（西海岸的明珠）、西安大略大学（北美 MBA 巨擘）。

加拿大是一个名副其实的移民国家，移民占全国人口的 99%。各地移民为加拿大带来了丰富多彩的文化气息，形成了多元文化环境。在这种环境中，各民族独特的艺术表现方式和特征相互影响，带来了加拿大文化事业的兴旺蓬勃。加拿大文学由法语文学和英语文学两部分组成：《加拿大史》《转手的幸福》《验明身份》等是法语文学的代表作，《蒙塔格小传》《平日之歌》等是英语文学的代表作。

三、节庆与习俗

1. 节庆

加拿大一年之中有十几个节日和庆祝纪念的假期。主要有：国庆日（7 月 1 日）、元旦、复活节、劳动日、感恩节、圣诞节、冬季狂欢节、枫糖节等，除此之外还有：

班夫艺术节（Banff Summer Arts Festival）：每年在班夫艺术中心展开歌剧、交响乐、芭蕾舞以及戏剧表演，是北美最盛大的艺术活动之一。

斯特拉福德节日（Stratford Festival）：位于安大略的斯特拉福德，每年举行盛大的斯特拉福德节。最主要的戏剧性大事莫过于每年 5 月到 10 月为期 6 个月，在 3 家戏院所放映的莎士比亚戏剧，作品有古典时期以及同时代的戏剧和音乐创作。

几耳夫春节（Guelph Spring Festival）：位于安大略省的一场文化响宴。聚集了古典音乐、吟诵、音乐会、舞蹈以及艺术展览，每年 5 月都吸引不少世界顶尖的表演者前来参观。

萧伯纳纪念日（Shaw Festival）：位于尼亚加拉瀑布注入安大略湖的区域，从 5 月到 10 月，这座非常具有 19 世纪韵味的小镇，便宴请宾客，纪念爱尔兰作家——乔治·萧伯纳以及和他同时代的创作者毕生致力的戏剧。

国际爵士节（International Jazz Festival）：在蒙特利尔，这个为期仅 10 日的庆典向人们展示了爵士乐的魅力，每年的 7 月初便有超过 40 万的乐迷前往此区共度佳节。

奥佛节（Festival Orford）：位于魁北克的奥佛山。是加拿大最负盛名的夏日音乐节之一。整个 7 月及 8 月山丘上处处回响着来自室内舞台或是户外舞台所演奏的古典乐、爵士乐以及流行乐。

2. 习俗与禁忌

加拿大人生性活泼，谦逊友善，乐于助人。凡与加拿大人打过交道，尤其是在加拿大居住过的人，一般都对加拿大人有较好的印象。加拿大人说话也非常风趣、幽默。但与加拿大人交谈时，不要插话打断对方的话或是与对方争执，不要过分地拿美国与之比较，他们喜欢谈论本国的长处。加拿大人很多事情要事先预约。公事要预约，私事也要预约，找工作面谈、请客，甚至去朋友家串门都要预约，不速之客是不受欢迎的。

加拿大人在日常生活中非常愿意向别人伸出援助之手。如果你驾车外出，向当地人打听去某处的路线，他们都会热情地给你指路。要是他们觉得你还是不明白，甚至会主动驾着自己的车在前面为你引路，将你带到应该去的地方。这样的事不仅会发生在民风淳朴的乡村，而且在繁华的都市也会碰到。

加拿大人对夏日的阳光和户外活动情有独钟。在烈日下，男士们喜欢赤膊，女士们喜欢身着泳装躺在草地上尽情地晒太阳。他们特别爱种花草，很愿意把业余时间花在剪枝割草上，每家房前的草坪看上去像地毯一样平整。

加拿大人比较讲实惠，与朋友相处和来往时，不讲究过多的礼仪。给别人送礼时，一般都以小纪念品相赠，并经过精美包装，不考虑是否“拿得出手”的问题。他们在受礼时，都当着送礼人的面打开包装，对礼品给予赞扬。加拿大人初到朋友家做客时，一般带一瓶酒或给女主人一束鲜花。中国人首次去加拿大人家做客，可带一点具有中国特点的小礼品，如手工艺品。绣花台布、漂亮的纱巾会倍受女主人的欢迎。

在加拿大，绝大多数公共场所，包括办公室都是禁止吸烟的，在公共汽车上更是如此。去加拿大人家做客时，未得到主人允许，不应抽烟。

餐后各自付费的习惯。加拿大人外出吃饭，如果是几个人一同外出，吃饭时通常是自己付自己的，为了避免出现尴尬的情况，吃饭后，可以向同伴问一声。在加拿大用餐，餐厅一般会在客人用餐后，收取7%的货品及服务税。但是，用餐的账单中不加收服务费。

加拿大人大多数为欧洲移民后裔，禁忌上与欧洲人有很多相同之处，忌谈论个人私事，基督教徒忌讳“13”和星期五。

白雪在加拿大人的心目中有着崇高的地位，并被视为吉祥的象征和避邪之物。在不少地方，人们甚至忌讳铲除积雪。

3. 饮食文化

加拿大人重视晚餐，也喜欢中国菜。加拿大人平时在厨房里度过的时间远比中国人短。因此，他们有较多的业余时间从事其他丰富多彩的活动。他们一日三餐中最重视晚餐，全家人聚在一起，气氛轻松。一般先喝汤，其次是主菜，如鱼、牛肉、蛋或鸡中任何一种，再配以蔬菜或土豆等，还有面包，最后是甜点或水果、冰激凌。爱喝酒的人可尽情享用啤酒或葡萄酒等。如家中请客，客人刚到时，主人会邀客人们喝一点杜松子酒、威士忌或马提尼酒等，并配以小吃。一般的加拿大人都喜欢中国菜，尤其酷爱川菜和粤菜。每隔一段时间，在周末，加拿大家庭往往带着孩子去中餐馆用餐。如果你去加拿大朋友家中做客，愿小试厨技，不但会给参加聚会的人留下深刻的印象，还会给聚会增色不少。在与加拿大人共餐时要顺其自然，不要劝酒，加拿大人没有劝酒的习惯。加拿大人宴请客人，喜欢把饭菜先炒熟拿出来等着客人。这样在客人到来后，菜都凉了，因此，在加拿大，大多数情况下吃到的都是冷食。

四、旅游资源与主要旅游地

加拿大幅员辽阔，从大西洋延伸到太平洋，跨越了世界1/4的时区。在加拿大广袤的国土上，有着难以计数的奇观美景。落基山脉的巍峨高远、露易斯湖的秀美清幽、尼亚加拉大瀑布的雄浑壮美、千岛湖的精奇别致使得这片神奇的土地散发着无穷的魅力。加拿大旅游的最佳季节是5月到10月，在这段时间可以体会加拿大独特的清凉夏季和枫叶般艳红的秋天。

巍峨的群山、茫茫的林海、无垠的草原、秀丽的河湖、广袤的雪原、丰富的动植物资源，都是加拿大的旅游资源。

加拿大传统旅游线路主要有 3 条，即加西线、东线以及横跨东西部的加拿大精华游。西线主要包括温哥华、维多利亚、埃德蒙顿、卡尔加里、班芙国家公园、哥伦比亚大冰原等地；东线主要包括多伦多、尼亚加拉大瀑布、渥太华、蒙特利尔和魁北克城等地；精华游线路浓缩了西线和东线的精华部分，主要包括温哥华、班芙、多伦多、尼亚加拉大瀑布、渥太华、蒙特利尔等地。

1. 尼亚加拉大瀑布（别名：Niagara Falls）

举世闻名的尼亚加拉瀑布位于加拿大和美国交界的尼亚加拉河上，它以其宏伟磅礴的气势、丰沛浩瀚的水量而著称，是世界上七大奇景之一，更是北美最壮丽的自然景观。

尼亚加拉瀑布是尼亚加拉河跌入河谷断层的产物。尼亚加拉河经过一道石灰岩断崖，从海拔 174 米骤然陡落至海拔 75 米，水势澎湃，气势有如雷霆万钧。瀑布以河床绝壁上的山羊岛（Goat Island）为界，分加拿大瀑布与美国瀑布，其中尤以加拿大瀑布更为雄伟壮观。加拿大瀑布又称为马蹄瀑布（Horseshoe Falls），形状有如马蹄，高达 56 米，岸长约 675 米，瀑布溅起的浪花和水汽，有时高达 100 多米，当阳光灿烂时，便会营造出一座七色彩虹。在美国境内的美国瀑布又称为婚纱瀑布，极为宽广细致，很像一层新娘的婚纱。由于湖底是凹凸不平的岩石，因此水流呈旋涡状落下，与垂直而下的加拿大瀑布大异其趣，是情侣幽会和新婚夫妇度蜜月的胜地。因瀑布跨越加拿大与美国，在尼亚加拉河上筑有一座边境桥，被称为彩虹桥（Rainbow Bridge），由美加两国共同分享。桥旁两国各自设立了海关，桥上也根据河内边界而划分，一端属于加拿大，一端属于美国。

尼亚加拉瀑布全景

2. 落基山脉（别名：Rocky Mountain）

横跨卑诗省与阿尔伯塔省的落基山脉，有许多国家公园散布其间。是著名的旅游胜地。常年积雪的山峰、充满了幽深与宁静的湖泊，地球上最出名的山脉景致集中在加拿大落基山公园群的七个系列公园中。每年位于阿尔伯塔省和卑诗省的这七个保护区要接待 900 多万游客。落基山区曾经经历强烈的冰川作用，冰川侵蚀而成的地貌，如角峰、冰斗、U形谷等分布广泛。在海拔较高的峰峦有现代冰川。落基山地形类型繁多，如冰川、瀑布、峡谷、温泉等千姿百态。落基山脉的大部分山峰在海拔4 000米以上，最高峰埃尔伯特山海拔4 399米。这些高峰的山顶终年积雪，在蔚蓝色天空的映衬下，显得格外高远，令人心驰神往。在高度较低的山坡上，遍布茂密的针叶林，松、杉、柏巍然耸立，待到秋日来临，一片绚烂的色彩，可谓美不胜收。山间谷地宽广，溪流清澈，山水交映。其间盛产鳟鱼、北极茴鱼及北美狗鱼等多种鱼类。在22 990平方米（约合14 300平方英里）的保护区里，班芙、嘉士伯、幽鹤和库特尼四个国家公园占了绝大部分。它们和卑诗省的三个公园罗伯森山、阿西尼博因山和汉伯相连。班芙成为国家公园得益于加拿大在19世纪80年代时修建横贯大陆的铁路，于1887年开放，成为加拿大第一个保护区公园，并由此建立了加拿大国家公园的体系。它是著名的避暑胜地，公园里有冰峰、冰河、冰原、湖泊、高山草原和温泉，水秀峰奇，居北美大陆之冠。嘉士伯国家公园内是北美最大的公园，园内有山川、森林、冰河、湖泊。被群山环绕的麦林湖、麦林峡谷是公园内不可多得的胜地。幽鹤公园位于班芙公园的西方，是巧妙地利用大溪谷、冰河、湖泊等自然景观开设的公园，园内的翡翠湖碧绿的湖面照出巴哲斯山的倒影，塔卡考瀑布以410米的落差发出巨响。园内伯吉斯谢尔岩石里有150多块寒武纪中期的海产化石，其中一些已不为今人知晓。

加拿大落基山脉图

3. 班芙国家公园（别名：Banff National Park）

加拿大没有悠久的历史，却拥有多姿多彩的地理风光，崇山秀水在四季的轮转中显现出迷人的风采，吸引着成千上万来自世界各地的游客。在班芙国家公园就分布着数不尽的瀑布、溪流、山峰和温泉，是游览观光的最佳去处。班芙是加拿大第一个也是最古老的国家公园，是世界上第三个建立的国家公园，仅次于美国的黄石公园和澳洲的爱象公园。位于阿尔伯达省卡加利西面的一个小镇，它盘卧在落基山脉的脚下，被落基山脉层层包围和穿插。绵绵山脉中看广阔的冰河，翠绿的湖泊如宝石般镶嵌在深绿色的针叶林中。公园内有著名的露易斯湖、梦莲湖、冰河大道等，全都占地达6 641平方千米。其中的动物种类数以百计，如大角羊、麋鹿和北美大鹿、大灰熊等；公园内提供了各类活动，举办划独木舟、登山健行、攀岩、激流泛舟、骑马之旅、阿萨巴斯卡冰原上的雪车之旅；冬季的班芙国家公园内有三大滑雪区，还可以在冰冻的湖面上滑冰、乘雪上摩托车、狗拉雪橇及冰钓等活动。山与冰河、森林与湖泊，和谐地演奏着落基山脉悠远的交响曲。

4. 千岛湖（别名：1 000 Islands）

千岛湖是世界闻名的旅游景点，也是加拿大的三大自然奇观之一。千岛是指在安大略省的迦纳诺魁和京士顿之间，沿着圣劳伦斯河散布的一千多个大小不一的岛屿。这些岛屿如繁星般散落在圣劳伦斯河上，宛若童话中的仙境。湖中心的分界线将千岛湖一分为二，南岸是美国的纽约州，北岸则是加拿大的安大略省。在一千多个岛屿中，2/3 在加拿大境内，而美国拥有的岛屿则面积比较大，并有深水水道通往五大湖。在千岛湖上，一座连接美国和加拿大的国际大桥横跨美加两国的边境，大桥宛如一条天然彩虹，为千岛湖增加了几分娇艳。桥的中央就是两国的分界，上面有无人值守的海关。千岛湖一年四季风景秀丽，在夏季更是有名的避暑胜地。

5. 魁北克城（别名：Quebec）

魁北克城是魁北克省首府，加拿大东部重要的城市和港口。位于圣劳伦斯河与圣查尔斯河汇合处，全城分新区、老区两部分。新市区高楼林立，商业繁荣，一派现代化城市风貌；旧市区仍保有 18 世纪时法国城市的风貌，这里挂有 18 世纪牌匾的店铺商行比比皆是，店员身着古装、梳古老发型，使整个市区充满了古色古香的情调。

魁北克城名胜古迹甚多，是北美最古老的城市，同时也被联合国教科文组织评为世界级的古迹保存地，列入世界文化遗产。魁北克也是北美唯一列入世界文化遗产的城市。这里不仅语言属法语系，其日常生活、鹅卵石街道、法式建筑、石造教堂等，均散发着浓厚的中世纪欧洲风格。观光景点包括：参观议会大厦、旧魁北克城等。在这个充满魅力的古都，可悠然行走在亚伯拉罕草原上或享受午后温暖慵懒的阳光，秋季的枫林鲜红欲滴，枫叶则是最难得的纪念品。

魁北克旧区魁北克市是北美唯一以城墙围起的城市，也是法国文化在这块大陆的起源。古城墙大门、碎石街，以及古老的灰石屋宅、庄严的教堂、欢乐洋溢的广场，使这座古老的城市处处充满着往日的迷人情怀。

6. 温哥华渔人码头（别名：Steveston Village）

温哥华渔人码头位于温哥华市以南，弗雷泽河蜿蜒环绕，由于地形宛若一座小岛，因此有岛城之称。这里没有鱼腥味，没有垃圾，有的只是宁静、清新的空气，在整个大温哥华地区里，渔人码头属于亚裔移民的聚居地，日本、印度及华裔移民将其本土的生活方式和文化带至此地，形成有趣的多元文化。渔人码头古朴自然，码头附近的一间间小店，贩卖纪念品、T 恤，另外还有卖冰激凌的小铺子，以及用新鲜鳕鱼炸成的地道鱼薯条。这道传统的渔港美食很受欢迎。

7. 维多利亚内港（别名：Victoria Inner Harbour）

维多利亚内港在卑诗省，从古老的建筑到优雅闲适的下午茶，从教堂悠远的钟声到街头随意弹奏小提琴的艺人，从议会大楼前优雅驰过的马车到精致的花园，维多利亚以特有的矜持和典雅的风情，每年吸引着数百万来自世界各地的游客。而维多利亚的内港是维多利亚典雅风情的集中体现。维多利亚的许多重要景点都分布在内港四周，主要有省议会大厦、皇家卑诗博物馆、雷鸟公园、帝后饭店、皇家伦敦蜡像博物馆、太平洋海底花园与卑诗航海博物馆等。

案例回放

加拿大人的一日三餐中，早餐和午餐极为简单，早餐通常是烤面包、鸡蛋、咸肉和饮料；午餐通常是三明治、饮料和水果；晚餐是一天中最为丰盛的一餐，一般也是一家人团聚的时刻，主要食物有鸡肉、牛肉、鱼、猪排、土豆、胡萝卜、面包 、饮料等。

加拿大人讲究菜肴的营养与质量，注重食品的新鲜；偏爱用煎、烤、炸的方法制作菜肴；口味偏甜，不喜欢太咸和太辣。

实训项目

学生分组收集加拿大游客的习俗爱好等，并演示接待加拿大游客的场景。

第五章

中国港澳台地区概况

第一节　香港特别行政区

导读：香港，简称“港”，全称为中华人民共和国香港特别行政区，地处中国华南地区，珠江口以东，南海沿岸，北接广东省深圳市，西接珠江，与澳门特别行政区广东省珠海市以及中山市隔着珠江口相望，其余两面与南海邻接。香港是全球高度繁荣的国际大都会之一，全境由香港岛、九龙半岛、新界 3 大区域组成，管辖陆地总面积 1104.32 平方千米，截至 2015 年年末，总人口约 721.8 万人，人口密度居全世界第三。1997 年 7 月 1 日，中国正式恢复对香港行使主权，成为中华人民共和国特别行政区之一。香港允许保留原有经济模式、法律和社会制度，并可享受外交及国防以外所有事务的高度自治权。香港是继纽约、伦敦后的世界第三大金融中心（三大中心被称为“纽伦港”），在世界享有极高声誉。是国际和亚太地区重要的航运枢纽和最具竞争力的城市之一，连续 21 年经济自由度指数位居世界首位。香港素以优良治安、自由经济和健全的法律制度等闻名于世，素有“东方之珠”“美食天堂”和“购物天堂”等美誉，也是全球最富有、经济最发达和生活水准最高的地区之一。

知识点：了解香港特别行政区的基本概况和历史，掌握香港的民俗风情，掌握香港的主要旅游资源。

技能点：能根据所学知识向游客提供合理优质的接待服务，能根据香港的旅游资源设计合理的旅游线路。

案例导入

维多利亚港

维多利亚港（英语：Victoria Harbour）简称维港，是位于中华人民共和国香港特别行政区的香港岛和九龙半岛之间的海港。世界三大天然良港之一。由于港阔水深，为天然良港，香港亦因而有“东方之珠”及“世界三大夜景”之美誉。维多利亚港的名字，来自英国的维多利亚女王。一年四季皆可自由进出。早年已被英国人看中有成为东亚地区优良港口的潜力，后来从清政府手上强占香港，发展其远东的海上贸易事业。维多利亚港一直影响香港的历史和文化，主导香港的经济和旅游业发展，是香港成为国际化大都市的关键之一。

问题：如果你是一名导游，如何完整地介绍维多利亚港？

维多利亚港

一、自然环境

香港地理坐标为东经 114°15′，北纬 22°15′，地处华南沿岸，在中国广东省珠江口以东，由香港岛、九龙半岛、新界内陆地区以及 262 个大小岛屿（离岛）组成。香港北接广东省深圳市，南面是广东省珠海市万山群岛。香港与西边的澳门隔海相对，距离为 61 千米，北距广州 130 千米、距上海 1 200 千米。

香港三大部分的面积分别是：香港岛约 81 平方千米；九龙半岛约 47 平方千米；新界及 262 个离岛共约 976 平方千米。香港管辖总面积 2 755. 03 平方千米，其中陆地面积 1 104. 32 平方千米，水域面积 1 650. 64 平方千米。

香港地形主要为丘陵，最高点为海拔 958 米的大帽山。香港的平地较少，约有两成土地属于低地，主要集中在新界北部，分别为元朗平原和粉岭低地，都是由河流自然形成的冲积平原；其次是位于九龙半岛及香港岛北部，从原来狭窄的平地外扩张的填海土地。香港最大的岛屿是面积比香港岛大 2 倍多的大屿山。

香港属亚热带气候，全年气温较高，年平均温度为 22. 8℃。夏天炎热且潮湿，温度在

27～33℃；冬天凉爽而干燥，但很少会降至5℃以下。5—9月间多雨，有时雨势颇大。夏秋之间，时有台风吹袭，7—9月是香港的台风较多的季节，但由5—11月期间都有可能受不同强度的热带气旋吹袭。在北太平洋西部、东海及南海上，每年平均有30个热带气旋形成，其中半数达到台风强度，最高风速为每小时118千米或以上。香港平均全年雨量为2 214.3毫米，雨量最多的月份是8月，雨量最少的月份是1月。此外，香港市区高楼集中而密布、人口稠密，所形成的微气候容易产生热岛效应，导致市区和郊区有明显的气温差别，高层大厦林立的市区让空气中的“悬浮粒子”较难吹散。

香港地区处于潮湿的亚热带环境，泾流丰富，地表水系发达。但水系作用范围有限，无大河流。除作为香港与深圳界河的深圳河外，主要有城门河、梧桐河、林村河、元朗河和锦田河等，绝大多数河流长度均不超过5英里，流速及流量与季节性降雨量密切相关，年中极不稳定。旱季难以维持水流或断流，河床毕露或部分露出，湿季则极易达到满岸水位，泛滥成灾。深圳河发源于梧桐山牛尾岭，自东北向西南流入深圳湾，出伶仃洋。全长37千米，流域面积312.5平方千米，其中深圳一侧为187.5平方千米，香港一侧为125平方千米。香港境内的梧桐河是深圳河的主要支流。

香港面向南中国海，邻近大陆架，洋面广阔，岛屿众多，有渔业生产的地理环境。香港有超过150种具有商业价值的海鱼，主要是红衫、九棍、大眼鱼、黄花鱼、黄肚和鱿鱼。

截至2013年年底，已探明的矿藏有少量铁、铝、锌、钨、绿柱石、石墨等。

二、社会概况

1. 历史沿革

新石器时代，香港已经有了人类活动。秦始皇统一中国后，派军平定百越，置南海郡，把香港一带纳入其领土，属番禺县管辖。由此开始，香港便置于中央政权的管辖之下。宋元时期，内地人口大量迁至香港，促使香港的经济、文化得到很大的发展。明朝万历年间从东莞县划出部分地方成立新安县，为后来的香港地区。

清朝于1662年派兵到新界，并命令乡民留辫。清道光二十二年即1842年，中英鸦片战争，清廷战败，清政府与英国签订不平等的《南京条约》，割让香港岛给英国。

1860年10月24日，中英签订不平等的《北京条约》，割让九龙半岛界限街以南地区给英国。1898年6月9日，英国强迫清政府签订《展拓香港界址条例》，租借九龙半岛界限街以北地区及附近262个岛屿，租期99年（至1997年6月30日结束）。

1997年7月1日，中国对香港恢复行使主权，香港成为中华人民共和国的一个特别行政区。根据《中华人民共和国香港特别行政区基本法》，香港保留原有的经济模式、法律和社会制度，五十年不变，实行“一国两制”，除防务和外交事务归中央政府管制外，香港特别行政区享有高度自治。

2. 地区象征与行政制度

一国两制是中华人民共和国中央人民政府在香港的基本方针。香港拥有自己的区旗和区徽，同时也拥有与中国内地有别的社会形态和经济模式，香港发行自己的货币和邮票，在国际体育比赛上，香港以“中国香港”的名义参赛。

香港特别行政区区旗、区徽

香港实施行政主导的管治模式，并制定由行政长官和行政会议领导的管治体制和代议政制架构。

香港特别行政区的首长是行政长官，由具有广泛代表性的选举委员会根据《基本法》选举、并经中央人民政府委任产生。行政长官负责执行《基本法》、签署法案和财政预算案、颁布法例、决定政府政策以及发布行政命令，并由行政会议协助制定政策。

3. 经济结构

香港经济以服务业为主，与服务贸易有关的主要行业包括旅游业、与贸易相关的服务、运输服务、金融和银行服务及专业服务。截至 2005 年，香港有 85.3% 的人从事服务行业，其中从事批发、零售、进口与出口贸易、饮食及酒店业的占 34.4%；运输、仓库及通信业 10.5%；金融、保险、地产及商用服务业占 15%；社区、社会及个人服务业占 26%；从事制造业的只占 5.3%。农业方面，香港主要出产少量的蔬菜、花卉、水果和水稻，饲养猪、牛、家禽及淡水鱼，日常需要的农副产品近半数需中国内地供应。

香港是一个奉行自由市场的资本主义经济体系，其经济的重点在于政府施行的自由放任政策。美国传统基金会 1995 年起以及加拿大费沙尔学会 1996 年起发表的自由经济体系报告，一直将香港评定为全球第一位。

2010 年 3 月发表的全球金融中心指数第七次评分，香港位居第三名，仅次于伦敦与纽约。2011 年，在世界经济论坛的《金融稳定指数发展报告》中，香港排名亦是首位。并且连续 18 年获得评级为全球最自由经济体系，经济自由度指数排名第一。

4. 人口

香港人口密度每年上升，根据 2011 年官方数据指出，香港的人口密度全世界第三。截至 2015 年年末，香港总人口约 721.8 万人。大部分香港人都住在高楼大厦，近十年兴建的住宅楼宇多在 30 至 40 层，部分更达 70 层，商业大厦可达约 100 层。而且，一个四人家庭普遍只能居住或拥有面积在 400 至 1 000 平方英尺（37.2 至 74.3 平方米，12.3 至 30.7 坪）的空间。正因如此，香港在高人口密度的同时，仍然保留大量未开发的郊野土地。

香港自 20 世纪 50 年代起推广家庭计划，倡导每个家庭供养两名孩子，目的是想减少当时颇高的生育率。可是，于 2006 年，香港的出生率在全世界 226 个国家及地区中是最低的——每 1 000 人中只有 9.6 个新生婴儿。另外，香港是享有人均寿命最高的地区，男性的预期寿命为80.5岁，女性则为86.7岁。随着平均预期寿命的增长，人口将会越趋老化，2011年，65岁及以上人口占总人口的13%，估计于2033年将会增长至27%。

香港人口以华人为主，占香港人口接近95%，大部分原籍广东的珠江三角洲，主要说粤语和英语，普通话也甚流行。当中有一部分人士以暂居心态迁移到香港，即使于香港成立地区性联谊会或商会仍然以“旅港”两字作为标志，香港共有逾55万人持外国护照。华人以外的种族，以印尼人及菲律宾人人数最多，其次为欧洲人及印度人。在香港定居的菲籍人士与来自印尼及泰国的人一样，大部分是家庭佣工，也有从第二次世界大战后定居香港的菲籍歌手和乐师，在酒廊或休闲场所演奏。此外，也有不少于英治时期由印度、巴基斯坦及尼泊尔被英国征召及招聘到香港出任警员及军人、银行护卫、建筑工人或在公立学校和津贴学校教授英语的南亚人。在香港定居的英国人大都是在英治时期来香港工作和定居的大企业和政府部门高层、专业人士和在公立和津贴学校的英语教师。在香港定居的日本人大都是来香港工作和定居的日资大企业中高层。

香港自2000年开始出现女多男少现象，当时的男女口比例是每1 000名女性比967名男性，有关差距于过去数年一直扩大。2011年女性较男性多出46万人，每1 000名女性只有876名男性。

三、节庆与习俗

1. 节庆

香港节日如春节、清明、端午、中秋、重阳，其风俗与内地基本一样。为了方便市民过节、回乡，政府还颁布了法定假期。此外，如烧衣（盂兰节，农历七月十四）、七夕（乞巧节）、观音诞、师傅诞、天后诞等，都要举行传统的敬神活动，十分热闹，被列为旅游盛大节目。香港的公众假日融合了东西文化的特色，全年共17天，分别是：元旦日、农历新年（三天）、清明节、复活节（三天）、五月一日劳动节、农历四月初八佛诞、农历五月初五端午节、七月一日特区成立纪念日、中秋节翌日、十月一日国庆节、重阳节、圣诞节（两天）。香港长期以来把具有中华文化特色的传统节日列为假日，也深深影响了内地，中国内地于2009年起把部分的中国特色节日列为国家统一的法定假日。

香港新春节庆：每年1—2月春节，有浓浓的年味，更有独特的港味。环球花车巡游、维港烟花，为传统节庆添上一笔国际时尚色彩。许愿节、赛马盛事，则带来地道的祝愿开运方式。这些别具香港特色的贺岁活动，加上年宵花市、景点特备节目、贺年美食，令大街小巷都充满喜气。农历年初一至四为公众假期，大部分政府部门、银行及公共服务会暂停；公共交通则如常运作。大部分旅游景点和主题公园照常开放，主要旅游区的商店及餐厅一般也会照常营业。露天市场及小商店等则会在年初一、二休息，初三开始恢复营业。

天后诞：每年农历三月廿三，香港各区70多座天后庙都有庆祝活动，其中元朗大型花炮会景巡游，有隆重的抽花炮仪式。西贡的天后古庙则有渔船巡游，场面壮观。相传天后姓林名默，自幼已有预测天气的异能，在海难中救人无数，过去香港沿海乡民和渔民多建庙奉祀她，祈求风调雨顺，渔获丰收。在香港这个繁华大都会，渔民的人数渐少，但是海上守护神——天后，仍然广受拥戴。

香港天后诞盛况

香港国际电影节：每年3—4月，香港国际电影节均选映来自世界各地的杰出电影，由国际得奖名片至大胆前卫的独立制作均悉数网罗，风格百花齐放，令电影迷大饱眼福。

长洲太平清醮：每年农历四月初五至初九的长洲太平清醮是香港独有的民间节庆，欢腾又富道地色彩。在节庆期间，岛上居民全情参与，舞龙舞狮锣鼓喧天，热闹的程度更胜农历新年！其中北帝庙一带的“抢包山”比赛和主要街道上的飘色会景巡游更是必看亮点。由于独一无二的包山，长洲太平清醮又称为“包山节”。至于什么是“醮”呢？“醮”就是祭祀活动。相传清朝中叶长洲瘟疫为患，居民向北帝神祈福，请高僧设坛拜祭，并奉北帝神像游行，疫症才消除。如今，长洲太平清醮不只是国家级非物质文化遗产，更因其独特的色彩，而获美国《时代周刊》杂志网站选为“全球十大古怪节日”之一。

香港长洲太平清醮

佛诞：每年农历四月初八的佛诞是佛教最盛大的节日，全港各佛堂寺庙都有礼佛庆典和浴佛法会，纪念佛祖释迦牟尼的诞生，其中宝莲禅寺的大屿山宝莲禅寺浴佛节最隆重，现场还有传统中国武术表演。

谭公诞：每年农历四月初八谭公诞，香港多座谭公庙都有贺诞活动，其中筲箕湾谭公庙的庆典，规模最大也最有看头。在这座全港最古老的谭公庙，可以看到传统舞龙、醒狮及巡游表演，热闹非常。谭公与天后一样，都是海上的守护神。相传谭公是元朝惠东归善人（今广东惠州），12 岁得道，便有呼风唤雨、预测天气及替人治病的能力，所以被渔民奉为神明。走进谭公庙，会发现谭公的塑像竟是小孩模样。相传那是因为他年少得道，练成长生不老之术，即使年届 80 仍能保持孩童的容貌。

香港龙舟嘉年华：每年 6 月，万人齐集尖沙咀东部维多利亚港一带，一边看激烈的龙舟赛，一边在岸上的啤酒节中享受冰冻啤酒，跟着音乐节奏摇摆。端午时节，在赤柱也会举办龙舟比赛。

中秋彩灯会：每年中秋，香港多个地方都会举办彩灯会，其中维多利亚公园最为热闹。

万圣狂欢月：每年 10 月，迪士尼乐园、海洋公园都会有万圣节主题活动。各大商场、餐厅、酒吧也会换上主题布置、送上特色美食，诡异气氛十足。

缤纷冬日节：每年 11 月—次年 1 月，维港两岸的灯海、大街小巷的灯饰，闪烁亮眼。中环的巨型装置艺术、新年派对的烟火，斑斓瑰丽。景点和商场的布置，包括挂满饰品的绿色圣诞树、红彤彤的圣诞老人、五颜六色的彩带彩球。这些缤纷的佳节色彩，点染出过节的浪漫温馨气氛。再加上大减价、节日美食与优惠，全城更显得热闹非凡。

2. 习俗与禁忌

在香港过农历年，在习俗上和过年气氛上和传统的截然不同。

近年来，已经很少香港人在农历新年时按传统在家里贴春联、年画的了，取而代之的则在一些商店或家中贴上“生意兴隆”“出入平安”等的挥春。虽然如此，但贴挥春的原意和贴春联和年画一样，取其吉利之意，希望来年事事顺利，平平安安。

此外，舞狮、舞龙灯等也会在一些新界乡村、围村中出现，在新年的市区街头上很难看到大型的舞狮、舞龙灯的表演了。至于放炮仗、鞭炮等在香港是一律禁止的，不过自 1982 年开始每年农历年初二的晚上，在维多利亚港上都会举行盛大的烟花表演，这已成为这十多年来迎春的一个节目了。

香港被称为“美食天堂”，春节有关吃的习俗也不少，而大部分家庭也会在春节期间吃“团年饭”，一般是在家里设宴，于除夕全家上上下下、里里外外聚在一起，享受晚饭。而饭后的一大节目，首选应该是逛花市了。农历新年期间，港九多处都设有年宵市场，其中以维多利亚公园的花市最大、最热闹。香港市民习惯于晚饭后一家大小逛花市，除夕夜时更是人山人海、摩肩接踵，大家一起欢度佳节。

在香港过农历新年，最开心的莫过于收“利市”的小孩子了，在春节拜年时，到处可以听到讨“利市”的欢笑声。“利市”原为“利事”，取大吉大利的好口彩，同时也成为春节时不可缺少的习俗。

香港人十分注重环境卫生，对于破坏社会公德的处罚相当严厉，所以在香港不要在公共场所乱丢垃圾，随便吐痰等。香港人一般不喜欢肢体触碰，在排队、坐车、走路时也尽量避免推挤和身体接触。香港人忌讳称丈夫或妻子为“爱人”，忌讳别人打听个人隐私。

3. 饮食文化

香港汇聚了世界各地的美食，香港旺角、铜锣湾、尖沙咀东部和九龙城等地的有些街道尽是食肆。充满亚洲风味的餐馆遍布香港，辛辣的泰国汤、香浓的印度咖喱、韩国烧烤、越南沙律卷、日本寿司等特色美食。香港的中国菜餐馆，提供中国各地的特色佳肴，广东菜餐馆尤其多，其他地道菜包括潮州菜、湖南菜、四川菜、北京菜、上海菜等，讲究素淡的素菜，还有以传统的广式点心作早餐的饮茶。

香港传统本地菜以广州菜为主，盆菜则是新界原居民在节日时的传统菜。由于香港临近海洋，因此海鲜也是常见的菜色，也发展出如避风塘炒蟹的避风塘菜色。

香港盆菜

香港饮食也深受外来饮食文化影响。中环苏豪区、湾仔及尖沙咀酒吧林立，慕尼黑啤酒节由 1991 年起每年于尖沙咀广东道举行。快餐方面，美式快餐主要由麦当劳及肯德基经营，而香港也发展出自己的港式快餐，当中以大家乐、大快活及美心快餐为代表。

流行于民间的传统食品一直扎根香港，如年糕、粽子、鱼蛋、蛋挞、小桃酥、杏仁饼、盲公饼、鸡仔饼、小椰堆、花生饼、芝麻饼、相思酥、棋子饼、炒米饼、格子饼、花生糖、袋仔面、鸡蛋仔、花生豆、南乳香酥角等。

四、旅游资源与主要旅游地

香港旅游景点众多，截至 2014 年 5 月，来港旅客人数逾 2 403 万，较之 2013 年，同比增长 13.6%。其中，5 月来港旅客人数约为 459 万人次，同比增长 10.8%。2014 年前 5 个月内地依然是香港最大旅游客源地，旅客人次达 1 843 万人次，同比增长 17.6%，占来港旅客总人数的 76.7%。中国台湾、韩国分列二、三位。

截至 2014 年 5 月，内地来港旅客为 345 万人次，较之 2013 年，同比增长 13.1%；中国台湾来港旅客为 16 万人次，同比增长 11.8%；美国来港旅客为 9.6 万人次，同比增长 6.8%。

2014年上半年，香港旅游业印花收入为1 161万港元，较之2013年，同比增长0.8%；6月，印花收入为234万港元，同比增长7.9%。

1. 宗教文化景点

香港岛上的文武庙、铜锣湾天后庙、圣约翰大教堂；九龙的黄大仙祠墓、侯王庙、慈云山观音庙、九龙清真寺；沙田的万佛寺、车公庙、蓬瀛仙馆、半园春、道风山基督教堂；荃湾的竹林禅院、东普陀、荃湾天后庙；龙门的青山寺、青松观、妙法寺；元朗的灵渡寺、云浮仙观；西贡的佛堂天后庙、蚝涌车公庙以及大屿山宝莲寺、长洲北帝庙、坪州天后庙等。

2. 民俗文化景点

九龙的九龙城寨、宋城、宋王台、李郑屋古墓；屯门的宋帝岩、红楼、沙田的曾大屋、五国六村；荃湾的三栋屋、海坎村屋；元朗新田大夫第、锦田吉庆围、水头村古迹、聚星楼、厦村邓氏宗祠；西贡上窑民俗博物馆等；港岛炮台及大屿山东涌炮台、东龙岛佛堂等旧炮台。

香港中银大厦

3. 地标建筑

香港中银大厦位于花园道一号，地处中区经济和金融核心地带，是香港标志性建筑。1985年4月开始动工，建筑期达52个月；1989年8月启用；1990年5月大厦正式开幕。大厦楼高70层，另地库停车场4层；楼高315米，加顶上两杆的高度（约50多米）共有367. 4米。中银大厦于1989年建成时是香港最高的建筑物，也是世界第五高建筑物，现在仍是香港最高的建筑物之一。

中银大厦是世界著名美籍华裔建筑师贝聿铭先生的匠心杰作。其设计灵感源自竹子的“节节高升”，象征着力量、生机、茁壮和锐意进取的精神，也寓意中国银行（香港）未来继续蓬勃发展。其建筑特点是将中国的传统建筑意念和现代的先进建筑科技结合起来，大厦由四个不同高度结晶体般的三角柱身组成，呈多面棱形，好比璀璨生辉的水晶体，在阳光照射下呈现出不同色彩。这座由玻璃幕墙与铝合金构成的立体几何图形建筑物，巍然矗立在港岛中区，雄视维多利亚港。

国际金融中心（简称国金；英文：International Finance Centre，IFC）是香港作为世界级金融中心的著名地标，位于香港岛中环金融街8号，面向维多利亚港，由著名美籍建筑师César Pelli及香港建筑师严迅奇合作设计而成，总楼面面积达43.6万平方米。现为恒基兆业集团和香港金融管理局的总部所在地。

青马大桥自1997年5月开放通车以来，成为连接大屿山香港国际机场及市区的干线公路，不单是香港一个主要的建筑标志，更是全球最长的行车及铁路吊桥。它全长2.2千米，壮观恢宏的气势完全超越了美国的金门大桥。

香港国际金融中心

香港青马大桥

案例回放

维多利亚港历史悠久，在制作导游词时注意要多从历史的角度介绍它。

“维多利亚港”系英国人纪念英女皇维多利亚（Victoria）而起，坐落在香港首府维多利亚城的北面。未起名维多利亚港之前，英文就叫 Harbour of Hongkong 或者 Hongkong Harbour，即“香港之港”的意思。初期维多利亚港西界没有这么远，只包括香港岛北角，九龙红磡到昂船洲的水域。

维多利亚港是位于香港的香港岛和九龙半岛之间的港口和海域。维多利亚港水面宽阔，景色迷人，海港的西北部有世界最大的集装箱运输中心之一的“葵涌货柜码头”。每天日出日落，繁忙的渡海小轮穿梭于南北两岸之间，渔船、邮轮、观光船、万吨巨轮和它们鸣放的汽笛声，交织出一幅美妙的海上繁华景致。

维多利亚港的海岸线很长，南北两岸的景点多不胜数。香港岛一岸既有充满现代感的高楼大厦和已成地标的香港会展新翼，也曾有怀旧的天星小轮码头（已拆除）；九龙则有香港艺术馆和香港太空馆。维多利亚港日间蓝天白云碧水，小船和万吨巨轮进出海港，互不干扰，到了夜晚便更加灯火璀璨，缔造了"东方之珠"的壮丽夜景。香港有多种海上观光船，其中天星小轮最受欢迎。天星小轮主要往来中环、湾仔及尖沙咀等市区旅游点，曾被美国《国家地理杂志》列为"人生50个必到的景点"之一。

一百多年来，维多利亚港的角色远远超越了一个普通的港口。维多利亚港一带，在位置及地貌上来说都是香港的中心，它是香港重要的天然资源，也是香港市民生活的一部分，每天数百万人次跨越南北两岸；经济上，它拥有世界上最繁忙的集装箱港口，见证着香港的商贸、经济和旅游业的变迁；文化上，维多利亚港以及维多利亚港两岸的建设、发展、花絮、新闻、是是非非和喜庆盛事影响着香港的历史和文化内涵，为香港这个国际大都市不断增添华彩和魅力。

实训项目

香港人讲究饮食文化，请同学们划分小组介绍香港的饮食文化。

第二节　澳门特别行政区

导读：澳门（Macau），全称为中华人民共和国澳门特别行政区。北邻广东省珠海市，西与珠海市的湾仔和横琴对望，东与香港隔海相望，相距60公里，南临中国南海。1553年，葡萄牙人取得澳门居住权，1887年12月1日，葡萄牙与清朝政府签订《中葡会议草约》和《中葡和好通商条约》，正式通过外交文书的手续占领澳门并将此辟为殖民地。1999年12月20日中国政府恢复对澳门行使主权。经过400多年欧洲文明的洗礼，东西方文化的融合共存使澳门成为一个风貌独特的城市，留下了大量的历史文化遗迹。澳门历史城区于2005年7月15日正式成为联合国世界文化遗产。澳门回归中国之后，经济飞速增长，比往日更繁荣，是一国两制的成功典范。澳门是一个国际自由港，是世界人口密度最高的地区之一，也是世界四大赌城之一。其著名的轻工业、旅游业、饭店业和娱乐场使澳门长盛不衰，成为全球最发达、富裕的地区之一。

知识点：了解澳门的基本概况和历史，掌握澳门的民俗风情，掌握澳门的主要旅游资源。

技能点：能根据所学知识向游客提供合理优质的接待服务，能根据澳门的旅游资源设计合理的旅游线路。

案例导入

大三巴牌坊

大三巴牌坊其正式名称为圣保禄大教堂遗址（葡萄牙语：Ruínas da Antiga Catedral de São Paulo），一般称为大三巴或牌坊。大三巴牌坊是澳门的标志性建筑物之一，同时也是澳门最具代表性的"澳门八景"之一。它位于炮台山下，左临澳门博物馆和大炮台名胜。建筑糅合了欧洲文艺复兴时期与东方建筑的风格而成，体现出东西艺术的交融，雕刻精细，巍峨壮观。牌坊由三至五层构成三角金字塔形，无论是牌坊顶端高耸的十字架，还是铜鸽下面的圣婴雕像和被天使、鲜花环绕的圣母塑像，都充满着浓郁的宗教气氛，给人以美的享受。牌坊上各种雕像栩栩如生，堪称“立体的圣经”。澳门大三巴牌坊为圣保禄大教堂遗址，“三巴”即“圣保禄”的粤语音译。该教堂始建于1637年，先后经历3次大火，屡焚屡建，直至1835年10月26日，最后一场大火将其烧得只剩下教堂正面前壁，此墙因类似中国传统牌坊而得名“大三巴牌坊”。

问题：作为一名导游，应该如何完整地介绍大三巴牌坊呢？

澳门塔

一、自然环境

澳门特别行政区（北纬22°11′，东经113°33′）位于中国大陆东南沿海，地处珠江三角洲的西岸，隔海东望即是香港，北方的澳门半岛连接广东珠海，而南方则是氹（dàng）仔、路环和路氹城所组成的大岛，属海岛市，暂未有正式的名称。该岛原为氹仔岛和路环岛，但在路氹连贯公路工程展开之后，因为填海和西江水流带来大量泥沙的关系，两岛之间的海床变得越来越浅，公路旁的土地也越来越多。当局有鉴于此，便有规划地进行填海工程，而所得出来的土地就是路氹城。

澳门的总面积因为沿岸填海造地而一直扩大，已由19世纪的10.28平方千米逐步扩展至今日的32.8平方千米（包含2009年11月29日国务院批准澳门填海造地360公顷合3.6平方千米的澳门新城区），面积约是华盛顿特区的1/6，新加坡的1/22、香港的1/34。澳门包括澳门半岛、氹仔和路环两个离岛。半岛北面与中国大陆相连，南面分别由嘉乐庇大桥、友谊大桥和西湾大桥与氹仔连接；至于氹仔与路环，则由全长2.2千米、6线行车的连贯公路相接。

由于未明确划定“海域管理界线”，水域面积占全区面积的0%，海岸线总长44千米。

全区最低点为南海海平面，海拔0米。最高点为塔石塘山（Koloane Alto），海拔

172.4 米。

澳门属亚热带季风气候，同时也带有热带气候的特性，年平均气温约 22.3℃，全年温差变化在 11 ~ 14℃。2007 年全年平均气温为 23.2℃。春、夏季潮湿多雨，秋、冬季的相对湿度较低且雨量较少。台风季节为 5—10 月，以 7—9 月最为频密。

二、社会概况

1. 历史沿革

澳门由秦朝起成为中国领土，约公元前 3 世纪（即秦始皇一统中国之时），澳门被正式纳入中国版图，属南海郡番禺县地。420 年（晋朝元熙二年），澳门属新会郡封乐县地。590 年（隋朝开皇十年），废新会郡改属宝安县地，757 年（唐朝至德二年），废宝安县，改为东莞县辖。自南宋开始，澳门属广东省香山县。从明朝 1557 年开始被葡萄牙人租借。直至 1887 年葡萄牙政府与清朝政府签订了有效期为 40 年的《中葡和好通商条约》（至 1928 年期满失效）后，澳门成为葡萄牙殖民地，也是欧洲国家在东亚的第一块领地。1974 年 4 月 25 日，葡萄牙革命成功，新政府实行非殖民地化政策，承认澳门是被葡萄牙非法侵略的，是当前葡萄牙管治下的一块中国领土，澳门的主权属于中国。

1986 年，中葡两国政府于开始为澳门问题展开共四轮谈判。1987 年 4 月 13 日，两国总理在北京签订《关于澳门问题的联合声明》及两个附件。联合声明说，澳门地区（包括澳门半岛、氹仔和路环）是中国的领土，中华人民共和国将于 1999 年 12 月 20 日对澳门恢复行使主权。中国承诺澳门实行一国两制，保障澳门人可享有“高度自治、澳人治澳”的权利。

1999 年 12 月 20 日零时，在中葡两国元首见证下，第 127 任澳门总督韦奇立和第 1 任澳门特别行政区行政长官何厚铧于澳门新口岸交接仪式会场场内交接澳门政权。翌日（12 月 21 日）早上，澳门群众欢迎中国人民解放军驻澳部队进驻澳门。至此，中华人民共和国正式恢复对澳门行使主权。

2. 行政制度

澳门特别行政区政府是澳门的行政机关。政府的首长是行政长官。澳门特别行政区政府设司、局、厅、处。澳门特别行政区行政长官是澳门特别行政区的首长，向中央人民政府和澳门特别行政区负责。首任行政长官是何厚铧（Edmund Ho Hau－Wah，1999 年 12 月 20 日起连任两届）。2009 年 12 月 20 日起崔世安任澳门特别行政区行政长官。

澳门特别行政区区旗、区徽

澳门特别行政区政府的主要官员通常由在澳门居住连续满15年的澳门特别行政区永久性居民中的中国公民担任。澳门特别行政区政府负责制定并执行政策；管理各项行政事务；办理基本法规定的中央人民政府授权的对外事务；编制并提出财政预算、决算；提出法案、议案，草拟行政法规；委派官员列席立法会会议听取意见或代表政府发言。澳门特别行政区政府必须遵守法律，对澳门特别行政区立法会负责；执行立法会通过并已生效的法律；定期向立法会做施政报告；答复立法会议员的质询。

3. 经济结构

澳门是中国人均GDP最高的城市。主要以第二产业和第三产业为主。

特区政府继续加强与新加坡、日本、香港、台湾等国家和地区经贸交流与合作。同时，有效发挥澳门与欧盟、拉丁语系国家，尤其是与葡语国家传统联系的优势，更好地担当内地与这些国家和地区经济合作的桥梁。

2003年10月，中央政府与澳门特区签订了《内地与澳门关于建立更紧密经贸关系的安排》，同时首届“中国－葡语国家经贸合作论坛”及“国际华商经贸会议”也先后在澳门举行，凸显了澳门连接珠江三角洲、葡语国家和世界华商之间的平台作用。在“中国－葡语国家经贸合作论坛”上，参与各方签署了“经贸合作行动纲领”，确立了彼此间的合作。

第二产业

澳门制造业是以纺织制衣业为主，且以劳动密集和外向型为模式发展，大部分产品销往美国及欧洲。

制造业在澳门历史悠久，早期以爆竹及神香为主，仍然是澳门制造业主力的纺织制衣业始于20世纪60年代，70年代至80年代进入黄金时期，除纺织制衣业之外，玩具、电子和人造丝花等工业也蓬勃发展。踏入20世纪90年代，澳门受到欧美两大出口市场经济疲弱、本地工资上涨的影响，加上新兴工业国家在产品价格上的竞争，制造业发展的步伐明显放缓。

第三产业

澳门作为国内唯一合法赌博之地，已成为博彩收入7倍于拉斯维加斯的赌博圣地。这座面积28平方千米、人口60万的小城，由于博彩收入大幅飙升，人均财富已于2002年超过瑞士，跃居全球第四。

三、节庆与习俗

1. 节庆

2001年1月1日（2000年9月29日发布）生效的《澳门政府第60/2000号行政命令》规定每年的公众假期为元旦、劳动节、国庆节（国庆日、国庆翌日）、追思节、圣母无原罪瞻礼、澳门特别行政区成立纪念日、圣诞节（圣诞节前日、圣诞节）；春节（正月初一至初三）、清明节、复活节（耶稣受难日和耶稣复活前日）、佛诞、端午节、重阳节、冬至节和中秋节（即中秋节翌日）共15个节日累计20日为公众假期。

娘妈诞：娘妈又称天后、妈祖。据说“澳门”这个名字源于这位女神。有一次渔民在中国南海捕鱼，突然刮起狂风雷暴，最后，由娘妈幻化成少女并平息了风暴，使人们脱离危险，平安抵达海镜港。渔民们就在他们上岸的地方兴建了一座庙宇——妈祖阁来供奉娘妈。娘妈最受澳门居民尊敬，天后庙殿多处可见，居民家中，尤其是渔民和水上居民的每条船上，都要供奉天后。每到诞期，前去天后庙参拜的人络绎不绝，庙宇会上还会上演神功戏。

圣母花地玛出游：为纪念葡萄牙人最崇拜的花地玛圣母而举行的典礼。据说，圣母曾在1917年于葡萄牙的花地玛显灵数次。圣母像由一身素白的妇女们抬着走在队伍的前列，而队伍中三名儿童的衣着打扮就像当年在花地玛看见圣母显灵的孩子一样。上百名的信徒沿途唱圣诗、念祷文跟随。巡游每年从圣母玫瑰堂出发到主教山上的圣母小教堂，并会举行露天弥撒。

澳门娘妈诞盛况

澳门国际烟花比赛汇演：每年九月中旬至十月初，澳门都会举办精彩的国际烟花比赛汇演。这是国际烟花的顶级赛事之一，每年吸引了来自中国、菲律宾、泰国、中国台湾、日本、韩国、澳洲、英国等国家和地区的高水准烟火公司参加。参赛队伍以烟花配上音乐演出，增强效果和气氛。观众可在不同的晚上欣赏到各地队伍燃放的璀璨烟花，五彩缤纷、气象万千。

澳门国际烟花比赛汇演盛况

澳门格兰披治大赛车：澳门格兰披治大赛车是澳门所举行的格兰披治赛车体坛赛事，首届赛事于 1954 年 10 月 30—31 日举行。赛事在以多弯、狭窄等因素著名的东望洋跑道上进行，跑道全长 6.2 千米。届时赛车场面精彩热烈，是澳门最热闹的车坛盛事。

澳门美食节：澳门美食节是一年一度的美食盛宴，每届美食节有不同主题，展现了澳门多元的饮食文化。美食节期间不仅有来自全球各地的精选美食可以品尝，还有精彩的节目表演和游戏互动环节，时间上配合了格兰披治赛事时间，让澳门彻底成为娱乐与美食的狂欢之城。

澳门美食节盛宴

2. 习俗与禁忌

“谢灶”是澳门保存下来最传统的中国年俗之一。腊月二十三日送灶神，澳门人谓之“谢灶”。澳门人给灶神按中国传统也用灶糖，说是用糖糊住灶神之嘴，免得灶神到玉帝面前说坏话。

澳门人过年是从腊月二十八开始的，腊月二十八日在粤语中谐言“易发”，商家老板大都在这岁晚之时请员工吃“团年饭”以示财运亨通，吉祥如意。澳门的年味，从腊月二十八这天便能真切地感受到。

除夕之夜，守岁和逛花市是澳门人辞旧迎新的两件大事。守岁是打麻将、看电视、叙旧聊天，共享天伦之乐；大概受西方圣诞节和情人节的影响，年宵澳门人还争相购买一些吉祥的花木迎接新春，现今已成了一个澳门年俗。澳门在年宵兴办花市，多是桃花、水仙、盆竹、盆橘，花开富贵，竹报平安，鲜花瑞木昭示着新年的美好前程。澳门的花市办三天，这三天给奔波一年的澳门人无穷的慰藉。

春节这天，澳门人讲究“利市”，“利市”就是红包，这天老板见到员工，长辈见到晚辈，甚至已婚人见到未婚人都得“利市”。“利市”纯粹是以示吉利。澳门人把大年初二叫作“开年”。习俗是要吃“开年”饭，这餐饭必备发菜、生菜、鲤鱼，意在取其生财利路。从“开年”这天起，三天内澳门政府允许公务员“博彩”（赌博）。“开年”过后，澳门又完全回到中国传统春节习俗中，直至元宵佳节，也是烟节爆竹，玩龙舞狮，欢天喜地。

澳门人都忌讳被骂好赌，所以在澳门不要说关于输的忌讳词。此外，澳门人祝贺生日的习惯也不同于内地。在内地，友人生日临近，你方便时，送他生日礼物并祝他生日快乐，他一定会为你的关心和热情而感激不尽。但在澳门则不然，按照澳门的习俗，生日不得提前祝贺。对于澳门人，年龄、职业、婚姻状况、宗教信仰、政治面目甚至个人收入都是稳私，不得随便打听。

3. 饮食文化

澳门烹饪吸收了广东地区的烹饪法和食材，流行葡国菜、广东菜，也会吃其他国家的餐饮。

葡式蛋挞几乎已经是澳门美食的代表名词之一。

马介休来自葡语 Bacalhau，是鳕鱼（codfish）经盐腌制但并不风干保存而成，是不少澳葡式美食的主要材料。

水蟹粥已经成为澳门当地最受欢迎的美食之一。

四、旅游资源与主要旅游地

1. 旅游资源

澳门历史城区是一片以澳门旧城区为核心的历史街区，其间以相邻的广场和街道连接而成，包括妈阁庙前地、亚婆井前地、岗顶前地、议事亭前地、大堂前地、板樟堂前地、耶稣会纪念广场、白鸽巢前地等多个广场空间，以及妈阁庙、港务局大楼、郑家大屋、圣老楞佐教堂、圣若瑟修院及圣堂、岗顶剧院、何东图书馆、圣奥斯定教堂、民政总署大楼、三街会馆（关帝庙）、仁慈堂大楼、大堂（主教座堂）、卢家大屋、玫瑰堂、大三巴牌坊、哪吒庙、旧城墙遗址、大炮台、圣安东尼教堂、东方基金会会址、基督教坟场、东望洋炮台（含东望洋灯塔及圣母雪地殿圣堂）等 20 多处历史建筑。澳门历史城区于 2005 年根据文化遗产遴选标准 C（ii）（iii）（iv）（vi）被列入《世界文化遗产名录》。

2. 旅游胜地

历史景观（澳门历史城区）：大三巴牌坊、妈阁庙、谭公庙、澳督府、龙头环。

澳门妈阁庙

现代建筑：澳门旅游塔、金莲花广场、融和门、渔人码头、氹仔大桥。

娱乐场所：葡京赌场、和记娱乐城、澳门半岛京大赌场、澳门赛马会。

人文场所：孙中山市政纪念公园、纪念碑花园、邮政局博物馆、天主教艺术博物馆、澳门酒类博物馆、氹仔住宅博物馆、龙环葡韵住宅式博物馆。

教堂：九澳七苦圣母小堂、望厦圣方济各小堂、望德圣母堂、圣若瑟修院、圣奥斯定堂、圣弥额尔小堂、圣母雪地殿教堂、路环圣方济各圣堂、圣雅各伯小堂。

生态公园：离岛、松山、南湾人工湖、螺丝山公园、石排湾公园、白鸽巢公园、二龙喉公园、得胜花园、何贤公园、澳门郊野公园、松山市政公园、澳门何贤公园、宋玉生公园、十字花园、烧灰炉儿童公园、望厦山公园、石排湾郊野公园、黑沙公园、氹仔市政花园、黑沙海滩。

澳门九澳七苦圣母小堂

澳门离岛

案例回放

介绍大三巴牌坊时，应重点介绍它的设计结构，由下至上逐层向游客介绍它的特点。

大三巴牌坊是澳门标志之一，也是澳门八景之一的“三巴圣迹”。大三巴牌坊前临68级石阶，牌坊与门前延伸而下的石阶构成了闻名澳门的胜迹。大三巴牌坊共分5层，从上到下都镶嵌着、雕刻着形态迥异、笼罩着浓厚基督教色彩的艺术群像。底层是教堂的3面大门，正门和两个旁门顶上分别用拉丁文刻着“天主圣母”和“耶稣”的字样；第二层壁龛中雕刻有耶稣会圣人像；第三层正中有一童贞圣母雕像，数名天使和两种花朵环绕两旁，其中牡丹花象征中国，菊花象征日本，左方石柱上刻有代表生命之树及圣母征服魔鬼并刺穿其骷髅的图像，以象征战胜死亡；第四层有一耶稣圣婴雕像，其旁刻有用以钉死耶稣的工具；

第五层刻有一个代表圣神的鸽形铜像，旁边围有代表太阳、月亮、星辰的石刻；牌坊最顶端有一个十字架。整座牌坊的雕刻和镶嵌非常精细，融合了东西方建筑艺术的精华，是一个中西文化交融的艺术品。

实训项目

根据不同年龄段的中国游客，设计出适合的澳门旅游线路。

第三节 台湾地区

导读：台湾（Taiwan）位于中国大陆东南沿海的大陆架上，东临太平洋，东北邻琉球群岛，南界巴士海峡与菲律宾群岛相对，西隔台湾海峡与福建省相望，面积约3.6万平方千米，包括台湾岛及兰屿、绿岛、钓鱼岛等21个附属岛屿和澎湖列岛64个岛屿。台湾是中国第一大岛，岛内7成为山地与丘陵，平原主要集中于西部沿海，地形海拔变化大。台湾是中国不可分割的一部分。高山族在17世纪汉族移入前即已在此定居；自明末清初始有较多的福建南部和广东东部人民移垦，最终形成以汉族为主体的社会。南宋澎湖属福建路；元、明在澎湖设巡检司；明末被荷兰和西班牙侵占；1662年郑成功收复；清代1684年置台湾府，属福建省，1885年建省；1895年清政府以《马关条约》割让与日本；1945年抗战胜利后光复，1949年国民党政府在内战失利中退守台湾，海峡两岸分治至今。台湾文化以中华文化为主体，是中华文化的重要组成部分，高山族的南岛文化亦有影响，近现代又融合日本和欧美文化，呈现多元风貌。

知识点：了解台湾地区的基本概况和历史，掌握台湾地区的民俗风情，掌握台湾地区的主要旅游资源。

技能点：能根据所学知识向游客提供合理优质的接待服务，能根据台湾地区的旅游资源设计合理的旅游线路。

台北101

案例导入

阿里山

阿里山（在台湾嘉义县）是台湾中南部优选的避暑胜地，诚挚邀请您前往杉木林集群的奋起湖做有氧森林呼吸，或可赤脚泡在达娜伊谷溪看成群鱼儿悠游，或到全台最长的蛟龙瀑布来趟阴离子SPA，是酷夏消暑良方喔！阿里山兜风凉所，陪您快乐一夏，首选第一站“奋起湖”，这里素有南台湾九份之称。随着火车缓缓驶过，在这谜样的山城里遗留下点点痕迹，如铁路便当、老街、火车博物展示场及火车老站等，尤其是新近完成的2千米长的台湾杉环状步道，情人携手漫步其间，云雾缭绕，颇有冬季恋歌般的浪漫效果，又大口呼吸奋起湖20℃清凉滋味，饮阿里山咖啡，仿佛也将海拔1 500千米的高山灵气喝下，让人醉在腾云驾雾的飘然感里。第二站“达娜伊谷”，本景点沿着达娜伊谷溪蜿蜒开展，这里是曾文溪上游，海拔500米，溪长18千米。漫步林间，鸟鸣啁啾、满眼绿意，溪中巨石嶙峋，溪水清可见底；游景区最美妙的是探访苦花与鲴鱼悠游，或于溪畔嬉水体验山溪的清凉畅快，或坐在溪边石头上喝一杯山野咖啡，搭配高山族传统的石板烤肉、竹筒饭，真是快意自在，酷热暑气忽地消失无踪！第三站“丰山”，有一座全台最长的瀑布“蛟龙瀑布”，位于丰山东南方的塔山尾棱岩壁上。伫立在丰山观景台上，便能沐浴飞瀑的清凉，奔腾的水流从一千多米高飞流而下，气势磅礴，随处可做阴离子SPA，SPA后令人通体舒畅。另外，来到“石盘谷瀑布群”就更美妙了，大小六个瀑布层层相连，在新近完成的大吊桥及石板步道串连下，搭配着周边的翠绿茂林，心情顿时开朗。虽然水量不大，却有一种浅吟低唱的风味，水流冰凉而清澈，山谷深居清涧、景色自然绮丽，尤其管理处在此设立简易餐旅服务区，旅客不妨在此绿林间品赏竹味餐饮，在竹林与溪畔边纳凉风，感受大自然的清新。

问题：阿里山是台湾地区的著名旅游风景区，如何向游客介绍阿里山的自然风光？

阿里山

一、自然环境

台湾岛是中国第一大岛、世界第38大岛屿，南北纵长约395千米，东西宽度最大约145千米，环岛海岸线长约1 139千米，含澎湖列岛总长约1 520千米，扼西太平洋航道的中心，是中国与亚太地区各国海上联系的重要交通枢纽及重要战略要地。台湾岛与福建省隔海相望，相隔200千米。最近处只有135千米，飞机直飞只需10分钟，轮船直航只需数小时。台湾南面是巴士海峡，与250千米外的吕宋岛相对；东面是浩瀚的太平洋；北面则是东海与琉球相对。从海洋学看，台湾海峡的水深只有50米左右，最深不过90米，但离台湾东部海岸30千米，太平洋的深度则达到4 000米，台湾正好位于中国大陆架东南缘。台湾地区南北长东西窄，有人说它像宽长的香蕉叶，有人说它像纺锤，有人说它像番薯，也有人称它像一条鱼，更多的人常把中国的地图比作给人友好、象征兴旺的雄鸡，而台湾和海南岛则成为鸡的双足。从台湾最南端的恒春半岛上的鹅銮鼻，到最北端的台北县富贵角，共长394千米。从最东部的新港，到最西部的新社，共宽44千米。台湾有两大岛群，一为台湾岛区，共有兰屿、绿岛、琉球岛等4个大小岛屿，二为澎湖岛区，本岛为马公岛，共有渔翁岛、白沙岛等64个大小岛屿。台湾总面积约为3.6万平方千米，相当于祖国总面积的1/266。此外，台湾暂时还管理着福建省的金门、马祖等岛和南沙群岛中的太平、东沙等岛。

现今的台湾地区范围包括台湾岛及其附属岛屿、澎湖列岛、金门群岛、马祖列岛、东沙群岛、乌丘列屿、南沙群岛的太平岛与中洲礁及周围附属岛屿。

台湾岛是由欧亚板块、冲绳板块和菲律宾板块挤压而隆起的岛屿，地壳运动与造山运动发达使台湾地形复杂多样，绝大部分地质构造由欧亚板块组成，菲律宾板块则往下成为隐没带。地处板块交界处也使台湾有许多容易引发地震的地体断层，因位居环太平洋火山带使台湾有数座死火山、休眠火山和相应的火山地形，不过除了大屯火山群和龟山岛外并无明显活动。台湾也因位处断层地带而有众多的温泉景点，吸引许多中外游客观光。

台湾岛四面环海，孕育了各种海岸地形，可分为岬角与海湾相间的北部岩岸、海岸线平直单调的西部沙岸、珊瑚礁地形为主的南部珊瑚礁海岸、山地和海洋相邻的东部断层海岸。

台湾岛大致分成山地、丘陵、盆地、平原、台地五大地形，超过一半的面积是东部的山区地形，可耕地占24%。山脉走向大致与地质构造分布一致，北半部主要为东北至西南走向，南半部则是北北西至南南东走向，五大山脉由东到西分别为海岸山脉、中央山脉、雪山山脉、玉山山脉和阿里山山脉。台湾海拔超过3 000米的山峰有268座，最高点是海拔高度3 952米的玉山主峰，也为中国东部沿海地区的最高峰，也使台湾岛成为世界地势高度第四高的岛屿。西部冲上断层山地以西是起伏较平坦的山麓丘陵与台地，丘陵大部分为红土台地受河川侵蚀切割而成，主要丘陵有竹东丘陵、竹南苗栗丘陵等；台地多为头嵙山层砾石层与晚更新世红土堆积而成，主要台地有林口台地、桃园台地、大肚台地等。

受地壳变动、河流作用与差异侵蚀影响，台湾一些山区丘陵因构造作用形成盆地。由于盆地相较周围地势平坦、土壤肥沃、水源充足，往往会发展成聚落，如台北盆地、台中盆地、埔里盆地群等。西部受河川下游堆积作用盛行和地盘隆起的离水作用，在中下游与沿海地区形成平坦的冲积平原，台湾绝大多数人口便居住在平原上。平原地形以最大平原嘉南平原为主，还有西部的彰化平原、屏东平原、新竹平原等，以及东部的兰阳平原和花东纵谷平原等。

台湾岛周围还有澎湖列岛、兰屿、绿岛、龟山岛、基隆屿、棉花屿、彭佳屿和花瓶屿等火山岛，分布在南部海域的琉球屿、七星岩、东沙岛、太平岛和中洲礁等珊瑚礁岛，以及钓鱼岛、金门岛、马祖列岛等大陆岛。

北回归线穿过台湾中南部的嘉义、花莲等地，将台湾南北划为两个气候区，中部及北部属亚热带季风气候，南部属热带季风气候。整体气候夏季长且潮湿，冬季较短且温暖。北部受东北季风影响使1月至3月出现雨季，冬季中部和南部地区没有受到明显影响，5月台湾进入梅雨季节。6月到9月为台湾的夏季，天气炎热，其中台北都会区是盆地地形，热能无法快速消散，加上城市热岛效应，夏季最高气温常可达35℃及以上，7月平均气温可接近30℃。台湾岛四面环海，每年9月至隔年5月西伯利亚冷高压南下时，冷空气受海洋调和，冬季气温相对华南地区稍显温暖。冬季台南以北的平地气温偶尔出现4℃。中部及北部1月平均气温12℃至15℃，南部1月平均气温可高达18℃左右。合欢山、玉山、雪山等海拔1 500米以上的高山因地势高，11月至4月常有降雪。

台湾降水丰沛、气候湿润，平均年降雨量超过2 500毫米，约为世界平均降雨量之3倍。因季节、位置、海拔标高不同，各地降雨量随之变化。东部、北部降水量大且全年有雨，中国年降雨量最大的地区火烧寮就在台湾东北部，被称为中国“雨极”，而基隆港因降雨量丰沛而被称为“雨港”。中南部雨季主要集中在夏季。冬季盛行蒙古高压带来的东北季风，夏季盛行西南季风，高峻山脉阻隔季风，形成雨影效应。

台湾是中国受台风影响最多的地区之一，6月至9月是台风季，每年夏秋两季平均有三至四个台风。台风提供丰沛的水分，但降雨空间和时间分布不均，易引发洪水与泥石流等灾害。若缺少夏季台风带来的雨水，冬季易出现干旱，故各大河川普遍修筑水坝，雨季蓄水兼发电，旱季提供民生用水。

台湾大、小河川密布，大部分河流受到山脉走向的影响，主要往岛屿西方或东方流入大海。因最大分水岭中央山脉位置偏东，主要河川多分布在西半部，包括长度最长、中部的浊水溪，流域最广、南部的高屏溪及长度与流域面积第三、北部的淡水河。大多数湖泊坐落在西部，仅有少数为天然湖泊，最大的是面积7.93平方千米的日月潭，其余以人工修筑的水库和埤塘居多，包括面积17.14平方千米的最大水库与湖泊曾文水库、石门水库、虎头埤等。

台湾的森林覆盖率达到58.5%，种类主要受海拔高度影响。海拔700米以下是亚热带阔叶林，海拔700～1 800米是阔叶林，1 800～2 500米是混合林，2 500～3 500米是针叶林，3 500米以上的高山地带是苔藓或草原。

台湾岛栖息着丰富多样的野生动植物，11%的动物和27%的植物为地区特有种，如山区水域栖息的樱花钩吻鲑等。岛屿上生长着超过3 000种被子植物和640多种真蕨植物，同时也有3 000多种鱼类及超过500多种鸟类生活在岛屿上。

二、社会概况

1. 历史沿革

台湾有文字记载的历史可以追溯到230年。当时三国吴王孙权派1万官兵到达“夷洲”（台湾），吴人沈莹的《临海水土志》留下了世界上对台湾最早的记述。

隋唐时期（589—618年）称台湾为“流求”。隋王朝曾三次出师台湾。到宋元时期（960—1368年），汉族人民在澎湖地区已有相当数量。汉人开拓澎湖以后，开始向台湾发展，带去了当时先进的生产技术。

1684年，清政府设置分巡台厦兵备道及台湾府，隶属于福建省。至1811年，台湾人口已达190万，其中多数是来自福建、广东的移民。移民大量开垦荒地，使台湾成为一个新兴的农业区域，并向大陆提供大量稻米和蔗糖，由大陆输入的日用消费品和建筑材料等，使台湾的经济得到相当程度的发展。这个时期，台湾与福建、广东的来往十分密切，中华文化更加全面地传入台湾。

由于西方列强向中国边疆侵逼，中国出现了边疆危机。1884—1885年中法战争期间，法军进攻台湾，遭刘铭传率军重创，到1885年6月《中法新约》签订，法军被迫撤出台湾。

1894年日本发动甲午战争，翌年清政府战败，于4月17日被迫签订丧权辱国的《马关条约》，把台湾割让给日本。从此，台湾沦为日本的殖民地达50年之久。

1941年12月太平洋战争爆发后，12月9日，中国政府发出《中国对日宣战布告》，明确昭告中外："所有一切条约、协定、合同，有涉及中日之间关系者，一律废止。"

1945年8月，日本在第二次世界大战中战败，8月15日宣布无条件投降。中国人民经过15年英勇的抗日战争，终于收复了台湾。台湾同胞欢天喜地，庆祝回归祖国。10月25日，同盟国中国战区台湾省受降仪式于台北举行，受降主官代表中国政府宣告：自即日起，台湾及澎湖列岛已正式重入中国版图，所有一切土地、人民、政事皆已置于中国主权之下。至此，台湾、澎湖重归中国主权管辖之下。

2. 经济结构

台湾被世界银行、国际货币基金组织、美国中央情报局、《世界概况》等机构认定为发达经济体，是亚洲四小龙之一。

台湾经济于20世纪60年代开始发展成为资本主义的出口导向型经济体系，现今当局逐步减少对投资和对外贸易的干预，一些大型"国有银行"和"国营企业"陆续被私有化。国际贸易是台湾的经济命脉，大陆是台湾最大贸易伙伴、进出口贸易第一地区，其次为美国和日本。不同于邻近的韩国和日本，台湾地区的经济以中小型企业而非大型企业集团为主。台湾电子信息产业在全球产业链中地位举足轻重，全球大多数电脑电子零组件都在台湾生产。高新技术产业已取代劳动密集型产业，农业占GDP的比重从1952年的35%降至2%，服务业与高新技术产业合计比例过半。

为降低生产成本，台湾地区许多制造业和劳动密集型产业转移到大陆和东南亚，也造成产业空洞化的问题。台湾已投资大陆超过1 500亿美元，在大陆有8万多家台资企业，常住大陆的台商及眷属已超过100万人。

3. 人口、民族与信仰

台湾有98%的人口是来自大陆的汉族，约2%则是在17世纪汉族移入前即已定居的台湾高山族。

台湾本地人指第二次世界大战结束前就已在台湾生活的族群。本地汉族民众可分成从福建省南部沿海地区迁移、占人口70%的闽南人，以及从广东省东部地区迁移、占人口14%的客家人。

台湾高山族属于南岛语系，人种属马来人种。南岛语系是世界上分布面积最广的语系之一，台湾是其分布的最北端。现已有16个部族地位获官方认可，可略区分为高山族和平埔族，原先广泛分布在山区，沿冲积平原聚集成部落。高山族目前保有自己的语言、风俗习惯和部落结构，不过正面临急速现代化的问题，平埔族则大多已失去原有语言和习俗。泰雅人、赛夏人、布农人、邹人、鲁凯人、排湾人、卑南人、阿美人、太鲁阁人、撒奇莱雅人、邵人、赛德克人、噶玛兰人（实属平埔族）、拉阿鲁哇人和卡那卡那富人居住在台湾岛东部，达悟人居住在附属岛屿兰屿。

有 14% 的人口是 1945 年后陆续从中国大陆各省份随国民党政府迁台移民至台湾的外省人。

随着海峡两岸交流和国际化发展，台湾现有数万名大陆及港澳配偶、10 万名外籍配偶以及 30 万名外籍劳工，被称作台湾新住民。

三、节庆与习俗

1. 节庆

春节：是中华民族历史悠久、最为隆重的民间传统佳节。在与福建省一水之隔的台湾，其历史文化、风土人情、生活习俗、亲缘血统等均与祖国大陆，尤其是福建闽南地区一脉相承，因而岛内民众的春节习俗自然与祖国大陆民间大同小异。

由于宝岛居民的祖先（多为闽南和客家人）去台开发，距今年代久远且屡经沧桑，那里的春节习俗也逐渐形成了一些独特的模式和色彩。每到农历腊月二十三“祭灶”日这天，台湾同胞都要穿上好衣服，在家中供上猪、羊、鸡、鸭、鱼之类禽畜海鲜，以及甜瓜、糖果、香茶等供品，再烧香放鞭炮，为灶神送行，冀望其“上天言好事”。而从这天起，“过年”也就开始了。

除夕之前，台湾同胞也都要进行全面大扫除和整理庭院居室，纷纷备办年货，忙得不亦乐乎。

到了除夕这天每家每户往往先将象征新春祥瑞、万事如意、招财进宝等内容的春联，贴在自家的门窗、粮囤、猪圈、井台等处，尔后在堂屋供桌上摆设供品、香烛，以祭拜祖先并迎接他们“回家过年”。从这时开始，燃放烟花、爆竹之声此伏彼起，热闹非凡，而且一直延续到大年初一的早晨。

除夕之夜，岛内全家人都要欢聚在一起“围炉”，即一家男女老少团团围坐在火炉或火锅旁吃年夜饭（或叫“团圆饭”）。这一餐当然要格外丰盛。

台湾围炉年夜饭

年夜饭中，除要吃象征全家团圆的鱼丸、肉丸和寓有“食鸡起家”之意的鸡肉，以及表示“年寿长久”的韭菜，还有各种极富地方风味的油炸食品、汤圆、年糕，特别是吃“乌龟豆沙年糕”（一种用刻有乌龟形状的木模压制而成、内包豆沙馅子的年糕），则有益寿延年之意。此外，还有一种咸味萝卜年糕，食用时需经火烤热后再用紫菜包起来吃。它除了具有解荤腥、调口味之作用外，又含有来年“好彩头”之祝愿（台湾地区称萝卜为菜头，与“彩头”谐音）。

年夜饭吃过之后，便是长辈们给子孙赠送“压岁钱”的给法也颇具特色：年龄大的孩子，其“压岁钱”是用红纸预先包好递到他们手里的；而年幼孩子的“压岁钱”，则是大人们事先用红线绳缠好并系成一个小套环，套在他们颈项上的。

正月初一这天，人们都会早早起床，梳妆打扮和洗漱停当之后，便开始了极富人情味的互相拜年、请安、祝福，以及走亲访友或游览公园等，迎来送往，热闹而惬意。人们普遍沉浸在欢乐、庆贺、幸福、美满的节日氛围之中。

大年初二，是新女婿带着妻子去丈人家拜年的日子。女婿登门，女儿回到娘家，自然更有一番情趣。

初三这天，被台湾同胞视为不吉利之日。人们多不出门，晚上也早吃早睡，这也是闹中取静的休息良机。

初四，是迎接“灶神”下凡的日子，自然又得热闹一场。

从大年初五日开始，许多人便开业的开业，上班的上班了。

初九这天，相传是“天公”的生日，家家户户都需备下最好的美酒佳肴并烧香祭拜、演戏诵经，为这位“天公”祝寿。此乃一年一度新春佳节的最后的一天。

此后，接踵而来的“元宵节”，乃是整个春节的最后一幕。这天，每个家庭都要按传统习惯吃汤圆、赏花灯。在圆月之下，各式彩灯竞放光明，并有舞狮子、耍龙灯、迎“鼓仔”等活动，丰富多彩，令人炫目耀眼。特别是那些充满童趣的孩子们，纷纷手提花灯、口诵歌谣地过街串巷，如同鱼游海底，为热闹纷呈的元宵之夜更锦上添花！

烧王船祭典：台湾西南沿海著名的民俗祭典之一，原始用意为送瘟神出海，如今已演变成祈安降福的活动，每三年举行一次。东港烧王船约在农历9月份于屏东县东港镇东隆宫举行，西港烧王船在农历4月中旬于台南县西港乡庆安宫举行。

其中东港烧王船场面最为热闹盛大，闻名全台，除庙会活动外，最后一天的烧王船仪式更是整个祭典的高潮。

高山族祭典：台湾高山族分为阿美、泰雅、卑南、布农、排湾、达悟、鲁凯、邹族、赛夏、邵族、噶玛兰族、太鲁阁族及撒奇莱雅等13大族群，们常常借由祭典、仪式、歌舞、竞技等来表达对天地鬼神的崇敬。如阿美族的丰年祭、赛夏族的矮灵祭、布农族的打耳祭、卑南族年祭、达悟族飞鱼祭等，都极富特色，很具观光价值。

丰年祭：是阿美族人最盛大的活动，于每年7、8月间举办。丰年祭中常见的祭典仪式包含有成年祭、迎宾舞、丰年舞、耕种舞、捕鱼祭等，整个过程包含迎灵、宴灵和送灵三阶段。

打耳祭：是布农族一年中最重要的祭典，约在每年4月下旬至5月初举行；祭典主要分成狩猎、射耳、烤猪肉、分猪肉、猎枪祭、夸功庆、成巫祭等几个主要活动。

2. 习俗与禁忌

台湾融合了明清时期移居的闽粤移民和第二次世界大战后来台的外省人的民俗，堪称中国民俗文化的缩影。春节、端午节、中秋节是台湾的三大节日，每逢元宵节、清明节、中元节、七夕节等传统节日，民间也有与大陆相同或类似特色的庆祝礼俗。此外尚有多项深具中华文化特色的民俗庆典，如迎妈祖、盐水蜂炮、平溪放天灯、东港烧王船、头城抢孤等。

台湾渔民海上迎妈祖

台湾的民俗中有如下禁忌：

① 禁用粽子送人。台湾居丧之家要惯用包粽子，赠送粽子会被误解为视对方为丧家。

② 禁用甜果（年糕）、糕点送人。台湾民间逢年过节常以甜果糕点作祭品。

③ 禁用扇子送人。扇子到天凉即不用，送扇子给人意味迟早要抛弃对方。

④ 禁用手巾（手帕）送人。台湾办完丧事要送手巾给吊丧者，表示让其与死者断绝往来，称为“送巾离根”。

⑤ 禁用雨伞送人。闽南语“雨伞”与“互散”同音。

⑥ 禁用刀剪送人。刀剪有“一切两断”、“一剪两断”的含义。

⑦ 禁用镜子送人。镜子易打破，破境难圆。

⑧ 禁用钟送人。“钟”与“终”同音，送钟会使人联想到“送终”。

⑨ 台湾的阿美人十分忌讳打喷嚏，他们把一天之中若碰上有人打喷嚏，视为遇到了很不吉利的事情。

⑩ 不说“蛇”（赊），一般说“长长的”，不说不吉利的话（要死了），总之是较迷信。

⑪ 台湾人使用黑色比较谨慎，因为黑色显得庄严肃穆，主要用于葬礼。红色是他们的偏爱，民间一般都以红色作为吉祥的象征。人们在送礼时都喜欢用红包。

3. 饮食文化

台湾饮食文化融合各地美食风格，台湾菜与闽南菜（还受福州菜影响）和广东潮汕潮州菜渊源深厚，也受客家菜、广州菜和日本料理的影响。

台湾菜有海鲜丰富、酱菜入菜、节令食补等特色，倾向自然原味，调味不求繁复，风格鲜香、清淡。炎热气候使一些酸甜开味的菜肴出现在台菜中。台菜素有“汤汤水水”之称，羹汤类菜肴广受欢迎。

台湾饮食文化中有著名的“小吃”文化，各式风味小吃云集的夜市是台湾庶民生活文化的代表之一，常见的小吃有蚵仔煎、炸鸡排、臭豆腐、盐酥鸡、生煎包、米血糕、蚵仔面线、甜不辣、卤肉饭、肉圆、担仔面、牛肉面、小笼包等。凤梨酥、牛轧糖等台湾特产的烘焙美食是知名的伴手礼。

茶是台湾民众的传统饮品。台湾全境皆产茶，名茶有冻顶乌龙茶、文山包种茶、东方美人茶和铁观音等。茶艺形式主要是功夫茶。泡沫红茶文化是台湾茶文化新的发展，代表性茶饮珍珠奶茶广受欢迎。

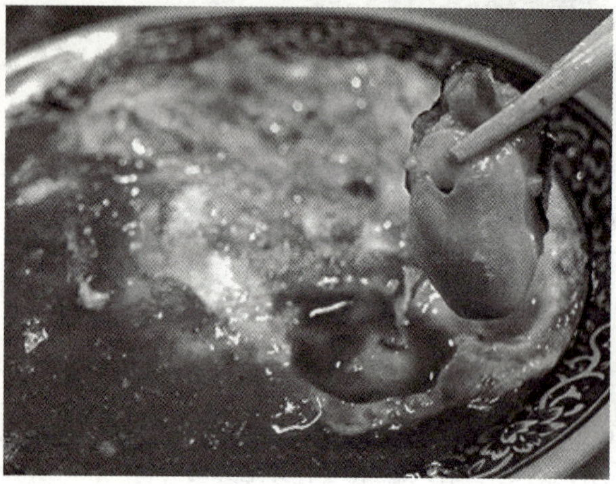

台湾小吃蚵仔煎

台湾珍珠奶茶

四、旅游资源与主要旅游地

1. 旅游资源

台湾四周沧海环绕，地貌复杂，处于太平洋火山地震带上，又有喀斯特地貌与海蚀地貌，故多山水胜境、火山群与温泉群。西海岸沙滩平缓，多海水浴场；东海岸断崖陡峭，奇石怪岩。森林茂密，动植物资源丰富，更有“蝴蝶王国”之称。清代即有“八景十二胜”之说，包括阿里山云海、双潭秋月、玉山积云、清水断崖、澎湖渔火、大屯春色、鲁谷幽峡、安平夕照和草山、新店、大溪、五指山、八卦山、虎头埤、狮头山、太平山、大里简、旗山及雾社。作为著名的世界旅游胜地，台湾岛上的风光，可概括为“山高、林密、瀑多、岸奇”等几个特征。

由于兼融闽南、客家、外省及原住民等不同的族群，台湾形成了多姿多彩的人文色彩，无论在宗教信仰、建筑、语言、生活习惯及饮食风味上，均处处展现和谐共荣的缤纷景象。台湾发展的过程中包括了原住民，早期祖国大陆闽南、客家移民，荷兰人，西班牙人，日本人和近期的大陆移民，而此地人甚为注重传统文化的保存，也逐渐发展出新的文化。在台湾可以体会到高山族、本土以及中国文化，也可以看到荷兰、日本殖民者所留下的历史遗迹。能歌善舞的台湾高山族分布于北部中央山脉两侧，东至花莲太鲁阁，西至东势，北到乌来，南迄南投县仁爱乡，具体包括阿美人、泰雅人、排湾人、布农人、卑南人、鲁凯人、邹人、赛夏人、雅美人、邵人等。

能歌善舞的高山族

2. 旅游胜地

台湾现有 9 个“国家公园”以及 13 处“国家风景区”，壮丽的海洋、高耸的山岳、多样的自然生态与独特的人文风情，构成了独一无二的美丽台湾。

台湾境内的阿里山、日月潭、太鲁阁峡谷、玉山、垦丁、阳明山等都是著名的自然旅游景点。新北市瑞芳区九份老街、台北市北投区、彰化县鹿港镇、新北市莺歌区等观光小镇地方风情浓厚，是寻幽访古的旅游胜地。境内有不少特色温泉，温泉文化别具一格。位于城市的著名景点有 2004 年至 2010 年间为世界第一高楼的台北 101 大厦、台北故宫博物院、中正纪念堂、台北中山纪念馆、高雄爱河、各处夜市和各大商圈等。坐落于台北市士林区外双溪的台北故宫博物院是中国著名的历史与文化艺术史博物馆，所拥有的 69.6 万余件册文物为世界上最负盛名的古代中国艺术品珍藏。中正纪念堂是台北市中正区一座为纪念蒋中正而兴建的建筑，园区广场南北侧建有“国家戏剧院”和“国家音乐厅”，除了供民众休憩外，常是大型艺文活动的场地。台北中山纪念馆是为纪念孙中山百年诞辰而兴建的综合性文化设施，是户外运动、休闲、文艺与知性活动的综合性休憩公园。遍布全台的夜市各具特色，小吃美食琳琅满目。台湾购物环境优越，台北市的信义商圈、忠孝东路商圈、西门町商圈等是著名的购物商圈。

（1）阿里山

阿里山其实不是仅指一座山，它是由尖山、塔山、大武峦山等 18 座高山组成，整个山脉森林覆盖面积达 3 万多公顷。远远望去，峰峦起伏、郁郁葱葱，高大的原始林木遮天敝日，走在密林深处，抬头望上去只露出一线天空。森林里含氧量极其丰富，是个天然大氧吧。阿里山有五大看点：原始森林神木、高山森林小火车、日出、云海和姊妹潭。游阿里山基本不走回头路，一路上会看到高大的阿里山神木，其实是红桧木，生长十分缓慢，长成直径50厘米就要130年左右。日本东京的明治神宫、京都的平安神宫大殿都是从台湾掠夺的“神木”建成的。阿里山中最大的一株神木树围23米，根部50米，树龄已3 000多岁，被称之为桧树之王。在森林中会看到一处处被日本人砍伐后留下的巨大树桩，令人十分痛惜。到了山上可以领略高山族文化，阿里山姑娘自然、大方的歌舞表演很吸引人。

（2）日月潭

日月潭是台岛最大的高山湖泊，绕湖边一周达35千米，长年水清潭碧。日月潭是由连在一起的两处水面组成，一大半是不规则的圆周形，另一小半为新月形，中间由水中一树木茂密的湖中岛连接。从高处远望，水面如日月同辉，故得名日月潭。日月潭原来只是一处不大的湖泊，后来为了发电，引水蓄积成目前规模，据说此处发电量为全台湾发电总量50%以上。日月潭水深数十米，潭水呈蓝绿色，宽阔的湖面上各种游船、游艇往来如梭。由于潭水用来发电常年流动，潭中盛产的细腰鱼和潭虾肉质细嫩、味道极其鲜美，是每位到台湾的游客都十分向往的地方。

台湾日月潭

案例回放

阿里山是台湾地区最理想的避暑胜地，应向游客重点介绍它的自然风光。

阿里山区的林相丰富，从亚热带的阔叶林到寒带的针叶林都有。800米以下丘陵为热带林相，主要由相思树、构树构成。樟树、枫树、楠树和壳斗科植为为主的暖带林林相。1 800～3 000米左右的林相为温带林，红桧、台湾扁柏、台湾杉、铁杉及华山松称为阿里山五木在此大量生长，阿里山的千年桧木群是目前台湾最密集的巨木群，桧木还分为红桧和黄桧，其中黄桧较为稀少。3 000～3 500米主要是台湾冷杉，呈现寒带林的林相。

主峰塔山海拔2 600多米，东面靠近台湾最高峰玉山。俗称的阿里山由18座大山组成，涵盖了阿里山山脉的主要山系。若以地形来说，阿里山山脉属于玉山山脉的支脉，在塔塔加鞍部以楠梓仙溪、沙里仙溪和玉山群峰区隔。阿里山又是一个绯艳绚丽的樱林。这里的樱花驰名中外，每年2月至4月列为花季，登山赏樱花的游人络绎不绝。

阿里山山脉西临深谷与小塔山对峙，东有祝山、对高岳隔着陈有兰溪遥望玉山主峰，北有如削的大塔山巍立，南以万岁山、水山、石山延至玉山前峰。阿里山涵盖范围虽大，但一般所指为沼平公园一带（海拔2 274米）的阿里山森林游乐区。阿里山景观多元，春可赏花、夏能避暑，秋冬观日出、看云海，一年四季皆有可观，高山铁路、森林、云海、日出及晚霞，更号称阿里山五奇。阿里山地形起伏变化很大，因受高山环绕影响，气候凉爽，年平均温度约在10℃左右，平均最低温度为8℃，平均最高温15.7℃；湿度大、雨量充沛（4月到9月为雨季，10月到翌年3月为旱季），年雨量超过2 500毫米以上。也是因为居海拔高度较高且多山之故，阿里山地区全年出现雾日达111天，日据时代并曾定名为新高阿里山“国立”公园。阿里山曾是台湾重要的林场，如今则是驰名中外的森林游乐区；此地地势高亢，空气清爽宜人，夏季气温较平地低，故素以避暑胜地闻名。

实训项目

通过对台湾地区旅游资源的学习，设计三款不同主题的旅游线路。

参考文献

[1] 何丽芳. 中国旅游客源国概况 [M]. 长沙：湖南大学出版社，2010.

[2] 刘亚轩，李雪琴. 旅游客源国（地区）概况 [M]. 广州：广东旅游出版社，2013.

[3] 万红珍，王丽琴. 中国旅游客源国概况 [M]. 北京：中国轻工业出版社，2015.

[4] 张金霞，赵亮. 中国主要旅游客源国与目的地国概况 [M]. 北京：清华大学出版社，2007.

[5] 赵利民. 旅游客源国（地区）概况 [M]. 大连：东北财经大学出版社，2015.

[6] 刘德兵，中国旅游客源地与目的地概况 [M]. 北京：高等教育出版社 2009.

[7] 日本国家旅游局官网 http://www. welcome2japan. cn/

[8] 百度百科 https://baike. baidu. com

[9] 韩国旅游发展局官网 http://chinese. visitkorea. or. kr/

[10] 蒙古之旅 http://www. mongolia-trips. com/

[11] 菲律宾国家旅游局中国官网 http://morefunph. cn/

[12] 泰国国家旅游局官网 http://www. tourismthailand. org/